供给侧结构性改革：
理论与实践

郭　威　胡希宁
徐平华　董艳玲　等　著

人民出版社

目　录

供给侧结构性改革的几个基本问题

韩保江

受世界经济复苏乏力、国际分工深化、中国经济增长动力转换以及周期性因素等多重影响，国际金融危机后中国经济进入了新常态。认识、适应、引领中国经济新常态已经成为当前和今后中国经济工作和供给侧结构性改革的大逻辑。因此，从理论和实践辩证统一的高度去深刻认识习近平总书记中国经济新常态与供给侧结构性改革思想的深刻内涵及二者之间的逻辑联系，不仅有利于进一步领会习近平总书记系列重要讲话精神，而且有利于进一步促进经济发展方式转变和深化供给侧结构性改革的理论自觉。

一、经济新常态：供给侧结构性改革的大背景

"新常态"这个概念，是习近平总书记 2014 年 5 月在河南考察时首次提出的。针对当时人们担心经济增长速度放缓可能会带来的影响，习近平总书记明确指出，我国发展仍处于重要战略机遇期，我们要增强信心，从当前我国经济发展的阶段性特征出发，适应新常态，保持战略上的平常心态。2014年 11 月 9 日，习近平总书记在亚太经合组织工商领导人峰会开幕式上的演

讲中指出，中国经济呈现出新常态，有几个主要特点：一是从高速增长转为中高速增长；二是经济结构不断优化升级，第三产业、消费需求逐步成为主体，城乡区域差距逐步缩小，居民收入占比上升，发展成果惠及更广大民众；三是从要素驱动、投资驱动转向创新驱动。从而清晰地界定了中国经济新常态的基本内涵。①

在 2014 年 12 月召开的中央经济工作会议上，习近平总书记又综合需求侧和供给侧的九个方面系统阐述了中国经济新常态趋势性特征。

2016 年 1 月 18 日，习近平总书记在中央党校省部级主要领导干部学习贯彻党的十八届五中全会精神专题研讨班开班式上的讲话中又进一步把中国经济新常态界定为四方面的主要特点，他认为新常态下，我国经济发展的主要特点是增长速度要从高速转向中高速，发展方式要从规模速度型转向质量效率型，经济结构调整要从增量扩能为主转向调整存量、做优增量并举，发展动力要从主要依靠资源和低成本劳动力等要素投入转向创新驱动。这些变化，是我国经济向形态更高级、分工更优化、结构更合理的阶段演进的必经过程。②

不管是"三特征""九特征"还是"四特征"，习近平总书记阐述的经济新常态其实都说明中国经济已经告别了追求数量、规模的发展阶段，进入了一个以追求经济增长质量为先，努力谋求经济结构优化的新发展阶段。维持这样一个阶段持续稳定发展不能再依靠廉价资源和大规模投资来驱动，必须依靠技术、制度、文化、政策等多方面创新来驱动。至于中国经济发展进入新常态的背景和原因，习近平总书记最初提过"三期叠加"，后又从历史过程、从时间、从空间等多方面论证了新常态的必然性。中国经济发展进入新

---

① 韩保江：《中国经济中高速增长的"多元动力"——论习近平经济发展思想的基本内核与逻辑框架》，《中共中央党校学报》2015 年第 6 期。

② 《习近平在省部级主要领导干部学习贯彻党的十八届五中全会精神专题研讨班上的讲话》，《人民日报》2016 年 5 月 10 日。

常态，不是偶然的，更不是人为的，它完全符合事物发展螺旋式上升的运动规律。从经济增长理论上分析，中国经济下行压力增大首要原因是需求放缓和供给"呆滞"。需求放缓，无非外需放缓，内需不足。外需放缓总的原因是国际金融危机的余波未尽，欧、美、日以及新兴经济体经济增长低迷，消费需求萎缩。但其中也有我国传统国际市场被劳动成本较低的发展中国家"挤占"以及发达国家再工业化"挤出"等原因。内需不足，就是大规模、排浪式消费热潮已经过去，绝大多数中国居民物质生活已达到或接近小康，除仅剩的少数居民物质产品边际消费倾向（恩格尔系数）较高外，绝大多数居民尤其是城市居民的物质产品边际消费倾向进入下降阶段。消费需求不足，导致投资需求下降（尤其是四万亿刺激经济计划使得高速铁路、高速公路、机场等基础设施投资新需求下降），最终使得国内需求出现"萎缩"。供给"呆滞"，是指由于技术创新能力不足，导致对旧技术和传统产业产生"路径依赖"，进而使得供给被资源性、低附加值的低端传统产业"锁定"，新产业成长缓慢，形成结构性供给过剩。一方面老百姓需要的高质量产品无法满足，另一方面老百姓消费欲望不高的传统产业产品出现产能过剩。其次，经济体制改革滞后，市场配置资源的决定性作用难以发挥，多种所有制企业缺乏公平竞争，加上沉重的劳动力成本、融资成本、交易成本等导致企业发展动力减弱。民间投资大幅度下滑就是例证。此外，随着地方政府追逐 GDP 的"政绩竞赛"机制被打破，新的政绩评价机制尚不完善，导致地方政府招商引资的积极性下降；环境和资源约束硬化，传统粗放发展行为受到遏制，加上经济周期 ① 的影响，中国经济发展进入新常态已成为事实。

---

① 1926 年苏联经济学家康德拉季耶夫提出的一种为期 50—60 年的经济周期。该周期理论认为，从 18 世纪末期以后，经历了三个长周期。第一个长周期从 1789 年到 1849 年，上升部分为 25 年，下降部分为 35 年，共 60 年。第二个长周期从 1849 年到 1896 年，上升部分为 24 年，下降部分为 23 年，共 47 年。第三个长周期从 1896 年起，上升部分为 24 年，1920 年以后进入下降期。康德拉季耶夫周期与中国经济不完全吻合，但从国际经验来看，中国经济下行压力增大也符合国外经济发展的一般趋势。

二、供给侧结构性改革本质内涵与基本要求

在 2015 年 11 月 10 日召开的中央财经领导小组第十一次会议上，习近平总书记首次提出了供给侧结构性改革，他提出，在适度扩大总需求的同时，着力加强供给侧结构性改革，着力提高供给体系质量和效率，增强经济持续增长动力。[①]2015 年 12 月 18 日，中央经济工作会议明确提出把供给侧结构性改革作为应对经济新常态的根本出路，加大结构性改革力度，矫正要素配置扭曲，扩大有效供给，提高供给结构适应性和灵活性，提高全要素生产率。推进供给侧结构性改革，是适应和引领经济发展新常态的重大创新，是适应国际金融危机发生后综合国力竞争新形势的主动选择，是适应我国经济发展新常态的必然要求。[②]之后习近平总书记又多次在不同场合论述供给侧结构性改革。尤其是 2016 年 1 月 18 日在中央党校举办的省部级主要领导干部学习党的十八届五中全会精神专题研讨班上的讲话中专门阐述了供给侧结构性改革的本质内涵和基本要求，他说："供给侧结构性改革，重点是解放和发展社会生产力，用改革的办法推进结构调整，减少无效和低端供给，扩大有效和中高端供给，增强供给结构对需求变化的适应性和灵活性，提高全要素生产率。"[③]

供给侧结构性改革，重在解决结构性问题，注重激发经济增长动力，主要通过让市场在配置资源中起决定性作用和更好发挥政府作用，创新体制机制，优化要素配置和调整生产结构来充分调动各类经济主体的发展积极性，提高供给体系质量和效率。马克思主义政治经济学理论认为，从生产的角

---

① 《习近平主持召开中央财经领导小组会议》，新华网，2015 年 11 月 10 日。

② 《人民日报》2015 年 12 月 18 日。

③ 习近平：《在省部级主要领导干部学习贯彻党的十八届五中全会精神专题研讨班上的讲话》，《人民日报》2016 年 5 月 10 日。

度，财富增长主要取决于劳动数量、劳动分工与资本积累的规模。根据现代经济增长理论，总供给的一般模型为：$Y=AF(K, L, R)$，即资本（K）、劳动(L)、自然资源(R) 和全要素生产率(A)。供给侧的人力资源、自然资源、资本、技术创新等是决定供给能力与经济增长的"四个轮子"。因为事实上，研究经济增长的经济学家已经发现，无论是穷国还是富国，经济增长的发动机必定安装在相同的四个轮子上。这四个轮子或者说经济增长的要素就是：人力资源（劳动供给、教育、技能、纪律、激励）；自然资源（土地、矿产、燃料、环境质量）；资本（工厂、机器、道路、知识产权）；技术变革和创新（科学、工程、管理、企业家才能）。[1]

人力资源。经济学家认为，劳动力的数量和质量是一个国家经济增长的最重要因素。经济发展中，如果只有高科技，先进的机器，更好的设备是不够的，只有经过劳动者的使用，充分发挥劳动力的创造性，才能够生产出更好的产品，才能提高劳动生产率，创造出新的价值。劳动者是唯一具有创造能力和增值能力的资源。因此，除了要深化人口制度改革，促进人口再生产，保持劳动力资源的可持续供给外，还要深化劳动制度和收入分配制度改革，充分调动劳动者的积极性和创造性。

自然资源。经济增长离不开自然资源，这里的自然资源主要包括土地、石油、水利、矿产等资源。没有自然资源的持续供给和保护，经济增长就难以为继。只有建立严格而清晰的自然资源产权保护与交易制度，自然资源才能持续供给，经济增长才能拥有牢固的物质支撑。

资本形成。主要指社会基础资本和民间生产资本，前者主要是由政府来承担，包括公路、铁路、灌溉工程、电力等。这些投资的特点是整体性，不可细分，而且具有一定的外部经济或溢出效应。民间生产资本主要是用来

---

[1]　[美] 保罗·萨缪尔森、威廉·诺德豪斯：《经济学》（第十九版，中译本），商务印书馆 2014 年版，第 858—859 页。

生产私人产品的企业设备、生产投资和积累。民间资本形成不仅取决于私人资本获取利润的多少，还取决于民间资本权益和私有财产权保护的力度。

技术变革和创新。也就是指生产过程中的变革或新产品、新服务的引进。技术进步主要的是指以一种无声的、不为人察觉的方式，不断以微小的改进来提高产品质量和产出数量。技术创新更是供给直接创造需求的关键。因此，建立严格的知识产权保护制度，不断完善科研人员收入分配制度和激励机制，从而最大限度地调动科研人员的创新积极性，是实现经济增长的决定性前提。当然，公平的竞争环境、充分的学术自由和宽容失败的社会包容也是激发社会科技创新能力的重要环境。

马克思主义政治经济学和现代经济增长理论还认为，要激活劳动力、自然资源、资本和技术这些生产要素并提高生产力，就必须不断调整生产关系及上层建筑，不断优化资源配置机制和经济发展激励机制。以诺斯为代表的新制度经济学派，从制度变迁的角度阐述了制度对经济增长的作用，提出清晰的产权和有效率的组织是决定经济增长的关键。因此，如果说人力资源、自然资源、资本、技术变革和创新是决定经济增长的"四个轮子"，那么制度及体制机制（包括经济政策）就自然成为决定这"四个轮子"跑得快慢的"发动机"。而体制机制改革就成为更新或改造"发动机"的重要途径。供给侧结构性改革，本质就是要通过进一步改革生产关系和上层建筑，优化所有制结构、收入分配制度、政治制度、法律制度和文化制度等，更新和改革曾经驱动过去"数量型"扩张增长的"老发动机"，加快形成驱动中国经济"质量型"发展的"新发动机"的过程。

当然，我们提出的供给侧结构性改革与西方经济学中的供给学派并不是一回事。西方供给学派兴起于上世纪70年代。当时凯恩斯主义的需求管理政策失效，西方国家陷入经济"滞胀"局面。供给学派强调供给会自动创造需求，应该从供给着手推动经济发展。增加生产和供给首先要减税，以提高人们储蓄、投资的能力和积极性。这就是供给学派代表人物拉弗提出的"拉弗曲线"。目的是充分调动美国企业的发展积极性。虽然也提出调整结构，但供给学派强调的重点是减税，过分突出税率的作用，并且思想方法比较绝对，只注重供给而忽视需求、只注重市场功能而忽视政府作用。我们的供给侧改革，是在中国经济仍然保持较高增长速度的基础上提出来的。如果说西方供给学派的政策主张是被动的，我们的供给侧结构性改革则是主动而为。重点是解放和发展社会生产力，用改革的办法推进结构调整，减少无效和低端供给，扩大有效和中高端供给，增强供给结构对需求变化的适应性和灵活性，提高全要素生产率。这不只是一个税收和税率问题，而是要通过一系列政策举措，特别是推动科技创新、发展实体经济、保障和改善人民生活的政策措施，来解决我国经济供给侧存在的问题。我们讲的供给侧结构性改革，既强调供给又关注需求，既突出发展社会生产力又注重完善生产关系，既发挥市场在资源配置中的决定性作用又更好发挥政府作用，既着眼当前又立足长远。从政治经济学的角度看，供给侧结构性改革的根本，是使我国供给能力更好满足广大人民日益增长、不断升级和个性化的物质文化和生态环境需要，从而实现社会主义生产目的。

三、推进供给侧结构性改革思路和举措

作为"十三五"时期引领经济新常态，贯彻落实创新、协调、绿色、开放、共享发展理念的重要抓手，供给侧结构性改革是一项系统工程，既包括旨在实现去产能、去库存、去杠杆、降成本、补短板这"三去一降一补"短期任务的重点改革，又包括旨在进一步完善中国特色社会主义，提高国家治理体系和治理能力现代化这一全面深化改革总目标的系统改革。它的着眼点是破解无效供给过剩，有效供给不足的结构性矛盾，但落脚点是为了"使市场在配置资源中起决定性作用和更好发挥政府作用"而进行的体制机制改革。

"改革"是供给侧结构性改革的"灵魂"。

（一）供给侧结构性改革的短期任务："三去一降一补"

1. 去产能。我国有些产品已处于无论价格再怎么下降消费总量也难以扩大的阶段，价格弹性为零甚至为负。如我国钢铁、煤炭的价格一直在下降，但近两年全国消费总量却在减少。根本原因是产能过大，不是需求不足。过剩产能在企业层面表现为存在大量"僵尸企业"。"僵尸企业"是那些已经丧失偿付能力、不能清偿到期债务，达到破产法规定的申请破产条件，却依靠银行贷款、政府补贴、母公司补贴等僵而不死的企业。"僵尸企业"占用信贷、财政、土地、劳动等资源，抬高杠杆率，扭曲市场价格信号，限制市场优胜劣汰，制约经济升级。长此以往会把行业中的优质企业拖垮，还加剧道德风险，损害债权人利益，损害全体人民的利益。要把处置"僵尸企业"作为化解产能过剩的牛鼻子，减少过剩产能，使产能和消费大体均衡，提高产能利用率，稳定工业品价格，止住价格下跌，让优质企业看到希望，改善生产经营状况，增强优质企业盈利能力。

2. 去库存。目前全国商品住宅待售面积和施工面积相对于城镇现有户籍人口而言是多了，但相对于在城镇就业和生活的 2.5 亿非城镇户籍人口而言就不多了。问题是户籍制度的制约，使这些非户籍人口很难形成在城镇长期定居从而买房租房的预期，更主要的是在一、二线城市，绝大多数的非户籍人口买不起住房。一方面，这些人口的城镇化需要住房，另一方面，三四线城市房地产库存高。破解这一困局，要打通供需渠道，通过城镇化去库存，而不是用加杠杆的办法去库存，为非户籍城镇人口在城镇定居落户创造居住条件。为此，要采取两方面的重大举措。一是落实户籍制度改革方案，允许农业转移人口等非户籍人口在就业地落户，使他们形成在就业地买房或长期租房的预期和需求。二是明确深化住房制度改革方向，以满足新市民住房需求为主要出发点，以建立购租并举的住房制度为主要方向。户籍制度改革已经有了总体方案，要加大落实力度。

深化住房制度改革的要点应该是，对有能力直接买房的，仍支持包括城镇非户籍人口在内的城镇居民购买产权房；对一时买不起的，支持他们先租房；对难以承受市场化房租并符合条件的，政府给予货币化租金补贴，把公租房扩大到非户籍人口。

3.去杠杆。我国宏观杠杆率过高、增长过快。全社会杠杆率达到234.2%，特别是非金融企业负债率过高，超过其他国家企业的普遍水平。如此高的负债率，按照综合融资利率计算，企业1年付的利息就是4万多亿元，年新增贷款的三分之一以上被利息占用了，导致宏观上的货币宽松与微观上的融资难融资贵的悖论。过高和增长过快的杠杆率，对经济健康的危害很大，尽管短期内杠杆率很难降下来，但必须坚持去杠杆的政策。

4.降成本。我国还是中等收入国家，但很多方面的成本已经偏高，接近或超过发达国家水平，呈现"未富先高"现象。

企业之所以成为企业，首先要盈利，企业没有盈利，一两年也许能扛下去，三四年后就撑不下去了。要去产能、去杠杆、降成本三管齐下，增强企业盈利能力。微观主体有活力了，经济发展才有持久动力。要按照党的十八届五中全会关于开展降低实体经济企业成本行动的要求，打出"组合拳"，实行"七降"。一是降低制度性交易成本，转变政府职能、简政放权，进一步清理规范中介服务。二是降低人工成本，企业对人工成本上升反映强烈，要从国家利益和人民根本利益出发，正确处理劳资关系，防止超越发展阶段的增加收入，劳动和利润的增长都要建立在劳动生产率提高基础上。三是降低企业税费负担，清理各种不合理收费特别是垄断性中介服务收费，全面实施"营改增"，减轻企业税费负担。四是降低社会保险费，精简归并"五险一金"，将生育保险和基本医疗保险合并实施，阶段性降低企业养老金缴付比例、企业住房公积金缴付比例。五是降低企业财务成本，金融部门要创造利率正常化的政策环境，为实体经济让利，减少收费、共担风险。六是降低电力价格，推进电价市场化改革，完善煤电价格联动机制。七是降低物流成本，推进流通体制改革，平衡各种运输方式，降低各种物流费等。

5.补短板。实现全面建成小康社会目标，还面临不少短板。可以从不同角度看短板，从不同收入群体看，全面建成小康社会的最大短板是农村贫困人口；从产业看，现代农业、新兴产业、现代服务业是短板；从产品看，绿色产品和生态产品是短板；从质量和数量看，高品质产品是短板；从资本看，人力资本是短板；从生产要素看，创新特别是颠覆性创新是短板。

当然，供给侧结构性改革不仅要做好"减法"，还要做好"加法""乘法"和"除法"。做加法，就是要促进产业转型升级，培育新一代信息技术、新能源、生物医药、高端装备、智能制造和机器人等新兴产业，使新增长点汇聚成强大的增长动力。做乘法，就是要转向创新驱动，加大研发投入力度，加强知识产权保护，完善科技成果转化的激励机制，提高技术进步对经济增长的贡献率。做除法，就是要提高单位要素投入的产出率，通过加大人力资本投资、加强职业技术教育，提高劳动者技能和在劳动力市场的竞争能力，提高劳动生产率，通过能源资源价格形成机制改革，引入市场化交易机制，提高能源资源利用效率，增强经济的可持续增长能力。

（二）供给侧结构性改革的长期任务：实现全面深化改革总目标

首先，要按照"两个毫不动摇和两个不可侵犯"的总要求，加快完善基本经济制度，努力形成进一步解放和发展生产力的混合所有制结构。一方面要坚持公有制为主体毫不动摇，公有制经济财产权不可侵犯。要进一步深化国有企业改革，坚定按照公益类与商业类"分类改革"的要求，努力推进国有企业兼并重组和集团层次的股份化改革，加快现代企业制度和法人治理结构建设，加快提高国有企业活力和效率。另一方面要坚持鼓励、支持、引导非公有制经济发展，激发非公有制经济活力和创造力毫不动摇，非公有制经济财产权同样不可侵犯。非公有制经济在支撑增长、促进创新、扩大就业、增加税收等方面具有重要作用。坚持权利平等、机会平等、规则平等，废除对非公有制经济各种形式的不合理规定，消除各种"玻璃门""弹簧门"和"旋转门"等隐性壁垒，鼓励非公有制企业进入特许经营领域，鼓励非公有制企业参与国有企业改革，鼓励发展非公有资本控股的混合所有制企业，鼓励有条件的私营企业建立现代企业制度。特别要重视中小科技企业产权保护，保护知识产权，扩大知识产权及其拥有者参与利润分配的份额，进而最大限度地调动科技人员的创新积极性。

其次，政府要进一步简政放权，创造条件使市场在配置资源中起决定性作用，真正实现"看不见的手"和"看得见的手"的辩证统一，努力形成有利于生产要素自由流动和优化配置的市场机制。这方面的改革除了政府要进一步简政放权外，重点是加快现代市场体系和市场规则建设，努力构建开放公平有序的市场竞争环境。

再次，深化收入分配制度和财税制度改革，科学处理国民收入初次分配和再分配中的个人（劳动者）、企业（资本）、国家之间的分配关系，进而调动各类经济发展主体的发展积极性。初次分配要讲效率，但也要重视公平，劳动报酬增加要与劳动生产率提高保持同步，努力提高劳动所得在初次分配中的比重。这既是按劳分配原则的体现，也是生产要素贡献分配的要求。同时要保证企业能够获得平均利润，进而保证企业进行资本积累和扩大再生产的积极性。唯有如此，企业才能源源不断地为劳动者创造就业机会。因此，劳动者与企业既是利益共同体，也是命运共同体。再分配要更加注重公平，当然也不能不顾效率。政府与企业之间要处理好税收与留利的关系，要"放水养鱼"而不能"竭泽而渔"。这是通过供给侧结构性改革，调动企业投资和发展积极性的内在要求。中央政府与地方政府之间要处理好事权与财权、中央所得与地方所得的关系，要以调动地方发展积极性为前提。一方面要避免再犯过去"财权上收，事权下放"的毛病，努力做到"事权与财权相匹配"，切实把中央和省一级政府该办的事中央和省自己办，尽量不搞中央、省和地市县政府"几家抬"，更不能"中央请客，地方埋单"。为调动地方发展积极性，不仅要适度扩大中央与地方共享税的地方比例，而且要培植具有较为稳定收入的地方税收税种，最大限度地把地方政府从土地财政中解放出来。

最后，管理好各类经济发展主体的"改革与发展预期"，充分调动地方政府与官员、国有企业及其经营管理者、民营企业及民营企业家、外资企业及其投资者的发展和投资积极性。当下经济下行尽管有很多客观原因，但各类主体尤其是地方政府和官员、国有企业及经营管理者投资和发展积极性不高是重要原因。因此，必须加快建立"容错机制"，宽容地方政府及官员、国有企业及经营管理者由于改革和发展失误所犯的某些错误，努力营造"想干事、敢干事"的改革和发展氛围。

（韩保江　中共中央党校经济学教研部主任、教授）

供给侧结构性改革的经济学思考

潘云良

推进供给侧结构性改革，是以习近平同志为核心的党中央深刻把握我国经济发展大势作出的战略部署，是"十三五"时期的发展主线，本文从经济学的视角加以分析和探讨。

一、供给侧结构性改革的经济学机理

在经济理论分析中，供给和需求是市场经济的两侧。供给指的是一个生产者在其他条件不变，一定时间之内，能够并愿意以一定价格向市场提供的产品数量；需求是一个消费者在其他条件不变，一定时间之内，能够并愿意以一定价格购买的产品数量。当市场上有剩余的时候，那就是供给大于需求；当市场上有短缺的时候，那就是需求大于供给。供给和需求是经济这块硬币的两面。供给决定增长能力，即潜在增长率；需求决定潜在增长能力能否充分释放，使潜在增长转化为现实增长。刺激需求，短期会促进增长，但前提是有相应的潜在增长能力，并且供给结构同需求结构是适应的。

总需求的一般模型为 $Y = C + I + (X - M)$，即由消费（C）、投资（I）、

净出口（X 为出口、M 为进口）三部分组成（政府投资、政府消费包括在总投资、总消费中）。总供给的一般模型为 Y = AF（K，L），即资本（K）、劳动（L）和全要素生产率（A）。Y = C + I +（X － M），是从需求角度解释经济增长；Y = AF（K，L），是从供给角度解释经济增长。两者均衡，才能实现持续增长。

改善供给的主要途径有三个：增加劳动数量和提高劳动质量、增加资本数量和提高资本质量、改善劳动与资本的组合即优化资源配置等。

供给侧结构性改革的一个宏观背景是我国劳动年龄人口数量减少。在这一背景下，扩大劳动数量仍具有十分重要的意义。扩大劳动数量，包括增加劳动者人数和劳动时间。这里的劳动时间是总体上的时间概念，不是微观个体的一天或一周的劳动时间，而是所有劳动者一生的劳动时间。农民工难以市民化，致使不少农民工 40 多岁就回乡，退出生产率高的非农产业特别是制造业。同城市劳动者一生一般 60 岁退休、工作 40 年相比，少了近 20 年，这是劳动资源的极大浪费。在劳动无限供给的情况下，这一问题并不突出，但在劳动年龄人口进入下降阶段时，这一问题开始突出，加重并加快了人工成本上涨压力，削弱了我国的整体竞争力。而要实现农民工市民化，除了在户籍上解除限制外，还要帮助他们解决在何处居住的问题，这是房地产去库存和推进人的城镇化的逻辑所在。提高劳动质量主要靠加大投资于人力资本的力度，包括加强教育和技能培训，增强就业的适应性。

扩大资本数量和提高资本质量可以通过扩大生产性投资的方式实现，其中设备更新和技术改造有利于提高资本质量。企业技术改造和设备更新，主要是为了增加生产能力，因而是供给侧结构性改革的应有之义。

改善劳动与资本的组合，优化资源配置，要通过体制机制改革，发挥市场机制作用，因为市场决定资源配置是市场经济的一般规律。技术、制度、结构等的进步加起来，表现为全要素生产率的提高。生产率提高了，生产要素得到合理的报酬，即投资有回报、企业有利润、员工有收入、政府有税收，这就是有质量、有效益的增长。这样增加的有支付能力的需求是建立在生产率提高基础上的，而不是债务支撑的泡沫化需求。如此实现的增长才是健康的、可持续的增长。

从发达国家的经验来看，从1990年到现在，发达国家消费占GDP的比例，由76%升至85%，但是投资却降了10%。这足以说明刺激投资不是长久之策。就中国的情况来说，过去一直是短缺经济，所以，需求侧一直是政策的重点，这是正确的。但从2015年看，消费占比58.4%，投资占比43.4%，出口占比-1.8%。再靠投资拉动经济发展几乎到头了。所以，转向供给侧是明智的选择。

二、供给侧结构性改革应做好加和减两篇大文章

做好"减"这篇大文章，考验着宏观调控和深化改革的能力，决定着中国经济转型升级的前景。压减产能不是动动嘴皮子那么简单，整个过程非常艰难，涉及企业债务、职工安置、转型升级等一系列问题。

但产能过剩已经是中国经济发展的痼疾，经济步入新常态后，这个问题越发成为转型升级的羁绊。去产能问题不解决，去杠杆、去库存等其他问题也难以取得实际效果。

对此，《国务院关于化解产能严重过剩矛盾的指导意见》已经对去产能作出明确的部署，就是按照"消化一批、转移一批、整合一批、淘汰一批"的途径，加快化解产能过剩。笔者认为，现在需要做的就是怎样把政策落实。从中央层面，关键要加大政策力度引导产能主动退出。要研究制定务实有效的激励政策措施，鼓励有条件的企业通过多种渠道主动压减产能。一是根据市场情况和自身发展的需要，调整企业发展战略，主动退出过剩产能；二是实施跨行业、跨地区、跨所有制减量化兼并重组，退出部分产能；三是

城市钢厂实施转型转产或减量化环保搬迁；四是结合实施"一带一路"战略，通过开展国际产能合作，带动优势产能"走出去"。

关于去库存，现在的情况是：一线城市房地产市场火爆、房价持续上涨，而不少二线特别是三四线城市却依然"寒意十足"。这增加了去库存的难度和复杂性。现阶段三四线城市是去库存的焦点。笔者认为，解决问题的关键是改革和调整房地产供给结构，将市场需求与民生需求区分开来。三四线城市是市场需求不足，而民生住房是供给不足。

关于去杠杆，通俗地说，杠杆率就是债务负债率。高杠杆和过剩产能导致的增长陷阱，以及可能引发的债务和通缩的螺旋式下降，使得去杠杆成为供给侧结构性改革的核心内容。根据中国社会科学院的研究，中国全社会杠杆率可以从居民部门、非金融企业部门、政府部门、金融机构部门四个方面进行测算，其比率是各部门负债对 GDP 比值的加总。截至 2014 年末，中国经济政府债务规模为 150.36 万亿元，全社会杠杆率达 235.7%，较 1999 年末的 145% 上升了 90.7 个百分点，较 2008 年末（中央政府面对国际金融危机推出 4 万亿计划）的 170% 上升了 65.7 个百分点。随着经济下行压力加大，部分银行贷款不良率抬头，中国债务水平需要引起警惕，既要防止过高债务率可能造成的问题，也要审慎分析中国国情，寻找一条逐步缓解这种状况的路径。因此，如何在稳增长的前提下实现经济有序去杠杆是中国金融稳定的重大挑战。

关于"补短板"，可以从不同角度看。从不同收入群体看，全面建成小康社会的最大短板是农村贫困人口；从产业看，现代农业、新兴产业、现代服务业是短板；从产品看，绿色产品和生态产品是短板；从质量和数量看，高品质产品是短板；从资本看，相对于物力资本，人力资本是短板；从生产要素看，相对于资本和劳动，创新特别是颠覆性创新是短板；等等。

关于"加"这篇大文章，供给侧结构性改革要解决的核心问题是矫正要素配置扭曲，优化资源配置，具体作用于三个层面的对象：

一是企业内部要素配置。这主要取决于企业家精神，靠企业科学管理实现。改革开放初期的大包干，改变了劳动力与土地的组合方式，调动了亿万农民的积极性，提高了产出。

二是企业间要素配置。就是使资源更多配置到优质企业、有竞争力的企业、有创新精神的企业。20 世纪 90 年代对国有经济进行战略性调整，抓大放小，解决的就是企业间资源配置问题。如果要素被"僵尸企业"长期占用，甚至劣币驱逐良币，资源在企业间错配，就是效率的最大损失。

三是产业间要素配置。这就是通常说的产业结构调整优化，资源更多流向有需求、有前途、效益高的产业和经济形态，从农业流向非农产业、从工业流向服务业、从传统产业流向新兴产业、从传统业态流向新业态、从虚拟经济流回实体经济，等等。

三、供给侧结构性改革需要注意的几个问题

第一，在去产能过程中，要更加注重运用市场机制、经济手段、法治办法来化解产能过剩。中国式治理产能过剩的运动，已不止一次地落入一个似乎无解的怪圈：政府一方面不断调控产能过剩，而另一方面，一遇到宏观经济上的风吹草动，就把加大投资当成救命稻草，行政审批大笔一挥，项目又上马了。新一轮产能过剩行业还是多年来的老面孔：钢铁、水泥、电解铝……并非巧合的是，这些多是 2009 年国际金融危机时用来救经济的"十大振兴产业"，救经济一时，后遗症却要更长时间来埋单。2016 年 8 月 16 日的国务院常务会议将抑制产能过剩作为中心议题。抑制产能过剩还要追溯到 2009 年 8 月 26 日，当时将钢铁、纺纱、电解铝、煤化工、水泥、氧化铝、太阳能、风能等 19 个行业列入产能过剩名单，而这次又增加了 3 个新兴行业；再追溯到 2006 年那次调控，当时列入产能过剩或潜在过剩的行业只有

10个。不到7年，产能过剩的行业名单翻了一番还多。最近一段时间，光伏电池、风电设备、多晶硅等行业都出现了严重的产能过剩，风机产能利用率不到70%，光伏电池开工率仅为57%，多晶硅开工率更是低至35%。由此可见，用政府手段化解产能过剩之难。

第二，绿色是转型的方向。绿色发展既是短板也是未来发展方向。当前，促进绿色生产和应用，成为拉动绿色消费、引导绿色发展、促进结构优化、加快转型升级的必由之路，也是改善人居环境、建设生态文明、全面建成小康社会的重要内容。急需做的就是绿色产品的评价和认证，对绿色产业发展要给予政策支持和保护。

第三，注意借鉴国外供给侧改革的做法和经验。说到国外，人们很容易想到供给学派。供给学派认为生产的增长决定于劳动力、资本等生产要素的供给和有效利用，市场会自动调节生产要素的利用，所以应当消除阻碍市场调节的因素。最典型的供给学派理论是萨伊定律，它认为供给会创造自己的需求，例如人们生产商品后会消费一部分，剩余的部分拿到市场上与他人进行交换，所以不会存在生产过剩。

供给侧结构性改革之所以不同于供给学派就在于，供给学派认为不存在生产过剩，而供给侧结构性改革改的恰恰是结构性过剩。

至于说具体做法与经验恐怕以美国的里根和英国的撒切尔夫人最为典型。美国经济当时存在的结构性问题是：第一，20世纪70年代后，面对国外的竞争，国内的商品竞争力下降，出现了产能相对过剩；第二，个人所得税和企业所得税居高不下，企业所得税率更是高达46%，抑制了私人部门投资和生产的热情；第三，政府对经济、价格的管制存在过度干涉的问题，企业经营效率低下。

面对经济的下滑和高通胀，美国当时似乎也失去了方向，深陷凯恩斯主义模式的美国政府似乎变得束手无策，通过加大刺激更像是饮鸩止渴，反而使得经济不增反降。20世纪80年代初刚刚执政的里根政府推出了供给侧改革，通过紧缩货币政策、减税、缩减财政支出、减少社会福利等使得美国经济在经历短期的阵痛后走上复苏繁荣之路。供给侧改革拯救了美国经济，同时也成就了一代伟人里根。

撒切尔夫人1979年上任首相后，也是进行了供给侧改革，包括加速推进国企私有化、减税、废除物价管制等改革措施，减少政府对经济的干预，从而使恶性通胀得到控制，经济触底反弹，长期稳健增长。撒切尔夫人的供给侧改革被认为"挽救"了英国经济。

总结美、英两国供给侧改革的共同点和经验，笔者认为以下几点可供借鉴：一是重市场、少政府干预；二是整顿财政，压缩政府开支；三是减企业和个人税负；四是国企改革和放宽民营准入；五是推进产业结构升级。

（潘云良　中共中央党校经济学教研部副主任、教授）

供给经济学与我国的"供给侧结构性改革"

胡希宁

从 20 世纪 70 年代初开始,凯恩斯主义经济学在经过近 30 年时间的推行后,西方大多数国家普遍面临着两大主要问题,一是面临着严重的环境污染和生态环境的破坏,二是经济停滞、高失业率和高通胀率并存的"滞胀"问题。这一局面引起人们对凯恩斯主义经济学的普遍质疑。很多人既把形成滞胀的主要原因归咎于对凯恩斯主义经济学的滥用,又认为这套理论面对这种局面已经束手无策。由此,供给经济学便逐渐进入了人们的视野。

供给经济学的英文原名为 Supply-Side Economics,又被译为供给学派经济学或供给经济学派,它是 70 年代中期逐渐在美国显现出来的一个新自由主义的经济学流派,并由于其对 70 年代末开始执政的美国里根政府所开始实行的"里根经济学"产生的深刻影响,而在西方经济学中占据了一席之地。供给经济学批评凯恩斯主义仅仅从需求着眼的经济分析思路,主张经济学应着重分析社会经济的供给方面,并从供给方面出发提出了稳定经济的政策与主张,从而表明了自己与强调从需求方面分析经济并主张政府加强总需求管理的凯恩斯主义经济学相对立的态度。

一、供给经济学的主要代表人物和代表作

对供给经济学的形成和发展起着重要影响作用的主要包括如下五个人：

阿瑟·拉弗（Arthur B.Laffer, 1941— ）是供给经济学的最主要代表人物，先后任芝加哥大学和和南加利福尼亚大学的经济学教授。在里根执政期间，拉弗成为了总统经济政策顾问委员会成员，并对"里根经济学"的形成产生了重要的影响。拉弗因其提出了作为供给经济学思想核心的说明税率和税收关系的"拉弗曲线"而著名。

罗伯特·蒙代尔（Robert Mundell, 1932— ）是 1999 年诺贝尔经济学奖的获得者，也是供给经济学的创始人之一。1966 年起，蒙代尔在美国芝加哥大学任经济学教授，1974 年转入哥伦比亚大学任教。1971 年，意大利波洛尼亚举行的一次经济学家会议上，蒙代尔批评了当时的美国政府所采取的政策，并提出了减税的主张。由此，蒙代尔被美国报刊称为"供给学派的先驱"。

裘德·万尼斯基（Judd Wanniski, 1936— ），生于美国，曾任《华尔街日报》的副主编和社论作家，后自己开设了一家综合经济分析公司。1974年，万尼斯基向当时的福特政府建议大规模减税并恢复固定汇率制，据说他的这些建议受到福特总统的一名助手的重视。此后，万尼斯基便与拉弗、蒙代尔等人经常在纽约聚会，讨论经济理论和经济政策问题，大力倡导供给经济学。

马丁·费尔德斯坦（Martin S. Feldstein, 1939— ）是供给经济学最有影响的代表人物之一，曾任哈佛大学教授，1982 年起，任里根政府经济顾问委员会主席，1984 年卸任后又到哈佛大学任教授。

保罗·克雷格·罗伯茨（Paul Craig Roberts）曾长期在乔治敦大学的战略和国际问题研究中心担任研究员，也曾担任《华尔街日报》的副总编和

栏撰稿人。1975 年，美国国会众议员杰克·肯普与他人提出了以减税为核心内容的所谓"肯普—罗斯法案"，罗伯茨加入了肯普的班子，成为其中的主要经济顾问，并对供给经济学派做出了重要的建树。1981—1982 年，罗伯茨在里根政府的财政部中担任主管经济政策的助理部长。

上述供给经济学的主要代表人物的经济思想由于受到了里根的青睐并在他就任总统后付诸实施，因此在上世纪 70 年代末到 80 年代末将近 10 年时间内成为了美国的主流经济学的重要组成部分。

二、供给经济学是对凯恩斯主义经济学的"革命"

大家知道，凯恩斯主义经济学对于经济均衡发展的分析是建立在如下的国民收入均衡决定的平衡式基础之上的，即：总需求＝总供给。在所谓四部门经济条件下，该公式表现为：消费＋投资＋政府支出＋出口＝消费＋储蓄＋政府税收＋进口。

由于凯恩斯主义经济学的分析采用的是比较静态和比较短期的分析方法，并且是建立在总需求决定总供给这一理论前提基础之上的，因此他们认为，当经济中出现总需求与总供给的失衡时，在短期内要想使总需求与总供给平衡，更为有效的政策应当是采取需求管理的政策，即通过改变总需求使得总需求与总供给相平衡，也就是通过拉动消费、投资、政府支出和出口使得总需求与总供给重新获得平衡。

在上世纪 70 年代初西方国家普遍面临"滞胀"局面的形势下，以供给学派经济学为核心内容的经济理论和政策主张应运而生。作为诸多挑战凯恩斯主义正统地位的理论之一（当时对凯恩斯主义提出质疑的还有现代货币主义等很多经济学理论），供给经济学的理论基础其实就是两个：一是重新捡起的"萨伊定律"；一是拉弗所提出的"拉弗曲线"。

"萨伊定律"是 19 世纪上半叶时一个著名的法国经济学家萨伊所提出的一个定律。按照"萨伊定律",资本主义市场经济条件下,供给能够自行地创造出需求,市场会自动地实现供求的均衡,既不会出现普遍的生产过剩的经济危机,也不会出现普遍的非自愿失业现象,因而也就不需要国家对经济实行干预。然而,20 世纪 30 年代大危机的事实却恰恰否定了"萨伊定律"(经济中出现了严重的供求失衡,出现了严重的过剩)。凯恩斯以自己的所谓"凯恩斯定律"(即在资本主义市场经济条件下,是"需求创造供给")否定了传统的经济学理论和"萨伊定律",并在此基础上提出了国家干预主义的一系列理论和政策主张。供给经济学则认为,滞胀完全是长期推行需求管理政策所造成的累积效应,其根源在于凯恩斯主义的国家干预主义,因而必须予以否定,并重新恢复萨伊定律。

"拉弗曲线"是由拉弗所提出的,其图形如下:

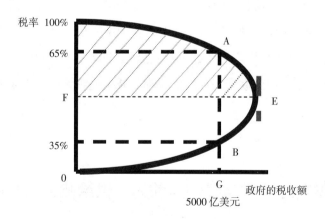

它表明了如下几点:(1) 图中的 0 点(0 税率)和顶点(100% 税率)均为极端的情况,只在理论分析中存在,现实的情况多在 0 点与顶点之间。(2) 起初,随着税率的提高,政府的税收会逐渐增加,但当税率达到一定点(例如图中的 E 点或 F 点)之后,若税率再提高,则政府得到的税收反而会逐渐减少。(3) 一定的税收量,政府可以通过不同的税率得到,例如 G 点(假

定为某年政府的既定税收额是 5000 亿美元）上的税收既可以通过 A 点的税率（假定代表的是 65% 的税率）得到，也可以通过 B 点的税率（假定代表的是 35% 的税率）得到，然而由于高税率会损害人们的投资和消费的积极性从而损害税基（国民收入），低税率则能激励人们的投资和消费的积极性从而促进税基的增加，所以政府在以一定的税收额为目标的情况下，何乐而不为，在两种税率中选择低税率（即采用 35% 的税率）呢？（4）图中的阴影区通常为税收政策的"禁区"，税率进入该区后，降低税率不但不会使税收减少，反而会增加。

供给学派根据上述分析还指出：（1）拉弗曲线中的 E 点并不一定是 50% 的税率，而是一种人们愿意接受的税率，E 点的确定取决于经济形势和政治形势等（例如战时可能会高一些，和平时期则会低一些）；（2）高税率不仅将损害人们投资和消费的积极性，造成商品和劳务的供给不足，而且会提高商品和劳务的成本，使物价提高，同时还会鼓励"地下"经济活动，使生产要素得不到合理利用；（3）美国经济中的各种税率在 20 世纪 70 年代中期已进入了"禁区"（平均税率已超过了），已到了非减税不可的地步。为此，供给学派提出了以减少国家干预和降低税率、减少税收为两大主要内容的政策主张。

三、供给经济学与我们当前的"供给侧结构性改革"

供给经济学的积极意义可以归结为两点：首先，供给经济学虽然在理论上并没有更多的内容，但在经济分析思路上却一改战后几十年内人们对凯恩斯主义的推崇，一直强调总需求分析和需求管理的政策主张。它使人们开始把研究的眼光由需求方转向了供给方。供给经济学认为，凯恩斯主义经济学只强调财政政策对总需求的影响，却忽视了对相对价格、经济主体行为和总供给的影响，而决定经济长期增长的恰恰是供给方面的因素。因此，供给经济学主张，采取各种手段改进总供给。这一点在经济学研究上产生了非常大的影响。供给经济学在当时的条件下所提出的种种看法和主张，对西方经济学界乃至西方国家的政府重新认识供给管理在国民经济管理中的积极作用，提供了一种较新的思路和视角。其次，供给经济学根据拉弗曲线所提出的以大规模减税为主要内容的政策主张对于美国当时的经济复苏的确起到了一定的积极作用。经过美国前总统里根的所谓"里根经济学"的实践，人们也的确看到了"供给经济学"的可取之处。最后，供给学派重视供给在经济增长和发展中的作用的观点，对于我们在经济建设中制定长期经济政策和确定经济建设的重点，增加供给都有借鉴意义；供给学派的减少政府对经济活动的干预、减轻社会的纳税负担、提高人们工作积极性、就业出路在于生产增长等看法，对于我们合理地确定企业负担，搞活国有企业，实施再就业工程都有一定的启发性。

但另一方面，我们又不能过高地估价作为新自由主义范畴重要组成部分的供给经济学在当时所起的作用。因为，虽然美国经济在上世纪80年代经过所谓"里根经济学"的实践，取得了以经济复苏为主要内容的业绩，但经过一段时间之后，人们看到美国的劳动生产率和投资率并没有明显的提高，特别是后来赤字还是越来越庞大，对下一任总统运用财政政策来刺激经济运行形成了一定的障碍。供给经济学的理论和主张之后就随着美国政府的人事更迭而变化，逐渐退出了官方经济学的宝座，取而代之的是经过发展了的凯恩斯主义——新凯恩斯主义理论及其政策主张又重新占据了官方经济学的地位。

尤其是，我们不能把我们当前所提出的"供给侧改革"与供给经济学混为一谈。因为，首先，供给经济学当时虽然主要强调和注重供给方面，但他们主张的是通过大规模减税来刺激劳动力增加供给，以减少失业率，扩大政府的税基。这种供给方面的主张无论是内涵上还是外延上都无法与2015年中央经济工作会议所提出的任务相比拟，就是仅仅从经济学本身来讲也是有极大的局限性的。其次，我们当前所讲的供给侧改革，虽然也应当包括适度地减税，以释放生产力水平，但我们更主要强调的是要通过经济结构的调整和经济的转型改善供给方面，解决"短板"制约经济发展的状况，使我们的经济更具有活力，使我们的总供给与总需求逐渐步入良性运行的状态，使二者逐渐恢复均衡运行的状态。最后，我们所强调的供给侧改革并不是单纯地强调作为经济均衡的供给方面的改革，并非强调需求方面的短期政策效应，我们强调的是长期的、动态的经济均衡，政策也强调的是长期的政策效应。

我们当前提出的供给侧结构性改革，其理论渊源、内涵及其基本要求主要表现在：

首先，"供给侧"与"需求侧"是一对具有对应关系的经济范畴。这对范畴的区分始于新古典经济学的"萨伊定律"。需求侧是指凯恩斯经济学所说的总需求，它包括了消费、投资、政府支出和出口四个因素，它针对总需求所采取的改进政策被称为需求管理政策。政府可以通过需求管理政策在短期内改变这四个因素的状况，从而改变总需求与总供给之间的非均衡状况。供给侧与凯恩斯经济学所说总供给有很大的重叠之处，但又不尽相同。它取决于技术水平、自然资源和经济资源（当然也包括资本）、劳动力队伍的整体素质和经济结构的合理程度、制度的安排等五个方面的因素，针对总供给所采取的政策即被称为供给管理政策。这五大因素的改进在短期内难以得到根本的改变，因而总供给的改进本质上是一个长期的过程，它们决定了一个社会的中长期的潜在的经济增长率。

中国经济经过30多年的发展，特别是经过近10年的较高速的发展后，已表现出了越来越明显的结构性矛盾。而自1997年亚洲金融危机之后，中国政府对宏观经济进行的调控从基本面上可以概括为实行的是凯恩斯主义的需求管理政策。经过一段时间，这些政策的边际效率已逐渐递减。为此，笔者曾于 2003 年 9 月 16 日在《光明日报》上发表的题为《在拉动需求的同时改善总供给》的文章中提出过一些在继续拉动总需求的同时改善总供给及其结构的想法。[①] 现在来看,其中的主要观点还是符合目前所提出的"供给侧结构性改革"思想的。此外,从学理上可以说,供给侧结构性改革也是当前中国经济发展到新经济周期阶段后进行深化改革的必然选择。

其次,习近平在 2016 年 1 月 18 日省部级主要领导干部学习贯彻党的十八届五中全会精神专题研讨班开班式上发表的重要讲话中,对于实施供给侧结构性改革的意义、目的、任务、重点等做了较为详细的阐释。这就是,供给侧结构性改革的实施过程中既要强调供给又要关注需求,既要突出生产力的发展又要关注生产关系的完善,既在资源配置中发挥市场的决定性作用又更加注重政府作用的发挥,既着眼当前又立足长远;目的是要解决经济新常态条件下中国经济所面临的诸种困境,重点目标是解放、发展社会生产力;实施的方法是依靠改革推进结构的调整,其中会有加有减:加,是指通过增加有效供给和中高端供给,使供给结构更能适应对需求的变化,进而提高全要素生产率;减,是要减无效和低端供给,减过剩的产能和库存,减"僵尸企业"。应当实施的政策措施包括通过一系列政策举措,特别是推动科技创新、发展实体经济、保障和改善人民生活的政策措施,来解决我国经济供给侧存在的问题;实施的入手点是从生产端入手;实施的重点是促进产能过剩有效化解,促进产业优化重组,降低企业成本,发展战略性新兴产业和现代服务业,增加公共产品和服务供给,提高供给结构对需求变化的适应性和灵活性。

必须指出的是,供给侧结构性改革的提出是建立在经济新常态的科学判断基础上的,它与"新发展理念"等新思想共同构成了应对经济新常态的完整思路。所有这些思想内容既是对中国经济建设经验的理论总结,又是对中

---

① 参见胡希宁:《在拉动需求的同时改善总供给》,《光明日报》2003 年 9 月 16 日。

国特色社会主义政治经济学的创新和发展，必将为我们顺利实现"十三五"的目标提供强大的思想和理论武器。

（胡希宁　中共中央党校经济学教研部教授）

供给侧结构性改革是中国的新产业革命

谢鲁江

习近平总书记最近发表一系列重要讲话，强调要大力推动供给侧结构性改革。这些论述阐明了新常态下我国经济发展的一个根本性导向，即大力推动生产力变革，激发中国自己的新产业革命。

一、供给侧结构性改革就是新常态下的生产力变革

我国经济发展进入新常态后，面临着速度变化、结构优化、动力转化，经济升级转型的任务非常艰巨。尤其是现在，经济下行的压力还在增强。在这种情况下，探索和激发经济增长、经济发展的新动力尤为关键。

按照马克思主义政治经济学的观点，经济发展的推动力量来自于生产力的进步、变革和生产关系的调整、变革。改革开放以来，我国通过所有制结构、收入分配结构的调整，如农村的家庭联产承包责任制、多种经济成分的共同发展、公有制实现形式的多样性、要素参与分配等，来寻求经济发展的动力源。这主要是通过生产关系的变革来适应生产力、解放生产力。这些应该属于生产关系调整变革所激发的动力。而强调供给侧结构性改革，强调创

新、强调产业结构优化升级，这些内容更加侧重于生产力方面的变革，强调通过生产力方面的变革为我国的经济发展注入新的动力和活力。从这个意义上说，供给侧结构性改革，可以说是新常态下的生产力变革。

改革开放 30 多年来，我国社会生产关系发生了巨大而深刻的变革。多种经济成分的迅猛发展，一方面给予生产力发展巨大的利益推动力，同时也形成了社会多样化的收入来源。中国迅速摆脱贫穷面貌，形成了数亿人规模的中等收入群体及千万计的高收入群体。随着中国跨入中等收入国家行列，市场需求也有了巨大的增长。同时为维持高速经济增长，国家也长期采取了需求导向的宏观经济政策。可以说，在以往的经济增长中，激发社会需求和满足社会需求，成为我们推动经济高速增长所抓住的主要矛盾或矛盾的主要方面。

现在中国经济进入新常态后，主要的矛盾或矛盾的主要方面正在转向供给侧一端，转向生产力方面。其突出表现就是现在的供给明显与变化了的需求不匹配，社会有效供给不足。同时，还需要大力推动新兴生产力的形成和成长，使之尽快成为我国今后经济发展的核心推动力量。

首先，我国的供给要从满足中低端需求为主向满足中高端需求为主转变。

我国目前中低端供给的产能普遍过剩，这是造成目前我国经济下行压力增大及企业经营困难的直接原因。而这种中低端产能过剩，与以往我国产业供给主要满足中低端消费需求是息息相关的。我国改革开放以来，社会需求主要处于由温饱向小康的发展阶段。这时的需求主要是中低端的基本生活必需品需求，而且这种中低端需求又主要表现为量的要求，是一个从无到有、从少到多的过程。在参与经济全球化过程中，发达国家主要把中低端产业向我国转移，同时又大量从我国进口这些中低端产品来满足其国内民众的基本生活需求。这样的需求市场造就了我国中低端供给的长期快速扩张。而现在，一方面我国国内民众需求进入了向中高端消费转变的换挡期，人们的需求从以数量为主转向以品质为主，以从众化消费为主转向个性化消费为主。另一方面，随着我国制造业成本的普遍抬升，国际资本包括我国国内资本开始寻求更低成本的国家和地区来生产中低端产品。由此，我国制造业就面临着一个困难的窘境：一方面中低端的产能过剩，有效需求不足；另一方面，中高端的消费又满足不了，有效供给不足。国内传统市场困难重重，新兴市场还未掌握，国际市场也需要重新定位，这就是我国制造业乃至整个产业面临的突出问题。为此，从供给侧进行结构性改革，加快产业走向中高端的步伐，就成为必然的选择。

再从深层次的生产力发展规律来看，我国的生产力发展已经进入需要积累新的动能及实现质的突破的阶段，供给侧结构性改革，就是着力于大力推进生产力变革。

生产力的发展需要有一个从动能积累到动能释放的过程。我国改革开放30多年来，主要依靠计划经济时期积累的生产力、引进外资积累的生产力、民营资本的中低端生产力。发展到今天，上述生产力所蕴含的动能已经得到了充分的释放。现在迫切需要支撑下一步我国经济可持续发展的新的生产力动能。新常态下所需要的动力转化，不仅仅包含利益关系方面的动力，更包含生产力方面的动力，而且生产力方面的动力是更为根本的动力。我国目前传统制造业普遍陷入困境，与其缺乏新的生产力发展动能有直接关系。而以"互联网＋"为代表的新技术、新产品、新业态、新商业模式发展迅猛，增速加快，则与其所依赖和代表的新生产力动能直接相关。我国在旧的生产力动能已经充分得到释放，难以再继续作为主力推动和支撑下一步经济发展的情况下，迫切需要积累新的生产力动能，形成新的生产力动力。因此，供给侧结构性改革的重心应当放在生产力变革上。

生产力的发展还要区分出以质的提升和突破为主的阶段和以量的规模扩张为主的阶段。

习近平总书记指出，一个国家的发展从根本上讲是从供给侧发动的，尤其是要有颠覆性的创新。从供给侧发动颠覆性创新，从本质上讲，就是生产力的质的提升和突破，是生产力的革命性变革。一般说产品都有生命周期现象，有一个从创新突破到小规模需求拓展、再到大规模量的扩张、然后衰减乃至被新的产品替代的阶段性变化过程。生产力的发展也存在类似的状况，在其发展过程中，会出现以质的提升和突破为主和以量的规模扩张为主这样不同的阶段交替。我国前一阶段的经济高速增长，就是生产力量的扩张为主的阶段。而进入新常态后，我国的生产力发展则进入了以质的提升和突破为主的阶段。这时生产力的发展主要不是看量的增速，而是要看质的创新，尤其是要看能否获得突破性、颠覆性的创新。从改革上来讲，如果说，过去的改革侧重于解放被束缚和被压抑的生产力，是以量的扩张为主，那么现在的改革就是要推动新的生产力的创造和形成，以质的突破为主，以推动生产力变革为主。

正如习近平总书记所深刻指出的，当前的经济下行状况，不是由于有效需求不足而引发的总量性周期性现象，而是由于有效供给不足而导致的结构性问题。要从根本上摆脱经济下行压力，还是要从供给侧进行结构性改革为主，还是要依靠生产力的变革为主。因此，供给侧结构性改革，并不简单是宏观经济政策从以需求管理为主转向供给管理为主的一个调整，而是一场深刻而巨大的、影响长远的生产力变革。供给侧结构性改革是我们党认识新常态、把握新常态、引领新常态的聚焦发力点，是我们党深刻认识生产力发展规律，引领我国今后经济发展的重大决策。

二、从"引进"到"引领"——激发中国自己的新产业革命

供给侧结构性改革，目的是要寻求中国从依靠后发优势发展向依靠先发

优势发展的历史性转变，要实现从"引进"为主到"引领"为主的转变。

西方发达国家是世界工业化进程的先发国，长期拥有着先发优势。中国是工业化的后起国，迄今为止，以传统制造业为主体的中国工业体系，从技术内涵讲总体上是以引进或模仿为主构建起来的，生产力的发展主要依靠的是后发优势。

鸦片战争后，中国陷入了"落后就要挨打"的痛苦境地。究其原因，从生产力上讲，就是因为西方国家爆发了产业革命，率先迈入工业化社会，而中国却停滞于传统农耕社会，生产力长期未能获得突破性革命。生产力的落后是最为根本的落后，也是落后挨打的最为基本的原因。

鸦片战争以后的中国历史进程，一个核心的演变脉络，就是全民族前赴后继致力于彻底改变这种生产力落后局面。从魏源提出的"师夷长技以制夷"，张之洞的"中学为体，西学为用"，张謇、康有为等提出实业救国论及推动的洋务运动，孙中山先生的"三民主义"，"五四"运动张扬科学、民主的旗帜，等等，都包含着力图探索中国生产力革命和振兴之路的强烈诉求。中华人民共和国成立后，在中国共产党领导下，先是通过计划经济体制，大力发展国有经济、国有企业，集中有限国力，快速建立起相对独立完整的国家工业体系，奠定了国家工业化的强有力基础。改革开放后，邓小平同志提出著名的"发展是硬道理""生产力标准"等论断，在市场经济体制和经济全球化推动下，我国步入全面快速推进工业化的轨道，经济总量跃居世界第二，中国制造走向全球，生产力发展获得了举世瞩目的巨大成就。

回顾历史，在世界工业化的进程中，中国以往扮演的主要是一个苦苦追赶者的角色。在近现代历史上，西方国家一直是历次产业革命的发动者，同时也是历次产业革命的最大受益者。西方国家利用发动历次产业革命来掌握世界工业化进程的先机，形成并长期保持着对工业化落后的发展中国家的领先优势，主导着国际经济体系和经济秩序，引领着世界的发展，使得发展中国家长期面对着来自发达国家的科技、产业、经济、政治、文化、军事等的压力和压制。中国作为世界上最大的发展中国家，面临的是与其他发展中国家同样的境地。我国的工业化进程，总体上讲，都是依靠引进或模仿发达国家产业革命的成果，再结合自己的后发优势（如廉价劳动力所带来的低成本优势），形成生产力上的追赶型、跟进型发展模式。

随着中国工业化水平的长足进步，中国作为发展中国家的后发优势随之逐渐失去，但是发达国家的先发优势我们还没有真正获得。因此，新常态下的"三化"（速度变化、结构优化、动力转化），从生产力发展的角度来说，实质上是反映着我国寻求和构建新发展优势的根本性的客观诉求。从依靠后发优势为主到依靠先发优势为主，这样的转变，形象地说，就是从"引进"为主向"引领"为主转变。实现这种转变的契机，从世界工业化的历史及西方发达国家的经验来看，就是激发新的产业革命。

推进供给侧结构性改革，要着力于激发我国自己的新产业革命。习近平总书记在一次讲话中，从历史回顾的角度，对产业革命与国家发展、国力兴衰的关系，做出了重要论述。英国利用第一次产业革命的机会，从欧洲诸国中脱颖而出，成为称霸全球的"日不落帝国"。美国、德国等国，利用第二次产业革命的机会，迅速超越英法等老牌强国，分别长期占据世界第一和第二的位置。由此可见，发动和利用产业革命，往往是后起国家实现跨越式发展、完成由追赶者向引领者转变的关键一招，也是先进国家保持和扩大自己领先优势的关键一招。

2008年国际金融危机爆发后，世界经济进入了深度调整期。发达国家力图早日摆脱金融危机的困难局面，推动深度调整尽快完成。其所祭出的法宝，仍然是发动新的产业革命。这一轮新的产业革命号称"第三次工业革命"，或直接称之为"新产业革命"。其核心内容就是智能化制造，把信息经济和现代服务业的成果嫁接到制造业中，改造传统制造业，使得西方国家在更高的层次上重新获得制造业的竞争优势。美国总统奥巴马在上任伊始，就强调要"重新振兴美国的制造业，重新塑造美国的中产阶级"。其执政至今，一直念兹在兹的就是要把中国制造重新夺回为美国制造，要用美国制造战胜中国制造。其信心的来源，就是美国正在发生且势头迅猛的新产业革命。

我国要完成发展动力转换，实现引领式发展，也要着力于激发自己的产业革命，这是推进供给侧结构性改革的根本指向。

我国的产业发展，也正在积累和酝酿着全局性的重大革命性突破。首先，我国的产业链条相当完整，技术体系完备，系统性开发和创新能力强，拥有从基础性制造业到信息产业、现代服务业的基本要素和资源。这些为我国激发全局性新产业革命提供了强有力的物质和技术底蕴。其次，我国的社会主流群体拥有了创新创业的积极性和实力。与改革开放之初主要是体制外的社会边缘群体创业不同，现在进入创新创业行列的是社会主流群体，尤其是中等收入群体，在校或毕业学生、科技人员、企事业单位和机关工作人员、城市居民、外出打工或返乡农民、企业家或企业高管等。2014年、2015年平均每天新登记的企业都达到1万家以上，这充分显示了我国社会所蕴藏的创新创业的厚度和广度。再次，我国改革开放后高速增长所积累的资金、技术、人力资源等创新所必需的要素，社会所积累的市场需求空间和市场容量，巨大的经济总量及国内国际市场，从供需两端为新产业革命提供了必备的条件。最后，世界科技进步和产业变革的方向基本明确，我国也基本站在了这一新产业革命的前沿，以"中国制造2025"为代表，以"互联网+"及新兴战略性产业为龙头，新的产业革命的势头已开始显现。

推动供给侧结构性改革，就是要把这些有利条件都充分调动起来，真正激发中国自己的新产业革命。这将是第一次在中国本土由我们自己发动和推进的产业革命。

（谢鲁江　中共中央党校经济学教研部教授）

供给侧结构性改革与供给管理创新

董艳玲

供给侧结构性改革是我国经济领域由注重需求管理转变为注重供给管理的重大变革。供给和需求是市场运行的基本力量。正如萨缪尔森所言：如果教会鹦鹉讲供给和需求，鹦鹉也会变成经济学家。由此可见供给和需求在经济运行中的重要性。供给管理和需求管理是对市场经济运行进行宏观管理的两种基本方法，目的是保持社会总供给和社会总需求在总量和结构上达到平衡，从而促进经济持续、稳定、健康发展。供给管理是通过对总供给的调节来达到宏观经济目标，需求管理是通过对总需求的调节来达到宏观经济目标。在实际的经济运行中，如果主要矛盾出现在供给侧，则宏观经济管理方法以供给管理为主；如果主要矛盾出现在需求侧，则宏观经济管理方法以需求管理为主。改革开放以来，我国经济运行中的主要矛盾很多时候是出现在需求侧，因此，我国宏观经济管理中多采用了需求管理为主的方法。如今，在经济新常态的宏观经济环境下，宏观经济运行中的供给侧矛盾日益突出，例如一方面出现了煤炭、有色金属、钢铁、电力、建材等行业产能严重过剩的情况，另一方面出现了节假日期间中国游客到国外大量采购电饭煲、马桶盖的现象。因此，随着我国宏观经济运行中的主要矛盾发生变化，宏观经济管理由注重需求管理转变为注重供给管理。

需求管理为主向供给管理为主的转变，使得我国宏观经济管理的出发点、内容、工具都发生重大转变。需求管理是从需求侧的"三驾马车"出发，通过调节消费、投资、净出口的总量和结构使总需求的总量和结构发生变化；供给管理是从供给侧的生产要素出发，通过调整决定生产率高低的各种因素使总供给的总量和结构发生变化。一般来说，需求管理是短期均衡管理，通过货币政策和财政政策可以在短期内较为快速地调节社会总需求，使得总供求达到基本平衡；而供给管理是长期均衡管理，调整所需要的时间往往要长一些。这是因为从长期看，决定一国生产率的因素主要有四个：物质资本、人力资本、自然资源和技术知识。用于生产物品与劳务的设备和建筑物存量即为物质资本，简称资本；人力资本是指工人通过教育、培训和经验而获得的知识和技能；自然资源是由自然界提供的用于生产物品与劳务的投入，如土地、河流和矿藏；技术知识是社会对生产物品与劳务的最好方法的了解。[①] 因此，通常简单地说，影响经济长期增长的因素是资本、劳动、土地和技术。这四个方面的供给侧因素往往都需要较长一段时间的调整才能达到新的状态，因此，供给管理属于长期均衡管理。

当前，我国宏观经济运行面临的最突出的矛盾不是总量矛盾，而是供给侧的结构性矛盾，因此，供给侧结构性改革恰逢其时。供给侧结构性改革从供给管理的角度看，无论是在理论层面上、政策层面上还是在实践层面上都具有重要的创新意义。"实践—政策—理论—政策—实践"构成人类社会活动的基本过程，实践是理论与政策的基础，理论是政策与实践的指导，政策是理论与实践相结合的中介。[②] 供给侧结构性改革的提出，推动了供给管理的理论创新、政策创新和实践创新。

---

① ［美］曼昆：《经济学原理》（第七版），北京大学出版社 2015 年版，第 145—150 页。

② 罗宗毅、沈承刚：《论理论、政策、实践三者关系》，《探求》1992 年第 6 期。

一、供给侧结构性改革与供给管理的理论创新

西方主流经济学认为，供给管理的理论基础是供给学派经济学（Supply-side Economics）。20 世纪 70 年代，美国等西方国家出现了"滞胀"问题。当时占主流地位的凯恩斯经济学受到质疑和挑战，供给学派经济学应运而生。供给学派经济学认为，"滞胀"完全是长期推行凯恩斯主义需求管理政策所造成的累积效应。凯恩斯经济学只强调财政政策对总需求的影响，忽视了经济主体行为、相对价格和总供给的影响。凯恩斯主义持续的需求扩张不一定会造成实际产量的增长，很可能只是单纯地增加货币量，引发通货膨胀，使储蓄率下降，引起利率上升，进而影响投资增长和设备更新，使技术变革延缓。供给学派经济学为"滞胀"开出的"药方"是从增加总供给入手，通过制定减税等一系列的供给管理政策来刺激储蓄，储蓄便会自动转化为投资，投资的增加便能提高产量，进而促进经济增长。[①] 供给学派经济学的理论和政策主张受到里根的重视，在 20 世纪 80 年代成为里根政府制定政策的依据，形成所谓"里根经济学"。

供给侧结构性改革虽然也是供给管理，但是，与西方的供给学派经济学迥然有异。2015 年 11 月 10 日，习近平总书记在中央财经领导小组第十一次会议上首次提出"供给侧结构性改革"，指出，在适度扩大总需求的同时，着力加强供给侧结构性改革，着力提高供给体系质量和效率，增强经济持续增长动力，推动我国社会生产力水平实现整体跃升。2016 年 1 月 18 日，习近平总书记对供给侧结构性改革做了进一步阐述："供给侧结构性改革，重点是解放和发展社会生产力，用改革的办法推进结构调整，减少无效和低端供给，

---

① 参见胡希宁编著：《当代西方经济学概论》（第四版），中共中央党校出版社 2008 年版，第 393 页。

扩大有效和中高端供给，增强供给结构对需求变化的适应性和灵活性，提高全要素生产率。"在供给侧改革过程中，"既强调供给又关注需求，既突出发展社会生产力又注重完善生产关系，既发挥市场在资源配置中的决定性作用又更好发挥政府作用，既着眼当前又立足长远。"[①] 当前，供给侧改革的重要任务是"三去一降一补"，即去产能、去库存、去杠杆、降成本、补短板。

供给侧结构性改革的提出，在供给管理的理论基础方面具有创新性，包括理论思想创新、理论内容创新、理论目标创新，进一步丰富和发展了供给管理。

（一）供给管理的理论思想创新

如前所述，西方供给管理的理论依据是供给学派经济学。供给学派的理论渊源实际上来源于古典经济学[②]。"自从萨伊和李嘉图时期以来，古典经济学者们都在讲授供给创造自己的需求的学说。"[③] 古典经济学信奉自由竞争的市场机制会自动实现总供给和总需求的平衡，反对国家干预经济生活，提出自由放任原则，主张依靠一只"看不见的手"支配社会经济活动，促进国民财富的增长。马丁·费尔德斯坦在 1986 年的《美国经济评论》中撰文写道，"供给主义不过就是要回归到亚当·斯密以及 19 世纪古典经济学家的扩大生

---

① 2016 年 1 月 18 日习近平在省部级主要领导干部学习贯彻党的十八届五中全会精神专题研讨班开班式上发表的重要讲话。

② "古典经济学者"是马克思首创的名词，用以泛指李嘉图和穆勒以及他们的前辈们。马克思划分的古典经济学终止于李嘉图，凯恩斯划分的古典经济学纳入了李嘉图追随者的观点。古典经济学者包括穆勒、马歇尔、埃奇沃思、庇古。目前，西方学者所说的古典经济学终止于穆勒，而把兴起于 1870 年以后，包括马歇尔、埃奇沃思、庇古等人在内的学说称之为"新古典学派"。参见 ［英］约翰·梅纳德·凯恩斯：《就业、利息和货币通论》（重译本），商务印书馆 1999 年版，第 7 页。

③ ［英］约翰·梅纳德·凯恩斯：《就业、利息和货币通论》（重译本），商务印书馆 1999 年版，第 23 页。

产能力、减少政府干预、发挥个人创造力的基本思想"，所以费尔德斯坦说，在听说供给学派这个名词之前，包括他在内的诸多经济学家早已是供给主义者了。马丁·费尔德斯坦等"老"的供给学派与阿瑟·拉弗等"新"的供给学派没有本质不同，唯一的区别是对供给政策的预期效果看法不同。①

供给侧结构性改革的理论基础既非供给学派经济学，也非凯恩斯经济学，而是具有中国特色的社会主义市场经济理论——"既发挥市场在资源配置中的决定性作用又更好发挥政府作用"，同时，"既强调供给又关注需求"，是一种"市场政府结合经济学"。② 这无疑是对供给管理的理论思想的一次创新。

（二）供给管理的理论内容创新

以经济学家阿瑟·拉弗命名的拉弗曲线（Laffer Curve）非常形象地说明了供给学派经济学的核心内容和政策主张。1974 年的一天，拉弗和一些著名记者与政治家在华盛顿的一家餐馆用餐。他拿来一块餐巾并在上面画了一个图来说明税率如何影响税收收入，这就是著名的拉弗曲线。拉弗曲线旨在表明，税率过低或者过高都不会使税收收入最大化。美国过高的税率严重地抑制了经济活动，如果减税释放出经济活力，政府的财政收入反而会因减税而增加。大多数经济学家怀疑拉弗的建议。就经济理论而言，降低税率可以增加税收收入的想法可能是正确的，但在实践中是否真的如此却值得怀疑。当时没有什么证据可以证明美国税率已经高到了拉弗所说的极端水平。但是，拉弗曲线激发了罗纳德·里根的想象力，里根说："第二次世界大战期间我拍电影赚过大钱。"那时，战时附加所得税高达 90%。"你只能拍四

---

① Feldstein, M.,"Supply Side Economics: Old Truths and New Claims", *American Economic Review*, Vol.76, No.2, pp.26-30, May 1986.

② 目前尚无统一专用名词，为方便起见，暂且称之为"市场政府结合经济学"。

部电影就达到最高税率那一档了。因此，我们都拍完四部电影就停止工作，并到乡下度假。"高税率使人们更少地工作，低税率使人们更多地工作。里根用自己的亲身经历证明了拉弗曲线。当里根 1980 年竞选总统时，他把减税作为其施政纲领的一部分。① 除了减税外，里根政府为刺激投资，还实行了加速折旧和投资税收抵免等措施，同时主张放松管制、平衡预算、降低通货膨胀。

供给侧结构性改革的内容同供给学派经济学相比有很大的不同。供给侧结构性改革是"用改革的办法推进结构调整，减少无效和低端供给，扩大有效和中高端供给，增强供给结构对需求变化的适应性和灵活性，提高全要素生产率"。由此可见，减税只是供给侧结构性改革的一项内容，除了减税以外，供给侧结构性改革强调的是通过全方位的改革对供给结构进行调整，具体任务是"三去一降一补"，即去产能、去库存、去杠杆、降成本、补短板。这同供给学派经济学的内容有着相当大的差异，可以说是"异"多"同"少。这样，供给侧结构性改革在供给管理的理论内容上实现了创新。

（三）供给管理的理论目标创新

供给学派经济学的供给管理目标不仅在于走出当时"滞胀"的困境，而且要回到古典经济学主张的自由放任的市场经济传统，彻底改变过去数十年来政府对经济的过度干预，以实现美国经济长期的增长和繁荣。供给学派经济学的目标究竟实现了多少一直存在着争论。许多经济学家认为，之后的历史否定了拉弗关于低税率可以增加税收收入的设想，从而否定了供给学派经济学。由于减税和军费开支的增加，美国财政赤字占 GDP 比重达到二战后的最高点。随后，老布什和克林顿政府先后增税，20 世纪 90 年代美国却实

---

① ［美］曼昆：《经济学原理》（第七版），北京大学出版社 2015 年版，第 176—177 页。

现了预算盈余。因此，萨缪尔森和诺德豪斯在其《经济学》一书中认为"供给学派政策主张终于成了一种近乎反面的教材"。但是，随着对供给学派经济学政策效果研究的深入，另一些经济学家认为，20世纪80年代的事件更支持供给学派。诺贝尔经济学奖获得者罗伯特·卢卡斯于1990年在《供给派经济学：一个分析性复核》一文中的计算结果是：供给派经济学的减税效果相当于降低10个百分点的通货膨胀所带来的福利改进的两倍，相当于消除战后商业周期波动所带来的福利的20倍，或者是相当于消除美国所有市场垄断行为所带来的收益的10倍。因此，他认为供给学派经济学是25年以来最大的、真正的"免费午餐"。并且，他相信："如果我们按照供给学派经济学的建议走下去，那么我们将有一个更加美好的社会。"①

　　供给侧结构性改革的最终目的虽然也是实现经济的长期增长和繁荣，但是具体目标与供给派经济学有着巨大的差异。供给侧结构性改革的目标绝不是实行自由放任的市场经济，不是摆脱"滞胀"的困扰，而是"着力提高供给体系质量和效率，增强经济持续增长动力，推动我国社会生产力水平实现整体跃升"。所以，在供给管理所要实现的目标上，供给侧结构性改革同样具有创新性。供给侧结构性改革目标实现的程度如何虽然还有待于实践的检验，但就中国的实际情况而言，应该不会有供给学派经济学那么大的争论。

二、供给侧结构性改革与供给管理的政策创新

　　供给侧结构性改革的提出，推动了供给管理的政策创新。这种政策创新，既体现在同西方国家在供给管理政策上的不同，也体现在同我国以往供

---

　　① Robert E.Lucas, Jr., 1990,"Supply-side Economic: an Analytical Review", Oxford Economic Papers 42 (1990), pp.293-316.

给管理政策上的不同。例如，供给学派经济学的主要政策是减税，我国在"短缺经济"时代供给管理的政策着力点在于扩大供给总量，而供给侧结构性改革的供给管理政策已经初步形成了一套政策体系，政策的着力点在于调整供给结构。

（一）供给管理的政策体系创新

一般来说，供给管理的政策应该主要从财政政策、金融政策、产业政策入手，这是政府运用政策进行宏观管理的"惯性思维"。然而，由于供给侧结构性改革是一项复杂的系统工程，因此，中央提出了供给管理的政策体系，形成了以五大支柱为核心的政策体系新框架。2015年12月，中央经济工作会议指出，要在适度扩大总需求的同时，着力加强供给侧结构性改革，实施相互配合的五大政策支柱，即宏观政策要稳、产业政策要准、微观政策要活、改革政策要实、社会政策要托底。

宏观政策要稳，就是要为结构性改革营造稳定的宏观经济环境，主要体现在积极的财政政策要加大力度，提高赤字率，扩大赤字规模，从而为更大规模的减税提供空间。稳健的货币政策要灵活适度，为结构性改革营造适宜的货币金融环境，降低融资成本，优化资金结构，完善汇率形成机制。产业政策要准，就是要准确定位结构性改革方向，主要体现在优化产业结构，坚持创新驱动，着力补齐短板，发展实体经济。微观政策要活，就是要完善市场环境、激发企业活力和消费者潜力，主要体现在为企业营造良好的服务和制度环境，提高有效供给能力。改革政策要实，就是要加大力度推动改革落地，主要体现在完善落实机制，加强统筹协调，调动地方积极性，发挥基层首创精神。社会政策要托底，就是要守住民生底线，主要体现在保障群众基本生活，保障基本公共服务。

（二）供给管理的财政政策创新

供给管理的财政政策创新主要体现在"实行减税政策，阶段性提高财政赤字率"。2008 年国际金融危机后，许多国家债务危机频发，运用财政政策进行宏观经济管理的能力和空间已经十分有限。但是，我国的债务规模总体不高，风险可控，因此，同其他国家相比，有进一步扩大赤字规模、增加国债发行的空间。按照中央经济工作会议的思路，阶段性提高财政赤字率后所增加的国债"在适当增加必要的财政支出和政府投资的同时，主要用于弥补降税带来的财政减收，保障政府应该承担的支出责任"，这就为供给侧结构性改革提供了有力的政策支持。这种"以债补税"的政策创新，可以加快促进供给侧结构性改革各项具体政策的出台。例如，财政部提出，按照中央经济工作会议部署，2016 年及今后一个时期，要继续实施积极的财政政策并加大力度。进一步实施减税降费政策，坚决遏制各种乱收费，坚决不收"过头税"，给企业和市场主体留有更多可用资金。此外，财政政策在加大统筹财政资金、盘活存量资金力度、调整优化支出结构等方面都可能会出台一系列新的政策，实现供给管理的财政政策创新。

（三）供给管理的金融政策创新

供给管理的金融政策创新主要集中于 2016 年 2 月 14 日人民银行等八部委印发的《关于金融支持工业稳增长调结构增效益的若干意见》（以下简称《意见》）。

为加强供给侧结构性改革，突破工业转型发展面临的融资难、融资贵瓶颈，推动金融业支持工业加快转型升级，《意见》从六个方面提出了一系列支持工业转型升级、降本增效的具体金融政策措施。一是加强货币信贷政策支持，营造良好的货币金融环境。包括加强金融对工业供给侧结构性改革的支持，落实差别化工业信贷政策，加快工业信贷产品创新。二是加大资本市场、保险市场对工业企业的支持力度。包括加大工业企业直接融资的支持力度，提升各类投资基金支持能力，稳步推进资产证券化发展，不断提高工业保险服务水平。三是推动工业企业融资机制创新。包括大力发展应收账款融资，探索推进产融对接融合。四是促进工业企业兼并重组。包括优化工业企业兼并重组政策环境，扩宽工业企业兼并重组融资渠道。五是支持工业企业加快"走出去"。包括完善对工业企业"走出去"的支持政策，加强对工业企业"走出去"的融资支持。六是加强风险防范和协调配合。包括切实防范化解金融风险，加强协调配合。①

以上六项政策措施为供给侧结构性改革提供了全方位的金融支持，其政策效果关键看这些金融政策供给同"三去一降一补"的金融需求之间匹配程度如何。

（四）供给管理的其他政策创新

为了全面支持供给侧结构性改革，除了财政政策和金融政策不断创新以外，五大政策支柱中的其他政策创新也在不断出现。例如，"供给侧结构性改革，就是要调整经济结构和释放经济增长的动力，提高劳动、资本、土地等生产要素的供给效率和产出效率。供给侧结构性改革，土地政策已经发力，比如保障新产业新业态用地、盘活低效存量建设用地、促进房地产用地及房地产去库存、支持社会资本投资铁路土地综合开发以及农村土地三项改革试点等等。"② 为了更好地发挥新消费的引领作用，加快培育形成经济发展新供给新动力，2015 年 11 月，中央下发了《关于积极发挥新消费引领作用

---

① 参见《关于金融支持工业稳增长调结构增效益的若干意见》。

② 唐健：《"供给侧改革"，土地政策已发力》，《中国国土资源报》2015 年 12 月 4 日。

加快培育形成新供给新动力的指导意见》。这项指导意见实际上是从需求侧为供给侧改革注入了动力。围绕着供给侧结构性改革这个中心，价格改革指日可待。全面放开竞争性领域商品和服务价格，打破地域分割和行业垄断，将会加快形成统一开放、竞争有序的市场体系，促进供给侧结构性改革。

三、供给侧结构性改革与供给管理的实践创新

供给管理的理论创新和政策创新推动了供给管理的实践创新。供给管理的实践创新体现了"既发挥市场在资源配置中的决定性作用又更好发挥政府作用"的"市场政府结合经济学"。企业在中央供给侧结构性改革的政策指导下，正在按照市场规律重新配置各种资源。地方政府则在中央政府的政策指导下，为本地区的企业提供创新性的服务和规划。

（一）政府的供给管理实践创新

随着对供给侧结构性改革认识的提高，各地方政府供给管理的实践创新如雨后春笋般涌现。创新的内容有：一是政企携手、政府与民间资本合力，设立新兴产业股权投资基金。基金主要投向智能制造、"互联网＋"、新能源、生物制药等新兴产业领域。当传统产业面临要素成本高企、产能过剩、销售不畅、利润率下滑等困境之时，地方政府正在千方百计地为产业经济注入新增量。二是地方财政资金向产业基地、孵化器、大数据库和公共技术服务平台等产业综合支撑体系建设倾斜，"政府搭窝，养鸡生蛋"；由"拨"改"投"，财政资金更多用市场办法，以基金形式参与产业领域股权投资，实现投资双方的资源更优配置。三是引进整个产业链，而不是引进单一企业。产业集聚带动人口集聚和城镇化，形成良性循环。四是部署全局性改革策略。通过降

低融资成本、减税降费、简政放权等，改善"供给约束"，降低企业运行成本；通过"去产能""去库存"，培育战略性新兴产业、新兴服务业等，将生产要素从供给老化产业向新兴产业转移，更新供给结构；通过深化体制机制改革，减少对生产要素自由流动的供给抑制，提高供给效率。[①]

（二）企业的供给管理实践创新

企业供给管理的实践创新正在纷呈出现。特别是产能过剩行业都在对供给侧结构性改革作出积极的反应。例如，宝钢集团旗下的八一钢铁、韶钢松山于 2015 年 1 月 30 日双双公告停牌，其公告称宝钢集团正在筹划"与公司有关的重大资产重组"事项；鞍钢正在通过科技创新能力助力供给侧结构性改革，在国家科技部批准建设的第三批企业国家重点实验室名单里，鞍钢海洋装备用金属材料及其应用国家重点实验室位列其中，加上之前的"钒钛资源综合利用"国家重点实验室，鞍钢集团成为国内唯一拥有两个国家重点实验室的钢铁企业。

位于"中国煤炭产业最集中的城市之一"——山西晋城的晋煤集团，在李克强总理鼓励山西挖掘煤炭资源和晋商精神"两座富矿"[②]的5天后，便"抢跑供给侧改革"。晋煤集团古书院矿面在矿井产能面临断崖式下跌的严峻形势下，结合晋煤集团和自身实际，积极扩宽产业转型和员工转岗的新路子，向晟泰公司转岗员工近 900 人，180 名员工离岗，解决了千余人的转岗分流问题。在有色金属行业，有色央企整合加速推进，开启了供给侧改革的序幕。中冶集团将与五矿集团实施战略重组，中冶集团将整体并入五矿集团成为下属上市公司。

---

① 参见《福建发力供给侧改革 转型升级稳增长》，《福建日报》2016 年 2 月 24 日；李彬：《"重庆经验"：供给侧改革的样本价值》，《人民政协报》2016 年 1 月 28 日。

② 2016 年 1 月 4 日李克强总理在山西调研时的讲话。

供给侧结构性改革也为民营企业带来了发展的新机遇。许多民营企业正在进一步找准企业发展定位，把创新放在第一位，不断拓展企业价值链，充分利用各项优惠政策，扩展企业发展新空间。

（董艳玲　中共中央党校经济学教研部教授）

供给侧结构性改革、
西方供给学派与当前经济政策选择

李旭章

一、我国供给侧结构性改革内容解析

2016 年 1 月 18 日，习近平总书记在中央党校为省部级主要领导干部学习贯彻党的十八届五中全会精神专题研讨班上作报告时强调，供给侧结构性改革重点是：解放和发展社会生产力，用改革的办法推进结构调整，减少无效和低端供给，扩大有效和中高端供给，增强供给结构对需求变化的适应性和灵活性，提高全要素生产率。要通过一系列政策举措，特别是推动科技创新、发展实体经济、保障和改善人民生活的政策措施，来解决我国经济供给侧存在的问题。习近平总书记指出，我们讲供给侧结构性改革，是既强调供给又关注需求，既突出发展社会生产力又注重完善生产关系，既发挥市场在资源配置中的决定性作用又更好发挥政府作用，既着眼当前又立足长远。要从生产端入手，重点是促进产能过剩有效化解，促进产业优化重组，降低企业成本，发展战略性新兴产业和现代服务业，增加公共产品和服务供给，提高供给结构对需求变化的适应性和灵活性。

（一）注重从供给侧推进结构性调整

在全球经济尚未走出金融危机、中国经济进入新常态、避免陷入"中等收入陷阱"、雾霾等气候变化让人更深刻思索可持续发展的要义、科学技术助推历次产业升级换代革命的背景下，我国供需结构失衡、错配情况严重。有的产品供给过剩远超全球需求却还在生产，耗费大量能源、资源，卖不出去或卖价根本收不回成本，如国内生产的粗钢只能卖出"白菜价"；有的产品供给不足或质量不高、价格昂贵，致使消费外溢，如消费者"海淘"热度不减，或去境外"爆买"，或者大量进口。供给侧结构性改革的核心内容就是从供给端推进结构调整，主动优化经济结构，增加中长期有效供给的能力和实力。供给侧结构性改革就是转换经济增长的新动力、新技术；寻找和发现经济增长的新方向、新产业；从供给端提供出引领新经济、新常态，适宜消费者需求的新产品、新服务。

（二）提高全要素生产率，改善生产关系

投资、劳动是重要的生产要素。当前，我国劳动力从农村向城市的转移明显放缓，劳动力优势逐步减小，劳动力成本已经成为生产成本的重要影响因素。同时，多年以来由于连续加大投资已经带来一系列问题，继续依靠投资拉动经济既不可持续，也难以取得较高的效益。因此，供给侧结构性改革的核心内容是提高全要素生产率，转变经济发展方式，提高供给的质量和效率。提高全要素生产率不是一个新提法，这个思路在1995年制定"九五"计划建议就已提出，虽然之后有一些提法上的差异，但实质内容是一致的，比如"十三五"规划建议提出要以提高经济发展质量和效益为中心，2015年中央经济工作会议强调要着力推进以提高供给质量和效率为目标的供给侧结构性改革，连同多年来提出的跨越"中等收入陷阱"等，其核心和实质都

在于实现经济发展方式从投资驱动到创新和效率驱动的转变。

（三）在市场在资源配置中起决定性作用的基础上，要更好发挥政府作用

目前，我国经济下行压力增大的主要原因是结构性的，面对的主要是供给侧、结构性、体制性矛盾，不可能再通过短期刺激政策实现经济反弹，而需要充分发挥市场在资源配置中的决定性作用，用改革的办法矫正供需结构错配和要素配置扭曲，解决有效供给不适应市场需求变化的问题，使供需在更高水平实现新的平衡。因此，供给侧结构性改革的核心内容是强调发挥市场配置资源的决定性作用，激发市场主体的活力，在市场竞争中适应需求多样化、高端化和服务化趋势，把资源更多配置到适应市场需求变化的领域，使经济增长更多依靠内生动力实现更健康、更高效、更可持续的增长。同时，要更好发挥政府作用，减少政府对企业不必要的约束和管控，放手发动企业创造经济价值，加强政府在经济结构、产业布局方面的精准调控能力，为经济增长提供更加有效服务。

（四）强调供给，但也强调需求

推动供给侧结构性改革，供给是核心，但这不意味着政策导向完全从需求转向供给。供给侧结构性改革不能孤立地强调供给端，而要既强调供给又关注需求，要注重供给与需求之间的平衡和统一。从政治经济学的角度看，供给强调的是生产，需求强调的是消费，生产决定消费，消费是生产的目的。没有供给，需求无法实现；没有需求，供给无从谈起。供给和需求是市场经济的两面。即使有的产品表面上是独立创造出来的，也需要满足市场需求才能真正得到发展。结构性是改革的实质，通过结构调整减少无效和低

端供给，扩大有效和中高端供给，增强供给结构对需求变化的适应性和灵活性；同时，加强需求管理，着力解决总量不平衡问题。要以宏观经济形势为基础，供给管理与需求管理相互配合，协调推进，实现从低水平的供需平衡到高水平的供需平衡。

二、西方供给学派主要内容与实践

（一）供给学派发展概要及核心内容

1. 早期的萨伊定律

萨伊定律的核心思想就是"供给创造需求"①，即一个产品一旦被生产出来，就立即以自己的全部价值为其他产品提供了一个市场。1803 年，让 - 巴蒂斯特·萨伊出版《政治经济学概论》，提出：劳动者只有使自己就业才能获得收入，而收入是用来购买生产出来的产品的。"一个产品一旦被创造出来，从那一刻起，它就以自身的全部价值为限，为其他产品提供了市场……一个产品创造的细小状态立即为其他产品开启了一个出口"。因为生产行为同时造就了收入和购买能力，就不可能出现由于总需求不足而引发的充分就业的不能实现。萨伊定律的弱形式是，通常每种生产和供给行为必然涉及对产出的等量需求；强形式认为，在一个竞争的市场经济体系中，会有一种自动达到充分就业的趋势②。

---

① ［英］布莱恩·斯诺登、霍华德·R. 文：《现代宏观经济学：起源、发展和现状》，江苏人民出版社 2009 年版，第 41—42 页。

② ［英］布莱恩·斯诺登、霍华德·R. 文：《现代宏观经济学：起源、发展和现状》，江苏人民出版社 2009 年版，第 41—42 页。

2. 现代供给学派的核心思想

在凯恩斯主义需求管理应对 20 世纪 70 年代经济"滞胀"失效的背景下，现代供给学派登上了历史舞台，成为与凯恩斯主义需求管理相对应的宏观经济学理论。尼克松总统经济顾问赫伯特·斯坦说："1976 年 4 月，我在交给一次经济学家会议的论文中，创造了'供给学派'一词"，"并把一类人称之为'供给学派的财政主义者'，因为他们强调税收、财政开支和财政赤字对生产总供给的影响"[①]。这一概念同样传递了经济学家罗伯特·蒙代尔和阿瑟·拉弗等经济学家的经济思想。现代供给学派强调供给管理，其核心思想是：生产或供给是经济繁荣的关键，消费或需求只是次要的结果；在从生产到消费、从供给到需求的过程中，自由贸易的扩展和资本的自由流动也起着很关键的作用；实现经济增长最有效的方式是对资本进行投资；并降低物品和服务生产的障碍。这样，消费者会由于产品和服务的供给增加、价格降低而受益；投资和经济获得的扩张会增加用工需求，从而创造就业。供给学派认为，资本自由流动，除了体现比较优势，还通常可以导致经济扩张。对贸易减少税收障碍，可以为国内经济提供相当于在国际经济中降低关税壁垒所获得的所有好处。高税收导致较低的专业化分工和较低的效率，降低资本形成的边际税率和经济扩张之间存在一种因果关系。因此，供给学派典型的政策建议是：降低边际税率和减少政府规制。此外，关于通货膨胀，供给学派建议把边际收入税率与物价联系而"指数化"。因为当工资提高以保持与物价相应的购买力的时候，税率档次却没有相应调整，这样挣工资者就被推向比税收政策本来设定的更高的纳税档次。

3. 拉弗曲线

拉弗曲线是供给学派减税政策的理论支撑，主要是指政府税收收入在税

---

① ［美］赫伯特·斯坦：《美国总统经济史：从罗斯福到克林顿》，吉林人民出版社 1997 年版，第 199 页。

率是 100% 时与 0% 时是一样的，在这两者之间的某个税率可以产生一个最大收入。降低税率可以比不降低税率时以更低的税率产生更多的政府收入，因为抛弃一个过高的税收体系会使经济活动增加，从而导致更多的收取税收的机会。根据美国拉弗中心（Laffer Center）的说法：

"起始税率越高，源于减税的供给侧的激励就越明显"。肯尼迪把最高收入边际税率从 91% 减少为 65%，结果导致政府收入增加。里根把边际税率从 50% 降到 28%，使得在其任期内政府收入也增加了。供给学派的经济学家深受拉弗曲线的影响，认为当税率过高或过低都会导致一个低于最大税收的税收收入。在一个高税率的环境中，降低税率会导致收入增加或比按以前税基静态估计的更少的收入损失。这使得供给派经济学家主张大幅度降低收入所得税和资本利得税的边际税率，以鼓励资源向投资配置，生产更多的供给。万尼斯基和其他许多人主张零资本利得税。增加的供给会导致增加的需求，供给学派逐步演变为"供给经济学"（Supply-Side Economics）。

4. 其他演进与发展

1978 年，万尼斯基出版了《世界运行的方式》一书，详细介绍了 20 世纪 70 年代尼克松政府时期高累进税率和美国货币政策的失败，提出了供给侧经济学的中心思想。他提倡降低税率，并回到一种类似 1944—1971 年布雷顿森林体系的金本位制度，而这一制度正是被尼克松政府终止的。1983 年，拉弗的一个信徒——经济学家维克多·坎图出版了《供给经济学基础》，理论聚焦在边际税率对工作和储蓄的刺激，从"供给侧"影响经济增长。这一增长被凯恩斯主义者称作潜在产出，凯恩斯主义把供给侧的增长变动视为是长期的，而"新"供给学派常常承诺短期的结果。

（二）评价与争议

拉弗曲线只是把真实收入与税率相联系，没有对收入占 GDP 的比重做出预测；拉弗曲线仅仅测度税率而不是税收归宿，因而有一定的局限性。研究表明，即使在这一理论的发源地美国，过去几十年也很少有减税能使增加的收入可以弥补减少的税收的情况，并且对 GDP 增长的影响也十分有限。一些经济学家认为供给学派的政策建议其实与凯恩斯主义经济学很相似。如果改变税率结构的结果是财政赤字，那么供给学派的政策则是通过税收变动、凯恩斯主义乘数效应有效地刺激需求。供给学派的支持者指出，税收和支出的水平对经济的刺激也是很重要的，而不仅仅是赤字规模在起作用。还有一些现代经济学家并不把供给学派当成一个合理的经济学理论，阿兰·布林德、曼昆等经济学家对供给经济学进行了严厉批评。托宾 1992 年提出"认为减税可以最终增加收入的思想结果实际是滑稽的"。"里根总统声称由于拉弗曲线展示的效应，政府可以维持支出，实现减税，并平衡预算，但事实却不是这样的。政府收入出现了大幅下降，而如果不减税本可以不出现这种下降的"。2008 年由 IMF 资助的一份工作报告显示，"即使很小的劳动供给变化也会导致拉弗曲线的产生，但是，劳动供给的变化并不导致拉弗效应"。这与供给学派对拉弗曲线的解释截然相反，供给学派认为税收的增加是由于劳动供给的增加。相反，他们建议的拉弗效应的机制是"税率降低可以通过改进对税法的遵从而增加税收"。

（三）供给学派在美国的实践——里根经济学

20 世纪 80 年代的"里根经济学"是体现供给学派思想的重要实践。

1. 减税

里根承诺对收入所得税实行全盘减税，对资本利得税实行更大幅度的降税。在里根政府时期，国会通过了 5 年减税 7490 亿美元的计划。1981 年 10 月，开始实施 5% 的减税，1982 年和 1983 年接连两次实行 10% 的减税。1986 年，里根签署了自 1913 年联邦个人所得税诞生以来最大的税制改革法案：降低税率，减少税收档次，堵塞税收漏洞。尽管所有的纳税人都得到不同程度的减税，但是富人得到的好处远远高于中低收入纳税人。

2. 政府"去管制"

里根还推进政府"去管制"。里根政府在管制领域的第一个重要行政法令就是冻结卡特政府在任职最后一个月内颁布的所谓"午夜条例"。1981 年 1 月 29 日，里根政府命令 11 个主要管制机构推迟实施原定于 3 月 20 日生效的所有管制条例，同时规定在此之前停止颁布新的管制条例。里根执政时期，管制监督机制方面发生了重大变化，发布了第 12291 号行政命令，对管制机构的决策行为订立了五条政策原则。五项原则的实质是"去管制"，核心内容是要对管制项目进行成本—效益分析，以保证各项管制措施最大限度地增进全社会的净受益程度 ①。

3. 减少各种福利补贴、增加国防开支

大幅度削减社会福利项目，取消了城市公共服务工作岗位，减少了对城市的补贴，而在美国城市是穷人聚集的地方。他们减少失业津贴，要求医保病人支付更大比例；降低福利待遇，减少食品券发放。在人力资源方面的开支在 1980 年和 1982 年间减少了 1010 亿美元。这一进程甚至在里根离开白宫后依然在推进。从 1981 年到 1992 年，联邦政府支出（经对通货膨胀调整后）用于补贴住房的部分减低了 82%，用于就业培训和服务的部分下降 63%，用于社区服务的部分下降了 40%。已经过着不错日子的美国中产阶级受益于减税政策，没有因为社会福利项目的削减受到影响。但对千百万美国最穷的公民来说，里根政府的政策带来了真正的苦难 ②。此外还大幅增加了国防开支。

---

① 徐再荣：《里根政府的管制改革初探》，《世界历史》2001 年第 6 期。

② Karl Case & Ray Fair, *Principles of Economics*, 2007: 695.

4. 结果

一是财政赤字、联邦政府债务增加。受减税政策以及大幅增加国防开支等影响，财政赤字增加：从 1980 年的 74 亿美元，跃升为 1992 年的 2900 亿美元。大幅赤字推动了联邦总债务的增加，从 1980 年的 9090 亿美元增加到 1992 年的 4.4 万亿美元。里根刚上任的时候，美国人均国债只有 4035 美元；10 年后的 1990 年，这一数字约为 12400 美元。[①]

二是加大了贫富差距。为富人减税、去管制、对投资者实行高利率回报、许可公司兼并、大幅提升公司高管工资，都加剧了不平等。20 世纪 80 年代产生了"金钱热的 10 年"。资本和财富向最富的人集中，产生了更多的千万富翁和亿万富翁。1% 最富的人占有全部财富的比例从 1976 年的 18%，上升到 1989 年的 36%。与此同时，那些没有能这样幸运的美国人，遭受了自 30 年代大萧条以来最深重的苦难。1987 年，美国人中每 5 个人就有一个生活在贫困线以下，比 1979 年提高了 24%。千百万的美国普通民众，从破产的农场主到失业的产业工人，在挣扎中勉强度日。[②] 三是借贷行业面临破产危机。90 年代初布什在接任组建新政府时，还面临里根政府的一个后遗症——借贷行业的破产危机，因为这个行业利用了里根时期的去管制政策，做出了很多不明智的决策，进行了高风险投资，导致大量亏损。国会通过了1660 亿美元的救助方案（很快就达到 2500 亿美元）拯救这个行业。

5. 评价

里根的财政政策在很大程度上是以供给学派为基础的。在美国，评论家常常把供给学派等同于"里根经济学"。"里根经济学"的支持者宣称收入增

[①]　[美] Nash, Jeffery, Howe, Frederick, Davis, Winkler, Mires, Pestana：《The American People: Creating a Nation and a Society》（英文影印版，下册），北京大学出版社 2009 年版，第 923—926 页。

[②]　[美] Nash, Jeffery, Howe, Frederick, Davis, Winkler, Mires, Pestana：《The American People: Creating a Nation and a Society》（英文影印版，下册），北京大学出版社 2009 年版，第 923—926 页。

加了，但实际是支出增加得更快。可是，他们一般只是指总收入，即使只是收入所得税税率降低了，而其他税收尤其是工薪税（payroll taxes）税率却提高了。同样，他们也没有考虑通货膨胀。"里根经济学"的批评者认为，供给学派承诺的效果并没有出现。也有批评者指出，里根政府期间的赤字增加证明拉弗曲线是错误的。

三、我国供给侧结构性改革与西方供给学派的区别与联系

关于供给侧结构性改革与供给经济学、供给学派的关系，一个时期可谓众说纷纭。简单回答，就是既有区别又有联系，或者是一种辩证的关系。值得注意的是，供给学派即使在西方也是一种很有争议的学说派别；而供给学派与供给经济学，宽一点可以说是一回事，窄一点讲供给学派只是供给经济学的一个分支，主张减税能够刺激经济、不减少甚至扩大财政收入。我国的供给侧结构性改革也绝不是空穴来风，是研究了大量宏观调控理论和一些国家的实践，结合我国的具体情况提出的。广义上说，不管是供给侧结构性改革，还是供给经济学或供给学派，在供求关系上都强调从供给一边着手分析和解决问题；狭义来说，时代不同、社会制度不同、要解决的矛盾不同，存在本质区别。

（一）时代背景不同

供给学派兴起的基本背景是西方国家深陷高通胀、低增长的"滞胀"泥潭。20世纪70年代，美国通胀率高达13.5%、失业率达7.2%，经济增长率仅为–0.2%；英国通胀率一度飙升至25%，GDP出现负增长。凯恩斯主义

失效，由此供给学派和货币主义大行其道。作为对凯恩斯需求管理和财政政策为主的反叛，出现了供给学派和货币主义，正好适应了共和党的保守思想体系。供给学派的经济思想与共和党的政治主张结合，就演绎了"里根经济学"。

中国当前并不存在"滞胀"，经济增速虽有放缓但仍处在中高速区间，也没有出现通货膨胀。中央提出的供给侧结构性改革是基于中国发展实践的理论创新，逻辑起点是经济发展进入新常态，理论基础是中国特色社会主义政治经济学。

（二）问题导向不同

不同于 20 世纪 70 年代西方国家面临的失业、经济衰退和通货膨胀等病症，当前中国面对的是供需结构失衡问题，主要表现为有效供给不足；低端供给过多，中高端供给不足。随着居民收入水平提高和中等收入群体扩大，"住""行"主导的需求结构悄然向个性化、高端化、服务化转型升级，居民对消费品品质和个性化追求与日俱增，旅游、养老、教育、医疗和各类生产性服务需求迅猛扩张。煤炭、铁矿石、钢铁、油气、有色和建材等产能严重过剩，利润水平大幅回落，有的甚至全行业亏损，市场需要的高品质和个性化消费品难以得到满足。供给侧改革正是要从供给侧入手，抓住供需矛盾的主要方面，解决经济发展面临的结构性矛盾和问题。

（三）需求调控不同

供给学派倡导从供给侧全面出击，将供给与需求对立起来，在政策上强调以供给为全部内容，忽视对需求的调控。我国实行的供给侧结构性改革本质上是全方位改革，以提升经济发展动力为目标，统筹供给与需求；以供给为主攻方向，兼顾需求调控。不是实行需求紧缩，而是供给和需求两手都得抓，但主次要分明，把改善供给结构作为主攻方向，不是搞新的"计划经济"。美国供给改革是与制造业和贸易部门被倒逼分不开的，而中国的供给侧改革，采取的是"供给侧＋结构性＋改革"模式，即从提高供给质量出发，用改革的办法推进结构调整，矫正要素配置扭曲，扩大有效供给，提高供给结构对需求变化的适应性和灵活性，提高全要素生产率，更好满足民众的需要。

（四）政府职能定位不同

凯恩斯主义将没有管制的市场视为腐败的温床，供给学派坚持"企业的社会责任就是增加利润""小政府就是好政府"。以供给学派为理论支撑的西方政府强调"去管制"，发挥市场调节作用，由于过于放松对经济的管制，造成了一些后续问题，里根时代的历史问题对当今美国经济仍然具有一定影响。而我国的供给侧改革相对更注重政府宏观调节的作用，尽管我们也强调要更好发挥市场在资源配置中的决定性作用，明确政府的权力边界。

（五）改革内容不同

供给学派引导的经济政策主要采取减税、放松管制等手段，难以形成合力。而我国供给侧结构性改革是适应引领新常态的系统性改革和政策调整。在改革层面，包括要进一步推进简政放权、放管结合、优化服务，激发市场活力和社会创造力；放宽市场准入，鼓励民营企业依法进入更多领域；深化国有企业改革，发展混合所有制经济；打破行业垄断和地域分割，促进生产要素有序合理流动。在政策层面，提出了宏观政策要稳，产业政策要准，微观政策要活，改革政策要实，社会政策要托底的五大政策支柱。供给侧结构性改革近期任务主要是用改革的办法"去产能、去库存、去杠杆、降成本、补短板",打好五大歼灭战,通过市场化改革实现要素再配置,让生产要素从低效率领域转移到高效率领域,从已经过剩的产业转移到有市场需求的产业,实现供需再平衡。中期是要培育战略性新兴产业和现代服务业,推动产业迈向中高端水平。远期是要形成创新驱动发展的态势,通过改革提高全要素生产率。

四、供给侧结构性改革背景下我国当前的经济政策选择

"十三五"规划建议提出的五大发展理念和若干重要规划建议,本质上体现的是供给侧结构性改革思想。转变经济发展方式,就要对传统思维"说不",为创新体制"叫好",下决心推进结构性改革,把促进经济增长由主要依靠增加物质资源消耗转到主要依靠科技进步、劳动者素质提高、管理创新上来,向高端制造业进军,发展现代农业和服务业。

(一)坚持简政放权,使市场在资源配置中起决定性作用原则得到落实

供给侧改革的要义是从短期的需求管理转向中长期的供给管理;从靠出口、投资、消费这"三驾马车"拉动需求,到发挥企业和个人的创造性、主动性,解决经济的中长期健康和可持续发展问题;从短期的政策调整转向中长期的制度变革和完善。最重要的就是继续贯彻党的十八届三中全会提出的"使市场在资源配置中起决定性作用",简政放权,凡是市场能更好发挥作用的坚决还给市场。供给侧结构性改革与西方的供给学派有本质区别,但并不是说西方国家在具体管理政府时一无是处。当前,最重要的就是继续我国已

经开始并取得了阶段性成果的简政放权改革，完善市场机制，矫正以前过多依靠行政权力配置资源带来的要素配置扭曲，焕发市场主体活力，使市场在供求平衡中发挥决定性作用。2015年，国务院又取消和下放139项行政审批事项，全国新登记注册企业平均每天超过1万家。与此同时，2015年在财税金融、价格、国有企业等重点领域，出台了一批改革举措。2016年和今后一个时期，这一趋势要继续下去。要完善市场环境、激发企业活力和消费者潜力。要做好为企业服务工作，在制度上、政策上营造宽松的市场经营和投资环境，鼓励和支持各种所有制企业创新发展，保护各种所有制企业产权和合法利益，提高企业投资信心，改善企业市场预期。要营造商品自由流动、平等交换的市场环境，破除市场壁垒和地方保护。要提高有效供给能力，通过创造新供给、提高供给质量，扩大消费需求。

（二）供求两边不可偏废，更好发挥政府作用

我国的供给侧结构性改革是在"适度扩大总需求的同时"进行的结构性改革，供给管理与需求管理两者的关系是长期与短期的关系，需要兼顾。既不能为了短期利益牺牲长远利益，也不能忽视当前的经济风险和挑战，而一味追求所谓"长远利益"，比如面对我国近期通缩压力明显，就需要引起高度重视。2015年CPI回落、PPI长期负增长仅靠供给侧改革是无法解决的。出现这种通货紧缩趋势，既有外部需求变化的影响，更是经济内在调整的反映；结构调整是一个漫长的过程，需要较长的时间实现新的平衡。当前的尴尬是旧的模式被打破，而新的模式并没有建立起来，缺乏新的增长动力源。需求端不断萎缩，供给端则依然强劲，供求失衡严重，去产能和扩需求，尤其是扩大内需依然是任重道远。不能由于提出供给侧结构性改革，就改变扩大内需这一既定国策。我国是一个进口大国，国际大宗商品价格下降本来是个好事情，但通货紧缩有可能形成恶性循环，必须当机立断，出重拳应对通

缩，尽一切努力使总需求回升，至少不出现大的回落。下好供给侧结构性改革这盘大棋，要更好发挥政府"这只手"的作用。最重要的是明确政府的权力边界，以自我革命的精神，在行政干预上多做"减法"，把"放手"当作最大的"抓手"。但"放手"不"甩手"，切实履行好宏观调控、市场监管、公共服务、社会管理、保护环境等基本职责。要做到上级政府放手的权力，下级政府要接住、接好；不能出现"真空"，以供给侧结构性改革之名行无政府主义之实。

（三）以结构性减税为中心的财政政策是供给侧结构性改革的"重头戏"

尽管现在强调供给侧结构性改革，但不能说以前只强调需求侧。实际从2008年国际金融危机以来我们一直坚持"结构性减税"。当然，我国目前总体税负依然较重，减税还有空间，要"实行减税政策"；减税会降低税法遵从成本，也可以改变一些企业"不偷逃税难以生存"的窘况。2016年不仅全面推开"营改增"改革，把建筑业、房地产业、金融业和生活服务业纳入试点范围，还将积极推进综合与分类相结合的个人所得税改革，加快建立健全个人收入和财产信息系统。部分地区还将开展水资源费改税试点，加快推进环境保护税立法。同时进一步实施减税降费政策，全面清理规范政府性基金、完善涉企收费监管机制等，坚决遏制乱收费。要企业降低成本，政府能做的除了提供公平和健康的经营环境，最直接最有效的手段就是减税、减少企业的负担。

（四）积极的财政政策要加大力度，阶段性提高财政赤字率

财政部推出了一揽子措施：阶段性提高赤字率，扩大赤字规模，相应增

加国债发行规模，合理确定地方政府新增债务限额；加大统筹财政资金和盘活存量资金力度；调整优化支出结构。在经济形势下行压力加大的形势下，财政收支矛盾呈加剧之势，平衡收支压力较大。我国间接税占比较高，随着经济增速放缓和 PPI 连续下降，财政收入增速下滑幅度更大。今后一个时期财政收入潜在增长率下降，再加上还要实施"营改增"等减税措施，收入形势将更严峻。与此同时，财政支出刚性增长的趋势没有改观。稳增长、调结构、促改革、惠民生、防风险等增支需求仍然较大，支出结构僵化、财政资金使用效率不高问题依然突出，中长期支出压力很大。特别是养老、医疗等社保支出前些年提高标准幅度大，财政补助比例较高，随着老龄化加速，加上制度设计存在一些不足，财政对养老、医疗保险基金补贴的风险将逐步暴露。一方面是随着经济下行压力增大财政收入增幅大幅度降低，同时还要以减税政策支持供给侧结构性改革；另一方面，则是政府承担的支出责任没有减少，在转型期支持国企改革、社会保障等方面的支出还要明显增加，阶段性提高财政赤字成为必然的选择。幸运的是我国总体债务率还比较低，财政政策有比较大的运作空间，把握得当可以在避免系统性风险的前提下有效支持转型期的结构性改革取得成功。全世界最高的储蓄率决定了我国投资率、财政赤字率可以比较高。当前以更加积极的财政政策，支持基础设施，尤其是"软"基础设施建设，在效率和公平方面都能禁得住检验。财政赤字率可以提高到 3%，甚至可以短期突破一点，但要注意控制财政风险。

（五）稳健的货币政策要灵活适度，以金融政策支持实体经济

稳健的货币政策要灵活适度，为结构性改革营造适宜的货币金融环境，降低融资成本，保持流动性合理充裕和社会融资总量适度增长，扩大直接融资比重，优化信贷结构，完善汇率形成机制。我国存款准备金率还处于高位。"定向降准"用意良好、效果并不明显；央行的各种便利措施，在实践

中很难实现"便利"，并且两者均试图想以行政判断代替市场行为，不可持续。商业银行上交存款准备金得到的利率很低；而央行以各种短期工具给商业银行的"便利"则要收取高得多的利息；以便利工具替代存款准备金率下调，短期可以理解，长期则绝不可取。资金外流、外汇储备减少，也要求存款准备金率下调，以补充外汇占款减少带来的流动性不足。一定要抵御住各种利益集团的背后力量，以改革解决遇到的问题，在资本外流冲击货币供给的背景下坚定把存款准备金率降下来；对能够直接支持中小企业的互联网金融，切忌管得过死，平衡风险与收益。对汇率和外汇储备要辩证理解。2014年，我们担心外汇储备过大，2015年又担心资本大规模外流；实际上，两者都没有必要。我们这样一个大国，即使有4万亿美元的外汇储备也不是太大问题；只要我们不完全开放资本项目，东南亚式资本外流一般就不会发生。汇率贬值可以刺激出口，但要稳定人民币汇率预期，"有管理的浮动"应该是今后一个时期的选择。在内部经济不稳定的时候，不适合在外部经济方面做出太多承诺：汇率稳定、进出口平衡的目标不宜改变，资本项目自由流动要作为中长期目标。我们现在是利率、汇率敏感，股市、汇市联动，内部经济和外部经济都遇到挑战。世界上还没有出现过哪个国家，几十年持续高增长而没有经历一次大的金融和经济危机的先例。我们既要"去杠杆"防止金融风险，又要"灵活"支持企业"降成本"，支持供给侧结构性改革。

（六）宏观政策与微观政策相结合，促进"三去一降一补"任务顺利完成

正如中央经济工作会议指出的，推进结构性改革，必须依靠全面深化改革。近期要综合运用财政、货币政策，正确处理政府与市场的关系，发挥中央和地方两个积极性，强化政府、企业、社会的合作共治关系，在"去产能、去库存、去杠杆、降成本、补短板"五大任务方面取得突破性进展，为供给

侧结构性改革开一个好头，打下坚实的基础。供给侧结构性改革不排除宏观政策的必要调整，比如以供给经济学为基础采取减税等措施，但重点还是在微观层面，通过实质性的改革措施，进一步开放要素市场，打通要素流通流动通道，优化资源配置，全面提高要素生产率。对减产能要采取果断管用办法，在一定时间内取得实质性进展；进一步放宽准入，加快行政性垄断行业改革；加快城乡之间土地、资金、人员等要素的流动和优化配置；加快产业转型升级、精致生产[①]。实体企业成本高企，劳动力、用水等成本呈现趋势性上升，融资、流通成本长期居高不下，一些隐性收费项目屡禁不止。降低企业成本，要多管齐下。要降低制度性交易成本，转变政府职能、简政放权，清理规范中介服务；降低企业税费负担，正税清费，清理各种不合理收费，研究降低制造业增值税税率；降低社会保险费，研究精简归并"五险一金"；金融部门要创造利率正常化的政策环境，为实体经济让利；降低电力价格，推进电价市场化改革，完善煤电价格联动机制；降低物流成本，推进物流体制改革[②]。

（李旭章　中共中央党校经济学教研部教授）

---

① 刘世锦：《供给侧改革需打通要素流动通道》，《经济日报》2016 年 1 月 11 日。
② 张卓元：《供给侧改革是适应新形势的主动选择》，《经济日报》2016 年 1 月 11 日。

西方主要国家供给侧改革的经验及其启示

郑嘉伟　董艳玲

经过改革开放 30 多年的发展，中国经济持续快速增长，创造了世界经济史上的"增长奇迹"，已经成为世界第二大经济体。但是随着中国经济发展步入新常态，国际经济形势发生了深刻的变化，在经济增长速度换挡期、结构调整阵痛期和前期刺激政策消化期"三期叠加"的背景下，面临着宏观经济增速放缓、人口红利逐渐消失、产品供需错配、生产成本不断上升、资本边际效率下降、市场机制运行不畅等结构性问题，原本只需依赖需求侧的政策措施和效果呈现出加速递减趋势。矛盾的主要方面从需求侧向供给侧转变。要实现"十三五"经济总量翻一番，恢复经济增长动力，保持长期经济持续稳定健康发展，就要求我国必须从结构性的供需错配和失衡来解决这一问题。回顾世界经济发展史，很多经济体都曾在需求侧刺激疲软，经济出现"滞胀"的背景下，以供给侧改革作为调节经济失衡的良方。通过对国际供给侧改革经验的研究，我们发现许多国家供给侧改革都借助于减税减负、放松管制、减少政府干预、稳健的货币政策、市场化改革、降低企业运行成本等措施来实现。从供给侧改革实施的效果来看，决定供给侧改革成功与否的关键在于能否实现产业升级，矫正要素配置扭曲的现象，实现市场主导、创新驱动的转变，只有实现以上目标才能保证经济在短期内恢复增长，在长期内持续稳定健康发展。

一、美国供给侧改革的经验与成效

20 世纪七八十年代，美国外部面临美苏争霸、深陷越南战争、西欧日本崛起等问题，内部面临经济增速放缓、产能过剩、人口增速下降与政府债务高企等重大挑战。经过里根政府的供给侧改革等努力，美国在 90 年代催生了"新经济"的崛起，一批伟大的互联网公司例如英特尔、微软、苹果、思科等就此诞生，资本市场也走出一波大牛市。

（一）历史背景

20 世纪 70 年代，美国经济受两次石油危机等因素的影响，宏观经济面临适龄劳动力人口增速下降、产能利用率下滑、政府债务高企、经济走向"滞胀"等问题。

一是经济增长面临严峻挑战，国内通货膨胀率不断上升。1980 年美国核心通胀率达到 13.51%。随着西欧和日本的崛起，经济增长面临着严峻挑战。例如，在国际贸易领域，1950—1979 年，美国占全球出口总额的比重从 18.3% 下降到 12.1%，而西欧则从 29.3% 上升到 38.7%；在国际金融领域，1960—1970 年美国占世界黄金储备的比重从 47.2% 下降到 29.9%，西欧则从 32.7% 上升到 40.8%。在汽车、半导体等行业，日本的竞争力空前提高，出口大幅增加。1980 年，日本汽车在美国的销售量达到 192 万辆，占美国市场总销量的 20%，占美国进口汽车量的 80%；1985 年，日本超过美国成为世界上最大的半导体集成电路出口国。此外，在美苏争霸中，在钢铁、煤炭、石油等重要工业产品上，苏联的产量超过了美国。面对国外的竞争，美国国内商品竞争力逐步下降，如图1所示，美国工业和制造业产能利用率出现了快速下降，部分行业出现了严重的产能过剩。其中初级金属、机械、汽车及零部件、航空航天及其他交通行业等较为严重。

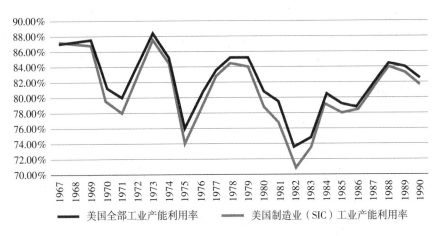

图1 美国工业和制造业产能利用情况

资料来源：wind 数据库。

二是随着城市化进程和"婴儿潮"的结束，进入20世纪70年代，美国适龄劳动力人口增速也开始下降。如图2所示，1971年，美国14—64岁适龄劳动力人口增速最高达到1.916%。之后，该数值一路下滑，到1980年，

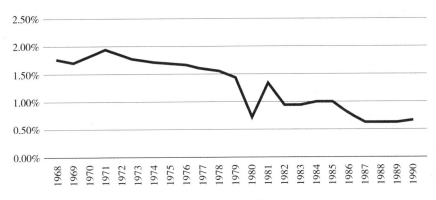

图2 美国人口增速

资料来源：wind 数据库。

下降到 0.743%。按照索罗—斯旺的经济增长理论，随着美国适龄劳动力人口增速下滑，投资和消费也会进一步下降，将会带动潜在经济增长速度进一步回落。

三是联邦政府过度依赖财政刺激政策，美国政府债务规模快速上升。1983 年联邦政府总支出占 GDP 比重最高达到 22.83%，相对于二战结束时翻了一倍。但是美国的经济增速却出现了明显的下滑，1974 年、1975 年、1980 年、1982 年实际 GDP 均出现了负增长。

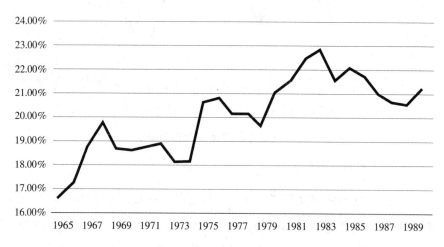

图 3　美国政府债务不断上升

资料来源：wind 数据库。

（二）应对措施

面对复杂的经济形势，里根当选美国总统后，基于拉弗曲线和弗里德曼的货币理论，进行了大刀阔斧的改革。主要内容包括：减税、紧货币、降低社会福利、放松对部分行业的管制、推进利率市场化改革、汇率贬值等一系列措施。

一是大规模减税。美国政府通过两次修订税收法案，《1981 经济复苏税法》和《1986 年税制改革法案》，将个人所得税率最高从 50% 降至 35%；公司所得税率从 46% 降至 34%；资本收益税从 20% 降至 17.5% 等，刺激了投资。

二是紧货币。沃克尔担任美联储主席期间，确定了美国固定货币供应量增长率，给投资者以稳定预期，为政府债务添加了枷锁。在这期间美国联邦基准利率最高达 22%，这一措施使得美国通胀水平由 1980 年的 13.5% 下降到 1986 年的 1.9%。

三是放松管制。里根担任总统期间放松了航空、铁路、汽车运输、电信、有线电视、经纪业、天然气等诸多行业的政府干预和管制，在这些领域引入竞争使得产品和服务质量明显提高，价格明显降低，有效增强了经济活力。通过放松管制鼓励企业创新和加大对中小企业的支持，成功促进了产业结构转型，新兴服务业发展迅速，高技术服务业成为新的经济增长点，就业人口加速向服务部门转移。1980—1984 年工业年增长率为 2.9%，而高技术产业年均增长率高达 14%。这一政策使得英特尔（Intel）、微软（Micorsoft）、苹果（Apple）、雅虎（Yahoo）、亚马逊、思科（Cisco）等一大批伟大的互联网信息技术公司诞生并崛起，对美国经济增长的贡献度超过制造业。

四是推动利率市场化改革。20 世纪 80 年代初期，美国开始全面实行利率市场化改革。废除和修正了"Q 条例"，扩大了商业银行资产负债经营能力，允许各类金融机构业务交叉及金融市场国际化，商业银行可以兼营投资银行业务与保险业务，全面混业经营格局初现，金融创新大量涌现，例如资产证券化就是这一时期的产物。这样政府一方面通过紧货币堵住产能过剩行业的无效融资需求，利于过剩产能出清；另一方面，加快推行金融创新，发展多层次的资本市场，为新兴行业提供融资需求，促进新兴行业快速崛起。在政府的支持下，美国的风险投资行业得到了迅猛发展。1979 年美国的风险投资额仅为 25 亿美元，1997 年就达到 6000 亿美元，18 年间增加了 240 倍。英特尔、微软、苹果等一大批新兴企业受益于此。

五是美元贬值。20 世纪 80 年代初期，美国财政赤字剧增，对外贸易逆差大幅增长。美国希望通过美元贬值来增加产品的出口竞争力，以改善美国国际收支不平衡状况。1985 年 9 月 22 日，美日德法英在纽约广场饭店达成协议，就是著名的广场协议，之后五国政府联合干预外汇市场，诱导美元对主要货币汇率有秩序贬值，以解决美国巨额贸易赤字问题。日元兑美元汇率由广场协议前的 1 美元兑 230 日元上升到 1987 年 10 月的 1 美元兑 120 日元，美元兑日元贬值幅度将近 50%。日元升值导致日本出口竞争力备受打击，同时进一步推升了日本资产泡沫。最终，受日本加息刺激政策影响，日本股市、房市泡沫相继破裂，遭遇了"失去的十年"。

（三）改革的成效

经过大刀阔斧的供给侧改革，美国经济在 1982 年底开始复苏。失业率从 1982 年 12 月底的 10.8% 开始逐渐降低，至 1989 年 10 月之后一直维持在 6% 以下；工业生产指数于 1982 年 12 月底从 46.48 开始稳定上升，至 1989 年 12 月达到 61.82，比 1982 年底增长了 33%。资本市场也走出一波大牛市。标普 500 指数从 105 点涨到 353 点，1987 年调整后，走出一波 13 年的大牛市，纳斯达克指数从 1987 年 10 月的 291 点涨到 2000 年互联网泡沫破裂前最高点的 5048 点，涨了 16.34 倍。

二、德国供给侧改革的经验与成效

二战后，德国过度依赖凯恩斯的财政刺激政策，在经历了 15 年经济高速增长后，造成了政府债务高企和产业结构失衡等问题。为了应对体制性和结构性问题，德国政府将经济政策从需求侧转向供给侧。

（一）历史背景

20世纪80年代初的经济危机之所以促使德国政府转变经济政策方向，是因为当时的德国经济出现了凯恩斯主义无法解决的体制性问题（严重的财政危机）和结构性问题（产业结构落后，对外贸易连续逆差），主要问题如下：

一是经济增速下滑。二战后德国经济呈现出高增长率、低失业率、物价稳定等特点。在1951—1965年间，扣除物价因素，德国实际GDP平均增长率达到7.12%，其中在20世纪50年代GDP平均增速达到了8.2%，1955年的增速高达12.1%。这一期间，联邦德国经济总量超过英法，成为世界第三大经济体，德国经济被经济学家们称为"经济奇迹"。但是1966年之后，德国经济结束了经济增长的"黄金年代"，进入了增速换挡期。1967年德国实际经济增速出现负增长，在政府采用逆周期的财政和货币政策之后，1968—1972年经济增速得到暂时回升，但是1973—1974年，第一次石油危机爆发，德国实际GDP增速在1975年跌落至–0.9%。1979—1980年第二次石油危

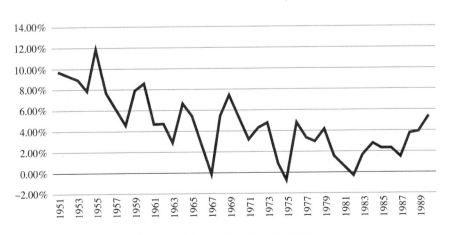

图4　德国在1965年后经济增速低迷

资料来源：wind数据库。

机后，德国经济连续四年低迷，实际 GDP 平均增长率只有 0.78%，其中 1982 年为 –0.4%。如图 5 所示，在 1960—1972 年，适龄劳动人口占总人口比例也在不断下降，随着经济增速的换挡，失业率不断攀升。

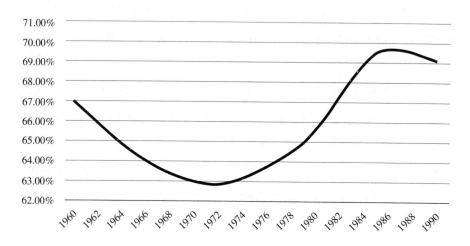

图 5　德国适龄劳动力人口变化

资料来源：wind 数据库。

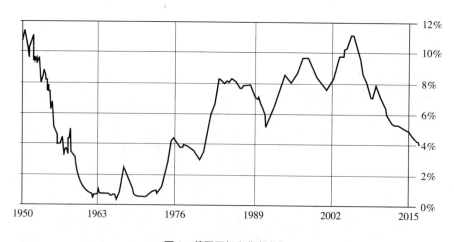

图 6　德国历年失业率变化

资料来源：wind 数据库。

二是通胀高企。在固定汇率制度和巨额贸易顺差背景下，德国马克面临较大的升值压力，德国主动对马克兑美元汇率进行了升值调整。1960 年前美元兑德国马克的比价是 1 美元兑 4.2 马克，1969 年后调整为 1 美元兑 3.66 马克，升值了 14.8%，这时大量热钱流入，增加了通胀压力，联邦银行试图通过提高国内利率来抑制通胀水平，反而加速了输入型通胀。但是 1971 年 12 月西方十国在华盛顿达成"史密森协定"，联邦德国同意将马克兑美元汇率升值 13.8%，1973 年德国通货膨胀率突破 7%，至此，从 1960 年的固定汇率时期到 1985 年 25 年间，德国马克累计升值幅度已达到 50%，通货膨胀率也是不断高企。

图 7　德国历年通胀变化

资料来源：wind 数据库。

三是财政危机。面对经济增速下滑、通货膨胀严重、失业率攀升等问题，德国政府连续多年采用了积极的财政政策，财政刺激计划呈现固化趋势，政府财政年年都出现巨额赤字。各级政府通过信贷和发行政府债券来弥补赤字，导致政府债务规模在整个 20 世纪 70 年代都几乎保持了 10% 以上的增长速度。同时巨额的债务利息给政府带来沉重负担，例如，1981 年，联邦德国为偿还债务的利息占去了政府支出的四分之一，成为德国政府预算中最大的一项。政府举债的需求推高了无风险利率，挤出了企业和居民的投资需求。

四是产业结构落后，对外贸易连续逆差。进入 20 世纪 70 年代以后，德国在经济结构调整方面进展缓慢，给钢铁、采煤、造船等传统工业部门的长期补贴延缓了产业结构变革的进程，产能利用率持续下降。在国际领域，联邦德国不断受到来自日本的挑战。1963 年到 1977 年，在世界重要工业品进口总额中，德国供货的钢铁下降 0.3%，机器设备下降 0.9%，汽车下降 6.1%，电器电子下降 2.1%，精密光学仪器下降 6.7%。与之形成对比的是，日本供货的钢铁上升 16.7%，机器设备上升 7.5%，汽车上升 14.6%，电器电子上升 10.2%，精密光学仪器上升 12.4%。受贸易逆差影响，从 1980 年到 1985 年间德国马克连续五年贬值，美元兑马克从 1 ：1.82 持续下跌到 1 ：2.8。为了维持币值稳定，联邦德国的中央银行继续维持紧缩性的货币政策。

（二）应对措施

在供给侧改革的阶段，联邦德国始终坚持以物价稳定为目标的紧货币政策。在科尔政府上台后，联邦政府进一步采取了压缩财政支出，减税降低企业负担，放松管制，减少政府干预，推动产业升级等政策，充分发挥企业的能动性，提供有效供给，扭转了经济局势。

一是整顿财政，压缩政府开支。联邦德国科尔政府上台后制定了整顿财政方针，要求各级政府每年的财政支出年增长率不超过 3%，以降低政府赤字占 GDP 的比例和国家支出占 GDP 的比例。同时减少政府在社会福利上的支出。在 1983—1989 年，联邦德国政府赤字减少，政府债务增速逐步下降。

二是推动产业结构升级。对于钢铁、造船、纺织等产能过剩行业，德国政府逐步降低财政补贴，压缩生产、人员和设备；对于农业、采煤等战略需求部门，德国政府通过调整整顿，通过提高行业集中度将有实力的企业保存下来；对于电子、核电站、航空航天等新兴产业部门，德国各级政府加大对其经费上的投入。例如在科研经费投入上，德国政府在1981—1985年的年均增长率为4%，超过平均增速不到3%的财政支出。此外，政府还大力推广落后产能例如汽车、纺织等产业的自动化生产技术，使得制造业产能利用率从1982年的75%左右提高到1989年的近90%。

三是放松管制，推进市场化改革。联邦政府主动降低在大公司中的参股，如将在大众汽车的股份从20%减少到14%，在联合工业公司的股份从100%减少到74%，在汉莎航空的股份从79.9%减少到55%。经过一系列市场化改革，1982年，联邦政府参股25%以上的企业超过900家，到1992年政府参股企业的数量和份额下降了约一半。

四是减税降成本。联邦德国政府1984年公布《减税法》，分1986年、1988年和1990年三个阶段进行减税，实现了税收份额从1982年的23.8%降低到1990年的22.5%，达到30年来的最低水平。控制劳动力、能耗等企业成本的增长。1983—1989年间，德国劳动者工资增幅达到历史最低水平。受两次石油危机冲击，德国石油消耗量减少到61%，低于工业国63%的平均水平。企业的能耗成本大大下降。

（三）改革的成效

在供给侧改革之后，联邦德国政府支出比例、财政赤字、新政府债务减少，财政风险下降。经济实现了稳定增长，1983—1989年GDP平均增速达到2.57%。在1986—1990年，居民收入提升18%，物价只上涨7%，通货膨胀得到很好的控制，居民消费意愿提升。20世纪80年代初的贸易逆差得到扭转，顺差逐年增加，出口和进出口余额跃居世界第一位。随着无效融资需求的下降，联邦银行的贴现率和资本市场无风险收益率得以稳定下降，贴现率从1982年的7.5%下降到1987年12月的2.5%；长期国债收益率从1982

年底的 8% 下降到 1986 年的 6%。资本市场方面，德国 DAX 指数从 1982
年 10 月的 500 点左右一路上涨 1986 年 4 月的 1500 点左右。受 1987 年美国
股灾影响，DAX 指数在当月创下超过历史最大跌幅后，从 1988 年 2 月起继
续一路走高，到 1989 年底达到近 1800 点。总之，20 世纪 80 年代经济的稳
定增长和财政状况的改善，成为东西德重新统一的坚实基础。

三、英国供给侧改革的经验与成效

二战后，英国经济增速缓慢，实力不断下降，由于过度依赖宽松的财政
和货币政策，导致通胀高企，失业率上升，公共债务不断攀升。在国企效率
低下大面积亏损和两次石油危机冲击下，英国经济在 20 世纪 70 年代陷入长
达 10 年的"滞胀"，撒切尔夫人入主唐宁街后，将经济政策从需求侧刺激转
向供给侧改革，英国经济成功转型，实现了股债双牛。

（一）历史背景

二战后，英国经济发展缓慢，在世界列强中的实力地位不断下降，人们
称此现象为"英国病"。进入 70 年代后，英国的经济形势更加严峻，面临的
突出问题如下：

一是经济增速下滑、通胀高企。1961—1973 年间，英国实际 GDP 年均
增长率高达 3.48%，而在 1974—1980 年间，英国实际 GDP 增长率平均只有
1.03%，甚至在 1974 年、1975 年、1980 年、1981 年出现了负增长，而通货
膨胀率年均却高达 16.03%。同时，英国的失业率不断攀升，从 70 年代初的
3.8% 上升至 70 年代末的 5.5%，80 年代初中期更是攀升至 12% 的历史高点，
英国经济深陷"滞胀"泥潭，无法自拔。

图 8　英国 20 世纪 70 年代经济增速下滑、通胀高企

资料来源：wind 数据库。

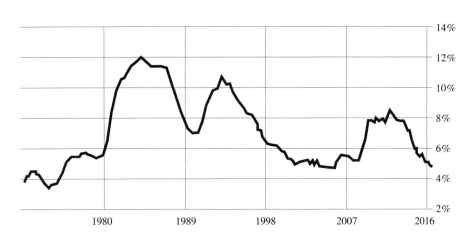

图 9　英国 20 世纪 70 年代失业率不断攀升

资料来源：wind 数据库。

　　二是英国政府债务不断攀升。20 世纪 70 年代爆发的石油危机，导致英国经济衰退，政府收入下降，但政府支出是刚性的，致使英国财政赤字雪上加霜。面对不断扩大的财政赤字，英国政府不得不扩大举债规模和货币供应量，结果导致持续的高通胀。1979 年，英国公共债务占 GDP 的比重达55.2%，远高于同期联邦德国的 29.7% 和法国的 20.8%。

三是国际收支逆差扩大，国际竞争力不断下降。英国在 20 世纪 50 年代国际收支为顺差 11.8 亿英镑，到 60 年代开始变为逆差 1.7 亿英镑，70 年代前 7 年逆差高达 44.6 亿英镑，1974 年经常项目赤字占 GDP 比例更是达到 –3.9%。直到 70 年代末，英国发现北海油田，国际收支才有所好转。爆发于 1973 年的石油危机导致全球经济衰退，加剧了重工业需求下滑，英国传统工业竞争力不断下降。

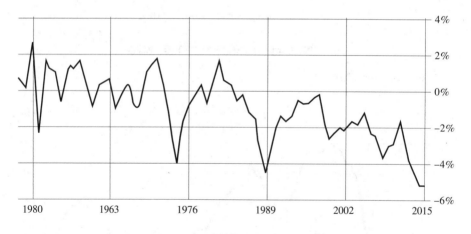

图 10　英国经常账户占 GDP 比重

资料来源：wind 数据库。

四是企业效率低下。为实现充分就业，英国在二战后掀起一波国有化浪潮，到 1979 年，英国国有企业在国民经济中占比达到巅峰，煤炭、煤气、电力、船舶、铁路、邮政和电信部门国有企业的比重达 100%，钢铁和航空部门达到 75%，汽车制造和石油工业部门也分别达到 50% 和 25%。然而进入 70 年代后，英国的国有企业效率大幅下降，并且出现大面积亏损，例如仅 1978 年到 1979 年度，政府对煤矿、铁路和钢铁行业的财政补贴就高达

18 亿英镑。

（二）应对措施

1979 年撒切尔夫人上台后，开始供给侧改革，推出了减税、放松管制、减少政府干预和国企补贴、紧缩货币控制货币供应量、抑制通胀收缩无效融资需求等政策。

一是减税。撒切尔夫人上台后即推行减税，将个人所得税的基本税率从原来的 33% 降到 30%，之后又降到 25%，将个税起征点由 8000 英镑提高到 1 万英镑，免税人数大约增加了 130 万；为了减轻企业税收负担，激发企业活力，撒切尔政府将企业税的税率由 1982 年的 52% 下降到 1990 年的 35%；为扶持中小企业发展、鼓励私有企业与国有企业开展公平竞争、增强市场活力，撒切尔政府还将小企业的公司税税率从 1982 年的 40% 下调到 1990 年的 29%。除了多次下调各种税种的税率，撒切尔政府还大幅简化税收程序，提高征税效率。

二是放松管制，减少政府干预。撒切尔夫人执政后，英国开始逐步放松管制，实行开放与鼓励竞争的政策。取消石油、邮电通信等领域享有的垄断地位，鼓励企业家精神、个人创造性和自由市场经济。同时，取消物价管制委员会，缩小国家企业局的权力，废除了 180 多项限制经济活动的规定。另外，废除实施了 40 年之久的外汇管制条例，允许英镑汇率自由浮动。放松对金融业的管制，制订《金融服务法》，恢复伦敦在全球金融业的竞争力。撒切尔政府放弃了依靠投资和提高社会福利来增加就业和消费的经济发展方式，而是采取减少国家干预、重视发挥市场机制的方法，来扭转英国经济的颓势。重视淘汰竞争能力差的落后产能，大力扶持并发展中、小型新兴技术公司。通过大规模出售国有企业股份，将电信、航天航空、造船、汽车、钢铁、电力、供气供水等国有垄断公司的股票卖给民众，将市场机制引入公共服务领域，坚持市场化手段振兴经济。

三是紧缩货币，抑制通胀。撒切尔夫人执政期间，采用了货币主义学派理论，通过控制货币供应量，将治理通货膨胀优先于充分就业。撒切尔政府通过提高利率严格控制货币供应量，减少贷款发放额，从而减少市场货币流通量，压缩国内需求以控制通货膨胀。撒切尔夫人上台后将英国央行的基准利率由 12% 提高到 17% 的历史最高点。1980 年起控制广义货币供应量的增长率，M2 的增速从 1981 年的 25.2% 降至 1983 年的 10.3%。与此同时，通货膨胀率从 1980 年的 17.97% 降至 1983 年的 4.61%，1986 年进一步降至 3.43%。

四是削减政府开支。撒切尔政府大力推行社会福利制度改革，大幅削减政府支出，降低了政府债务水平。为了控制政府公共支出，撒切尔政府采取引入内部市场机制、实施公共部门私有化市场化、加强对地方公共支出的审计和现金控制等措施控制政府财政支出。例如，鼓励私立学校发展、住房市场化改革、降低养老金的发放标准、严格失业登记打击欺诈、改革公共医疗制度等，到 1993 年，英国政府的债务占 GDP 的百分比为 25%，创出历史新低。

（三）改革的成效

在供给侧改革初期，由于经济转型，大量国有企业、传统企业倒闭，英国失业率曾一度攀升至两位数，但撒切尔政府顶住压力，坚持推进供给侧改革，最终使经济成功转型，新兴产业和现代服务业崛起，失业率也从 1984 年起进入长期下降通道，经济增速从 1980 年的 −2.2% 回升至 1988 年的 5.9%，而通胀从 1980 年的 17.97% 迅速回落至 1986 年的 3.43%。供给侧改革后，英国经济基本面全面向好，加之减税使居民收入增长，使得投资者风险偏好提升，英国金融市场开始走向繁荣，英国股市 FT30 指数从 1981

年 10 月的不到 500 点一路飙升到 1986 年 4 月接近 1400 点，翻了将近 2 倍，英国股市在 80 年代走出一波大牛市。

四、对中国供给侧结构性改革的启示

从世界各国经济管理的历史实践看，供给侧改革一词由来已久。但是随着不同的经济发展阶段，经济运行的具体矛盾也会随之改变，不同时期的经济政策也各有侧重。因此，梳理国际供给侧改革的经验与教训及其政策变化的逻辑，有助于我们借鉴国际经验，更好地推进我国供给侧结构性改革。

（一）打牢供给侧结构性改革的定力

美国用了十年的时间推动供给侧改革，才迎来 20 世纪 90 年代"新经济"的崛起；德国在 1965 年经济增速换挡后，用了 15 年时间进行供给侧改革，到 1985 年后经济形势才出现好转；而英国在供给侧改革初期，由于经济转型，大量国有企业、传统企业倒闭，失业率曾一度攀升至两位数，撒切尔政府顶住了巨大压力。一般来说，需求侧改革见效较快，积极的财政刺激政策可以短期见效、人人受益，但是其埋下的债务负担、不良资产、产能过剩等隐患并不会立刻显现；而供给侧改革见效慢，改革中整顿财政、减税、淘汰落后产能等措施会触及相关部门利益，往往阻力重重。当前我国同样面临前期刺激政策所带来的资产价格泡沫、产能过剩和不良贷款攀升等问题，还面临着煤炭、钢铁行业去产能等问题，在这样的背景下，更要以十分的定力继续推进供给侧结构性改革，为今后几年甚至几十年的经济增长和转型打下良好的基础。

（二）坚持市场化改革，推动市场出清

美国政府放松了航空、铁路、汽车运输、电信、有线电视、经纪业、天然气等许多行业的干预和管制，通过引入竞争才使产品和服务质量明显提高，价格明显降低，既增进了社会福利，又增强了经济活力；英国国有企业的规模远远高于我国，但是由于效率低下却为英国政府带来了巨大的财政负担；德国多年的投资计划和财政赤字最终造成了无风险利率高企、产能过剩、贸易赤字等问题，科尔政府上台后即提出"多市场、少干预"的方针，放松管制，成功地将德国经济从危机中拯救了出来。同样为应对国际金融危机，我国政府推出的四万亿财政刺激计划，使得宏观杠杆率从 2008 年的138% 上升到 2015 年的 249%，政府债务余额在 6 年间增长了 4 倍。目前产能过剩企业、地方融资平台和房地产行业仍是资金黑洞，阻碍了市场正常出清，增加了宏观经济风险。因此，供给侧结构性改革的关键在于政府敢于打破垄断，充分发挥市场的作用，鼓励企业家精神；打破刚兑和政府"兜底"，对产能过剩行业和效率低下的企业进行市场化出清，放松行业管制，引入竞争，才能真正提质增效，为后续改革腾出资源和空间。

（三）积极减税，减少对财政和货币政策的依赖

为降低企业成本，释放企业活力，我国也应多管齐下，不仅要通过减税降低企业的税负成本，也要降低人工、能耗、物流等各种成本和制度性交易成本，激发企业家精神。通过总结美国、德国和英国的经验，我们发现经济增速换挡期取得成功的一个主要原因就是减少对财政和货币政策的依赖，实施稳健的财政和货币政策。在供给侧改革后，美国、德国和英国为了降低政府债务水平，并没有继续实施积极的财政政策；同时，各国的货币政策更加专注于控制国内通货膨胀，这样既防止了在结构调整困难时期政策转向投资

刺激的倾向，也堵住了产能过剩行业的无效融资需求，利于过剩产能出清。

（四）理性看待人民币贬值，发展多层次资本市场

目前随着美元进入新一轮加息周期，美元指数不断走强，人民币汇率出现了阶段性贬值。通过美国的经验，我们发现美国通过广场协议和史密森协定，主动对日元和马克阶段性贬值来缓解贸易赤字，改善国际收支不平衡的状态，增加产品的出口竞争力。因此人民币兑美元汇率的阶段性贬值，有利于进出口贸易的改善，提高我国出口产品竞争力。积极推动金融供给侧改革，推进利率市场化和人民币汇率形成机制，提高金融资源配置效率，抑制资产泡沫，加快推行金融创新，发展多层次资本市场，为新兴行业提供融资需求，助推新兴产业发展。

（五）减少供给侧结构性改革的负面冲击

英国和德国的经验说明，传统产业在实现自动化、钢铁煤炭行业在淘汰落后产能时，可能会带来这些行业的高失业率。因此要提前做好失业人员的安置预案，在推进供给侧结构性改革的同时加快完善社会保障体系，将供给侧结构性改革初期带来的负面冲击减至最小。

（郑嘉伟　国信证券博士后工作站助理研究员；
董艳玲　中共中央党校经济学教研部教授）

新常态下积极推进供给侧结构性改革

郭　威

经济新常态，是中央对中国未来经济增长趋势的基本判断。正是基于这样的判断，习近平总书记提出了供给侧结构性改革的思想。因此，要理解供给侧结构性改革，首先要对经济新常态有明确的认识。

一、供给侧结构性改革是引领经济新常态的主动选择

中国经济在经历了 30 多年的高速增长后，其基本面已经发生了实质性的变化，进入了一个新的历史阶段。在这一新阶段中，将发生一系列全局性、长期性和根本性的新现象、新变化。经济发展速度将迈入新轨道，发展质量将更加依赖新动力，无论是政府、企业还是居民等市场主体以及各行各业都必须有新观念和新作为。习近平总书记用"新常态"向世界描述了中国经济的这一系列新变化，并引起国内外社会各界的广泛关注。

为了应对中国经济新常态，习近平总书记在 2015 年 11 月初的中央财经领导小组第十一次会议上首次提出"供给侧结构性改革"，指出"要在适度扩大总需求的同时，着力加强'供给侧结构性改革'，着力提高供给体系质

量和效率，增强经济持续增长动力，推动我国社会生产力水平实现整体跃升"。供给侧结构性改革是中国适应和引领经济新常态的重大理论创新和必要实践举措。"十三五"时期是经济发展方式转变与经济结构调整的关键时期，厘清供给侧结构性改革的理论价值与实践意义，从科学的角度对供给侧结构性改革的科学内涵和政策外延做出清楚阐释，探讨经济新常态下我国推进供给侧结构性改革的具体措施，不仅具有重大的学术价值，同时更有重要的实践指导意义。

（一）经济新常态源于潜在增长率的下降

为了更好更快地理解新常态，适应新常态，探究新常态的成因，不得不提到一个经济学概念——潜在增长率。潜在增长率是一国（或地区）一定时期内各种资源得到最优配置和充分利用的条件下所能达到的经济增长率，GDP 增速往往围绕潜在增长率在一定范围内波动。潜在增长率主要由劳动投入、资本投入和全要素生产率以及相关的组织制度等因素决定，未来一段时间内，中国潜在增长率下降或成为趋势，增长速度放缓作为中国经济新常态的基本表现特征与潜在增长率放缓有着密不可分的联系。

首先，人口红利拐点显现，人口红利正在消失。数据显示，2012 年我国 15—59 岁劳动年龄人口第一次出现绝对下降，而且长期来看从 2010 年到 2020 年，劳动年龄人口将减少 2900 多万人。也就是说，从"十二五"时期开始，我国劳动年龄人口的绝对数量每年都在减少，人口红利逐渐消失，这意味着全社会劳动投入增长将逐步放缓。同时，计划生育政策虽然在实行前期降低了人口抚养比，减少了抚养支出，为改革开放 30 多年创造了有利的人口条件，但同时也减少了未来的劳动力供给，加速了中国的人口老龄化进程，人口红利出现转折。

其次，投资回报率下降，资本红利日益减少。在市场经济中，一个重要的规律就是边际投资收益递减，也就是说，投资效益并不随投资规模的盲目扩大而递增，而是达到某一临界点后，收益会递减。以此来看，投资增速下降的原因之一是投资回报率下降，而产能过剩就是投资回报率下降的最好的注解。该问题不仅出现在钢铁、煤炭和水泥等传统产业，太阳能、风能等新兴产业同样面临产能过剩，甚至在铁路、公路以及机场等基础设施领域，也面临投资收益率严重偏低的问题。

再次，技术创新不足，技术红利逐步缩小。第一，自 2001 年加入 WTO，中国在引入大量外资的同时，也引进了大量国外的先进技术，加之自身的技术创新和进步，与国外先进技术的差距日益缩小。第二，中国经济规模的增长速度使得国际上其他国家不得不高度警惕。2005 年，中国经济规模还不到美国的一半，2011 年，中国超过日本成为世界第二大经济体。以西方国家为主导的国际经济组织和机构在制定国际贸易规则的时候会更具针对性，以更加严格和隐蔽的方式限制中国的技术创新步伐。美国政府试图在大西洋（TTIP）和太平洋（TPP）区域构筑的新的国际贸易投资体系，实际上就是通过新的贸易规则约束和限制中国在对外开放中的技术引进，中国从国外获得先进技术的成本和风险都会显著增加。

最后，改革难度加大，改革红利释放难度加大。中国改革在经历了 30 多年后，已然不再是"摸着石头过河"的阶段，当前的改革进入深水区和攻坚期已是不争的事实。过去的改革主要表现为"增量"改革，具有普遍受益的改革模式特征，同时难度较小的领域成为优先改革的目标，对当时的利益相关者影响相对有限。而如今在国内和国际形势风云变幻，经济体制改革和政治体制改革不匹配以及经济规模总量世界第二和收入分配差距加大等矛盾突显的形势下，我们也应该清醒地认识到，改革取得诸多成绩的同时，很多领域的改革已经进入瓶颈期，旧的和新产生的利益集团相互交织在一起，形成更为复杂的利益格局，严重阻碍了改革进程的进一步深化。

（二）短周期需求政策难以应对长周期结构性问题

如上所述，这次经济增长速度下行，是伴随经济潜在增长率下降出现的长周期结构性变化，是中国经济发展进入新常态的表现，而不是像以往那样的短周期现象，侧重于解决短周期经济波动问题的需求政策不仅难以应对长周期中所出现的结构性问题，而且还可能加剧结构进一步失衡。

（1）我国 2014 年和 2015 年 GDP 增长率分别为 7.3% 和 6.9%，2016 年上半年为 6.7%，经济下行压力不断加大。如果将这些数据与 2008 年国际金融危机前后相比较，不难发现，当前中国经济问题确实有周期性因素，但主要表现为结构性因素，结构性问题是此次经济下行的主导性因素并将对未来经济发展产生长期影响。在增长速度换挡期、结构调整阵痛期、前期刺激政策消化期"三期叠加"的新常态阶段中，结构调整是最基础，也是最关键的环节。只有结构调整到位，才能在消化前期经济刺激政策产生的负面效应的同时顺利实现速度的换挡。

（2）从凯恩斯政策的理论基础来看，需求侧是其核心着力点。从实施效果来看，容易在短期内出现成效；但从中长期来看，往往会造成债务增加、产能过剩乃至增速下滑的局面。无论是二战之后的美国，还是 2008 年国际金融危机之后的全球主要经济体，均采用凯恩斯政策刺激市场需求，其经济增速在经历了短期恢复之后，很容易再次出现下滑，甚至是"滞胀"状态。本文认为，造成上述难题的根本原因在于凯恩斯政策更多地适用于平抑经济增长的短周期波动。从短期来看，经济发展的轨迹是遵循凯恩斯范式的，比如在凯恩斯理论中，产品和服务的供给量会受到黏性工资的影响，但此时经济主体的总供给曲线是基于短期这一前提的，因此，凯恩斯的扩张性经济刺激政策并不适用于长期的经济发展。同时，从长期来看，经济发展的轨迹仍然应该是(新) 古典范式的，市场失灵在得到宏观调控之后会逐步趋于均衡，政府不恰当的干预政策会打破这种平衡，对于总需求的影响不仅无效，反而可能会产生负面效应。

（三）供给侧结构性改革有助于提高经济潜在增长率

虽然真实增长率会受到潜在增长率高低的限制，但是，潜在增长率本身是可以通过要素的变动而提高的。以往估算和预测的潜在增长率，其实衡量的是在假设没有新的增长要素的前提下，一个经济体可能达到的最大增长程度。因此，潜在增长率是一个动态调整的过程，并非是固定不变的。实际上，由于我国正处于结构调整和改革攻坚的历史阶段，经济运行中仍然存在着一系列深层次的体制和机制障碍，既妨碍生产要素供给潜力的充分挖掘和利用，也阻碍反映科技创新能力的全要素生产率的进一步提高。因此，要通过不断全面深化改革，特别是供给侧结构性改革消除关键领域的体制和机制障碍，一方面提高生产要素的潜在供给能力，另一方面加强生产组织方式创新和技术创新，提高生产要素的利用和配置效率，持续提高潜在增长率，重塑中国经济中长期增长动力。

二、美英供给侧改革的比较与借鉴

从实践上看，发生于19世纪80年代的"里根经济学"和"撒切尔经济学"，是国际公认的供给侧改革典型案例。在 20 世纪 80 年代，英国与美国经济的发展出现了严重的"滞胀"，主要表现为经济衰退、高失业以及高通胀等问题，严重阻碍着两国的经济发展。在此背景下，两国不约而同地采取了供给侧改革政策。

（一）里根经济学与撒切尔经济学产生的背景与政策措施

1. 美国里根经济学的背景和政策措施

20 世纪 70 年代，美国经济面临高通胀和高失业的"滞胀"困扰。1980 年底，美国通胀率高达 13.5%，失业率达 7.2%，经济增长率仅为 –0.2%，深陷"滞胀"的泥淖。同时美国经济也存在诸多结构性问题，个人所得税的边际税率最高达 70%，企业所得税率高达 46%，抑制了私人部门投资和生产的热情。当时所采取的政策措施主要有：（1）降低企业及个人所得税；（2）放松行政管理和推进市场改革，减少政府对经济的干预；（3）支持美联储主席沃克尔将反通胀作为货币政策的主要目标，降低货币供应量，提高利率；（4）着力推动军工战略，提高军费支出，提出以"星球大战计划"为代表，以军事科研为引领的国防经济发展战略及国家总体战略；（5）取消 Q 条例①，推动利率市场化。通过一系列改革措施，美国经济从 1982 年末开始复苏。1983 年 GDP 增速达到 4.6%，一直到里根任期结束，GDP 增长率维持在 3.5% 以上；失业率也从 1983 年 7 月开始逐渐降低，至 1989 年末一直维持在 6% 以下；工业生产指数于 1983 年 2 月开始稳定上升，至 1989 年 12 月达到 68.3，比 1983 年初增长 29.8%。

2. 英国撒切尔经济学的背景和政策措施

1973—1980 年间，英国经济面临着 GDP 增速下降和通胀居高不下的双重压力。1975 年通胀高达 24%，同期 GDP 负增长；1980 年，通胀超过 17%，同期 GDP 负增长。当时所采取的政策措施主要有：（1）废除物价管

---

① Q 条例是指美国联邦储备委员会按字母顺序排列的一系列金融条例中的第 Q 项规定。美国联邦储备委员会在 1929 年经济"大萧条"之后，颁布了一系列金融管理条例，并且按照字母顺序为这一系列条例进行排序，如第一项为 A 项条例，其中对存款利率进行管制的规则正好是 Q 项，因此该项规定被称为 Q 条例。后来，Q 条例成为对存款利率进行管制的代名词。由于 Q 条例的内容是对银行所吸收的储蓄存款和定期存款规定利率上限，因此，取消 Q 条例意味着放松利率管制。

制，减少政府对经济的干预；（2）货币政策收紧，控制通胀；（3）降低企业及个人所得税；（4）加快市场化改革，推动国有企业产能出清。经过一系列的改革措施之后，英国经济出现了复苏，基准利率从 1979 年的 17% 下降到 1984 年 3 月的 8.75%。经济增速从 1982 年的 −2.2% 一路回升至 1988 年的 5.9%，而通胀从 1980 年的 18% 迅速回落至 1986 年的 3.4%。

（二）里根经济学与撒切尔经济学的经验借鉴

1. 保持改革勇气，坚定改革决心

英美两国在推进供给侧改革等一系列宏观调控政策中频繁遭遇到国内质疑和反对力量时，政治家通过始终保持坚定推进改革的勇气和决心而表现出的政治权威，是里根和撒切尔政府最终成功推行供给侧改革的政治基础。1981 年里根政府采取的经济政策，给持续下滑的美国经济注入一针兴奋剂的同时也引发了来自国会反对党、媒体以及其他利益相关者持续不断的反对和质疑，撒切尔也面临同样的巨大政治考验。面对政策实施初期，市场的乏力表现和众多反对声音，里根和撒切尔展现出了杰出的政治定力，保持决心，坚定不移地推行既定的改革措施。最终改革的成果逐步显现，自 1983 年初，美国经济开始复苏；英国经济年均增长虽然低于德法等欧洲国家，但与上世纪 70 年代相比已有明显的上升。

2. 发挥市场机制，激活市场主体

积极发挥市场配置资源方式，激活微观主体活力，调动其主观能动性，调整政府和市场在配置资源中的比重，提升经济体系的有效产出效率，这是里根和撒切尔供给侧改革能够成功推行的关键措施。两国政府在供给侧改革进程中都注重发挥市场在资源配置中的主导作用，使得要素价格成为市场参与主体配置生产要素的"信号灯"和"指挥棒"，最终提高资源配置效率。同时，实施一系列降低企业与个人所得税的经济刺激政策，使得企业形成了

稳定的大规模减税预期，有效地减轻了企业经营负担，加之缩减政府投资，进一步提高了企业的投资能力，扩大了企业的投资领域，从而能够更多地将有限的资源持续投入到收益最大化的领域，家庭部门在减税的作用下消费能力也大幅提升，市场主体的活力得到充分的释放。

3.优化政策组合，提升政策效果

无论是里根政府还是撒切尔政府，在推行供给侧改革时，注重各项政策之间的相互配合和相互协调，根据本国实际制定并实施一揽子的政策组合是里根和撒切尔供给侧改革能够成功推行的重要保障。（1）政策组合兼容供给管理政策和需求管理政策，既发挥供给侧改革政策对于解决结构性问题的积极效果，又没有忽视需求侧政策解决周期性问题的重要作用；（2）政策组合既采取相对通约式的政策手段，如减税、私有化、消除失业以及减少公共服务等，又实施更适用本国实际的政策手段，如里根政府的压缩政府支出以及撒切尔政府减少政府干预与管制，强化自由竞争。

（三）我国供给侧结构性改革与英美的比较分析

值得注意的是，我国当前的供给侧结构性改革与当时的英美两国有着类似的激发微观主体活力，提高资源配置效率，从而促进经济增长等政策目标。但是两者在发展阶段、供求关系以及政策手段等方面有着诸多明显差别。

第一，发展阶段不同。英美两国当年推进供给侧改革时，人均收入表明均已经迈入高收入的发达国家行列，经济发展主要矛盾是"滞胀"。而我国发展水平当前正处于中上等收入国家行列，经济增长速度维持在中高速阶段，面临的是防止落入"中等收入陷阱"的风险，工业化和城镇化进程仍未完成，在前期刺激政策所导致的过剩产能和国际经济整体下行的背景下通缩压力在持续加大。第二，供求关系不同。当年英美面临的供求状况是产品供给整体不足，社会福利支出偏高等因素引起的财政赤字逐步扩大。当前我国供求关系主要表现为结构性失衡，主要表现为三个方面：（1）供给大于需求，如相关过剩产业和房地产业供给过多；（2）供给小于需求，如教育、医疗和交通等领域的供给不足；（3）供需错配，如传统中低端产品供给过多伴随着高品质的消费品需求提高，社会居民福利低、居民消费率低等诸多问题也限制了居民的需求能力。第三，经济制度不同。英美均实行资本主义私有制，市场经济制度自发演化经历了近三百年的历史，产权、竞争、供求以及价值等相关市场经济要素比较完备，市场经济制度发育较为成熟。而我国自党的十二大提出"以计划经济为主，市场经济为辅"后，于党的十四大确立了社会主义市场经济体制的改革目标，直到党的十五大提出"公有制为主体、多种所有制经济共同发展"，是中国社会主义初级阶段的一项基本经济制度，由此看出，社会主义市场经济制度还亟待完善，仍存在要素配置效率低、市场竞争不充分、要素价格扭曲等问题。第四，政策手段不同。与英美发达国家更多地采取宏观经济调控政策所不同的是，我国实施供给侧结构性改革，既可以采取货币财政政策，又可以采取加快转型升级的产业政策、释放市场活力的微观激励政策、化解社会矛盾和降低风险的社会政策等同宏观经济政策形成政策合力，互为补充。第五，政策思路不同。我国在推进供给侧结构性改革的同时也适当地扩大总需求，两者兼而有之；既突出发展社会生产力，又注重完善生产关系；既发挥市场在资源配置中的决定性作用，又更好发挥政府作用，坚持"市场有效，政府有为"相结合；既着眼短期经济稳定，又立足于解决中长期经济增长动力问题。第六，动力机制不同。英美国家无需在体制上大刀阔斧，而我国要以体制机制改革为抓手，向体制机制改革要动力，不断释放制度红利，激发宏观和微观活力，增强政府、企业等市场主体的改革动力。

有鉴于此，我国供给侧结构性改革并不能照搬照抄当年英美两国的经济政策，应该立足于本国特定的历史发展阶段和内外部条件，通过结构性调整，转变经济发展方式，增强供需结构的适应性和灵活性。

三、供给侧结构性改革的焦点问题

（一）市场出清问题

供给侧结构性改革的最终目标是提高资源的配置效率，这就需要坚定不移地贯彻党的十八届三中全会所确立的现代市场体系里发挥市场决定性作用和更好发挥政府作用，两者相互协调配合，这便是坚持市场取向改革。那么，面对推进供给侧结构性改革过程中涉及的市场出清问题时也应该坚持以市场机制为主导，由市场决定企业的优胜劣汰，一个有效率的市场应该是"能上能下""能进能退"；政府同时应该在降低企业的制度性成本方面积极作为，包括交易成本、税费成本、融资成本以及人力成本等，借助市场机制和政府支持，进行结构性改革，出清产能，引导各类生产要素配置到更高效率的生产领域，从而解决企业的盈利问题。

（二）就业保障问题

随着供给侧结构性改革范围的不断扩大和程度的不断加深，市场效率提升的同时必然带来劳动力需求的降低，失业率加快上升。从国际实践来看，这也符合一般规律，1980 年美国里根改革期间，国内失业率由伊始的 7.2% 提高至 1982 年 10.8% 的阶段性高位；英国撒切尔夫人改革期间，失业率由 1979 年的 5.30% 攀升至 1984 年 5 月的 11.90%。反观国内 1998—2002 年的国企改革，在积极推动国有企业部门关闭重组和减员增效过程中，员工下降数量超过 3000 万，导致了大量的失业人群。由此推及本次供给侧结构性改革，随着去产能和去库存的推进，不可避免地也会面临如何保障失业人群的基本生活以及再就业等问题，失业问题业已成为制约国有企业落实供给侧结构性改革的主要矛盾，这就需要加强中央和地方政府之间的协调配合以及完善现有的社会保障体系建设，成立再就业培训相关机构与加大社会治安治理力度等措施，构筑严密的救助失业人员的社会安全网。

（三）物价稳定问题

2008年国际金融危机之后，为了尽快提振市场信心，弥补市场流动性短缺，恢复经济增长，欧美日包括中国纷纷采取了宽松货币政策，释放了大量的货币供给和流动性，但由于目前严重的产能过剩以及欧美国家实施再工业化政策，进一步放大了国内产能过剩的严重程度，由此形成了实体经济的通货紧缩，然而由于过多的货币进入到金融和房地产市场，一旦出现偶发性的"黑天鹅"事件导致资产泡沫的破裂，巨量的货币又会纷纷涌入实体经济当中，势必引发新一轮的通货膨胀，因此，在当前通缩的背景下，通胀的潜在可能性仍然存在。

（四）利益相关问题

我国当前的过剩产能主要集中于钢铁、煤炭、水泥、玻璃以及有色金属等行业，这些行业大部分都是在四万亿经济刺激政策之后，在地方政府无限制地增加投资中形成了大量过剩产能，如今在清除过剩产能过程中，一方面会影响地方政府诸如就业、税收以及GDP增长等业绩考核；另一方面在对"僵尸企业"进行破产和兼并重组时由哪些主体来牵头，又如在降低企业财税成本的同时必然涉及税制的调整，引发的将是国民财富的再次分配，涉及的主体千千万万，一定会影响到利益格局的重塑。对传统既得利益者的利益分解，将会形成最大的改革阻力。

四、供给侧结构性改革的思路

（一）改革思路

在经济发展新常态下，推进供给侧结构性改革表明我国对宏观经济发展的新认知、新思路与新理念，并指明了改革的出发点、内在逻辑机制与推进领域。新常态下，我国宏观经济政策总体取向应由需求侧管理为主转向供给侧管理为主，两端协同发力，发展战略由要素驱动转变为创新驱动，发展机制转变为市场发挥决定性作用。总体而言，供给侧结构性改革是我国经济发展理念的重大转变，首先是通过改革创造制度供给，通过有效的制度供给解除"供给约束"，消除"供给抑制"，促使企业充满市场活力；其次由企业进行技术创新和管理创新，助推产业升级，这样才能增加有效供给，扩大有效需求，从而体现改革效果。

1.通过政府简政放权激发市场活力，增加有效制度供给

经济新常态下，明确政府与市场边界，优化供给侧结构，经济结构的调整由政府主导转变为市场主导。通过市场调节机制优化资源配置，通过理顺政府与企业关系、政府与社会的关系，促使企业家精神充分释放，发挥企业创新驱动引领与支撑作用。

改革开放以后，中国经济逐步走向市场化，但这种趋势在 2008 年国际金融危机之后速度有所下降，方式有所偏离，政府对于宏观经济的干预有所加强。未来减少政府干预主要体现在以下三点。（1）对一些竞争性领域放宽准入限制。尤其是在行政性垄断问题突出的领域，如电力、石油、天然气、交通运输、电信以及医疗、教育、文化、体育等公共领域的价格实行全面放开，通过引入新的投资者鼓励和加强竞争，构建一个公平、公正和公开的竞争环境，这样才能降低表面看起来充足但其实无效的投资，提高投资效率。

（2）促进土地、资金和劳动力等各类要素在两级结构层面全面自由流动，一级是城乡结构，主要是围绕户籍制度改革而展开。我国目前还处于城市化进程中，与大城市相比，三四线城市和乡镇发展还有很大的空间，积极推动城乡之间、中小城镇之间的互联互通和基本公共服务均等化进程，取消和户口挂钩的各项社会福利，均可达到促使劳动力等生产要素的自由流动的目的，这些措施会极大地鼓励农村人口进入城市，从而对房地产市场产生需求，在去库存方面有助于盘活存量。另一级是产业结构，尽管目前以服务业为主的第三产业比重已经超过了第二产业，但制造业仍是国家国际竞争力的核心所在，特别是高端装备制造业，直接决定着实体经济的发展，可以借鉴德国制造业的发展经验，产品做强做细，抢占全球产业分工中高附加值的环节，尽快形成能够拉动较长经济链条的关键技术和核心产业。（3）减少对企业兼并重组的行政干预。"优势劣汰"是市场经济的基本生存法则，允许企业相互之间合法地兼并和重组甚至破产退出等市场行为，是政府对市场经济规律应有的尊重，只有通过市场化的优胜劣汰机制才能除去过剩产能，因为如果效率低下、面临倒闭的企业不退出市场，会有进一步吸取资金等生产要素和资源的内在动力，不仅造成资源的浪费，而且也会拖累有自生能力的企业。但在现有体制条件下，特别是在产能过剩相对集中的重化工领域，大多为国有企业，地方政府干预较多，导致市场机制作用极为有限。企业倒闭破产或许会带来诸如失业等问题，但长此以往，弊大于利。

2.通过企业自主创新提高全要素生产率，增加有效技术供给

首先，积极提升传统优势产业、培育新兴产业。推动"互联网＋"行动计划和"中国制造2025"，推动工业化与信息化的深度融合。通过"互联网＋"提高传统制造业效率。实现企业的优胜劣汰，通过兼并重组等方式实现市场出清。积极发挥传统比较优势产业的同时，大力发展新兴产业特别是战略性新兴产业，促使当地进行产业升级，设立新兴产业创业投资引导基金支持新兴产业与新兴业态。

其次，提高产业的自主创新水平，提高产业核心竞争力。加大国家研发投入力度的同时，制定创新的精准激励政策；推进科技体制创新，加快科技成果向现实生产力转化；完善风险投资体系，发挥金融在高新技术产业和技术创新中的支持作用；加强对知识产权的保护力度，完善相关法律法规。通过自主创新能力的提高促进产业高端化发展，发挥创新驱动在提高企业供给质量与效率提升的引领与支撑作用。

总而言之，供给侧结构性改革注重以中长期的高质量制度供给统领生产的创新模式，辅以短期需求调控为主的凯恩斯主义模式，在优化供给侧环境机制中，强调以高效的制度供给和开放的市场空间，激发企业创新潜力，为市场创造高品质的产品和服务。

（二）改革的政策保障

2015 年的中央经济工作会议提出要实施相互配合的"五大政策支柱"，为我国推进供给侧结构性改革提供了总体政策思路。

1. 宏观政策要稳：稳定改革环境

2015 年中央经济工作会议提出宏观政策要稳的具体要求，释放出为供给侧结构性改革营造稳定的宏观经济环境的重要信号。宏观政策要稳，就是要继续实行积极的财政政策和稳健的货币政策，作为政府调控宏观经济，发挥经济管理职能的两项重要手段，二者要相互配合，协同发力。通过综合协调财政政策与货币政策，可以有效提高政府宏观调控水平，更好地实现经济增长、物价稳定、充分就业以及国际收支平衡等宏观调控目标。可以看出，这些宏观政策目标都是从月度、季度和年度等短周期角度来衡量经济运行情况，反映的是经济短周期内的总量变化和相互平衡，而诸如产业结构、城乡结构、需求结构以及收入结构等结构性变化却是需要在长周期的维度上才能得到不断优化和调整，因此，基于短周期的宏观经济政策也是长周期的结构性改革的基础，为供给侧结构性改革的不断深化提供稳定的宏观经济环境。

2. 产业政策要准：明确改革方向

随着改革开放的不断深入，中国产业结构在逐步调整中趋于合理化发展，正加快向第三产业主导型的状态转变。然而，在产业结构表现出显著改善的同时，结构性矛盾依然突出。一方面，从本国发展实际来看，第三产业比重虽然逐年增加，但其提升的空间和潜力仍然十分巨大，特别是随着城镇化的推进，对于交通运输等流通产业，金融、保险和旅游等生产生活服务产业以及教育、卫生和文化等国民素质服务产业还将有更加丰富的需求。从国际比较来看，与欧美等发达国家 70% 以上的比重相比，我国第三产业在经济总量中的比重仍然偏低，占 50% 左右；另一方面，从产业内部结构来看，我国工业体系中传统工业和低端制造业较多，而新兴产业和高端装备制造业的发展还难以抵消传统工业调整所带来的经济下行压力，内部结构矛盾十分明显。中央经济工作会议提出，着力加强供给侧结构性改革，着力提高供给体系质量和效率，无疑需要产业结构继续朝着高级化和合理化方向调整，不断提高资源要素的配置效率，生产出具有市场竞争力的产品和服务，抢占价值链的高附加值区域，满足国际国内市场需求，增强经济持续增长动力，这为我国今后产业结构调整政策的制定明确了方向。

3. 微观政策要活：激活改革主体

推进结构性改革，既离不开稳定的宏观经济政策环境，也需要激发企业活力和消费者的需求潜力。宏观政策要稳，微观政策要活，就是坚持辩证法，在政策引导上兼顾宏观与微观、当前与长远，找到稳增长、调结构、促改革之间的最佳平衡点。从需求侧来看，居民、家庭等微观市场主体是经济发展源源不断的内生动力，决定了我国经济发展方式能否摆脱出口和投资的过度依赖，从而向消费主导型转变；从供给侧来看，各类性质的企业等微观市场主体是提高供给体系质量和效率的推动者，是提高资源利用和配置效率的实践者，是提高科技水平和生产力的探索者。从我国实际情况来看，市场主体活力没有得到充分激发的主要原因之一就是没有处理好政府和市场的关系，政府对市场的过多干预，抑制了市场自身的活力。因此，实现"微观政策要活"政策目标的重要路径就是政府进一步简政放权，加快推动政府职能转变，只有积极推动政府"放管服"改革，进行自我革命，才能换来市场活力的极大释放。

4. 改革政策要实：增强改革效果

我国的改革开放风雨兼程走过了30多年，从实践是检验真理唯一标准的大讨论，到邓小平南方谈话之后提出"社会主义市场经济"的改革目标，再到党的十八届三中全会提出全面深化改革，每一段改革历程都释放出了巨大的红利，对我国经济社会发展起到了重要的推动作用。回顾历史可以发现，我国经济之所以能够保持年均9.8%的高速增长，关键是我们实行了以建立社会主义市场经济体制为目标的经济体制改革。通过改革破除了制约生产要素重新优化配置和生产力发展的体制机制，提高了生产效率，突破了原有的要素资源组合所能够形成的产出边界。过去取得的发展成果依靠的是改革，未来的发展更要依靠改革，正如李克强总理所说，"改革是最大的红利"，特别是在当今"人口红利""资源红利"以及"开放红利"逐渐消退的形势下，"改革红利"的进一步激发显得尤为重要，改革依然是我国发展最强动力和关键一招。当前改革进入深水区已经成为不争的事实，面对国际政治经济的深刻变化，国内经济不平衡、不协调和不可持续的矛盾更加突出等问题，进一步深化改革必将需要更强大的政治勇气和更高超的智慧，要继续扎扎实实深化经济、政治、文化、社会以及生态文明体制等方面的改革，在巩固前期改革成果的同时攻坚克难，将改革政策落到实处，不断增强改革效果。

5. 社会政策要托底：降低改革风险

推进供给侧结构性改革，特别是去除过剩产能和库存，必然会影响到相当一部分群体的就业保障和收入水平，但这正如党的十八大后，以习近平同志为核心的党中央对我国经济形势做出的"三期叠加"的重要判断，这是经济增长速度换挡和前期刺激政策消化必须要付出的成本，必须要经历的阵痛，从而也为国家制定并发挥好社会政策"稳定器"的作用提供了依据。只有在改革过程中实施有效的社会政策，守好人民群众的基本生活和基本公共服务等民生底线，才能降低改革风险，为结构性改革创造稳定和谐的社会环境。具体来说，稳定的就业是民生之本，是个人获得持续性收入的主要来源，实施更加积极有效的就业政策，如公共财政更多投向小微型企业和劳动密集型等产业，对积极吸纳大学生、农民工和就业困难人员的企业实施更加优惠的税收和金融支持政策；除了鼓励企业增加劳动需求，提高其吸收劳动力的能力以外，还需要增强劳动者自身的就业能力，加强职业技术教育建设和完善技工培训体系，构筑多层次、多领域的人才队伍。同时，还应积极完善社会保障制度，深入推进医疗卫生体制改革，加快推进保障房、廉租房体系建设，通过一系列相配套的社会政策形成社会安全网，全力将改革可能产生的风险维持在可控范围。

（郭威　中共中央党校经济学教研部副教授）

推进供给侧结构性改革　实现发展新突破

曹　新

供给和需求是市场经济内在关系的两个基本方面，是既对立又统一的辩证关系，二者相互依存、互为条件。没有需求，供给就无从实现，新的需求可以催生新的供给；没有供给，需求就无法满足，新的供给可以创造新的需求。供给管理和需求管理是调控宏观经济的两个基本手段。当前中国经济发展应该把需求和供给管理更好地结合起来，在适当扩大总需求、释放新需求的同时，把调整改善供给结构作为主攻方向，通过推进供给侧结构性改革，创造新供给，为激活需求潜力和经济活力释放空间，促进经济持续健康发展。

一、总供给和总需求的动态平衡是经济增长的重要条件

社会总需求包括投资、消费、出口三大要素，三大要素决定短期经济增长率。社会总供给包括劳动力、土地、资本、创新四大要素，四大要素在充分配置条件下所实现的增长率，被称之为中长期潜在经济增长率。供给和需求是宏观经济管理的两个方面，保持总供给和总需求的动态平衡是经济增长

的重要条件。

社会总供给和社会总需求的平衡，既包括宏观总量平衡，也包括宏观结构平衡，而社会总供求的大体平衡是宏观经济运行的理想状态。同理，一般来说，社会总供求的失衡，也是既包括宏观总量失衡，又包括宏观结构失衡。

宏观总量失衡是指总供给与总需求二者之间在一定程度上的不均衡。这种不均衡，表现为两种不同的形式：即需求过度的失衡和需求不足的失衡。需求过度的失衡，是指总需求大于总供给的不均衡状态。在这一状态下，由于相对于供给而言的需求过度，即供给不足或商品短缺，社会经济系统也就呈通货膨胀之势，也就是物价上涨。因此，需求过度的失衡也称为通货膨胀失衡或短缺失衡。需求不足的失衡是指总需求严重小于总供给的非均衡状态，商品卖不出去。因此，这种失衡也被称为过剩失衡。历史地考察宏观总量失衡的上述两种基本情况，在发达市场经济国家一般说来是周期性地交替发生，但总的说来多为商品过剩型失衡。与发达国家的情况不同，在发展中国家，宏观总量失衡则多表现为商品短缺型失衡。

宏观结构失衡是指总供给结构与总需求结构出现严重不一致的情况或状态。对宏观结构失衡也可以从总需求和总供给两个方面分别进行分析，但是，任何情况下的结构失衡均有大致相同的表现。从需求方面来看，结构失衡的具体表现主要有：其一，被迫性替代购买。这是因为在结构失衡的情况下，意味着有些商品的供给小于消费者对相应商品的意愿需求，从而也就意味着消费者花费既定收入难以购买到满意，即效用最大化的最佳商品的组合量。在消费者具有理性的情况下，将被迫做出替代购买的选择。其二，被迫储蓄。在结构失衡的情况下，如果某些商品的供给表现为严重的短缺，以至于虽发生不得已的替代购买仍难以平衡供求结构，使一部分意愿需求绝对地不能满足而形成购买力的过剩，那么，消费者个人或总体不得不把一部分当前不能实现的消费推迟到未来，即把一部分本想用于当前的消费储蓄起来。这种行为或现象便称为被迫储蓄。被迫储蓄实际上是被迫替代的另一种形式。这种储蓄与个人或总体出于其自身效用最大化目标考虑将当前收入中的一部分储蓄起来，用于未来消费的行为是不同的，后者属于自愿储蓄。其三，通货膨胀。结构失衡就意味着有些商品的供给小于相应商品的需求，那就必然会导致一定量的有效需求追逐少量的有效供给的情况发生，从而引发有关商品价格上升。虽然，与此同时，有些商品的价格因其供给大于意愿的需求而可能下降，但由于价格刚性的作用，这些商品价格下降的幅度也远小于供给不足的商品价格上升的幅度。在这种情况下，结构失衡也就表现为通货膨胀。

从供给方面来考察，结构失衡的具体表现是有效供给不足与无效供给过剩并存，亦即商品短缺与商品积压并存。由于相对于有效需求而言的有效供给不足，将使短缺商品的价格在需求的拉动下而上升，而相对于有效需求而言的无效供给的过剩商品，将会因需求不足而难以实现出售，影响社会生产的正常进行，乃至出现停滞或萎缩。由结构失衡决定的商品短缺与商品积压的并存，将最终表现为通货膨胀与经济停滞的并存。因此，保持经济持续健康增长客观上要求总供给和总需求的动态平衡。

二、解决我国供需结构性矛盾，必须调整改善供给结构

从总供给与总需求的关系来看，当前和今后一个时期，我国经济发展面临的问题，供给和需求两侧都有，但矛盾的主要方面在供给方面。从国内来看，我国当前需求结构已发生明显变化。供给结构明显不适应需求结构，"供需错位"已成为阻挡我国经济持续增长的最大障碍。一些传统产业产能严重过剩，产能利用率偏低，同时大量关键装备、核心技术、高端产品还依赖进口，国内庞大的市场没有掌握在我们自己手中；低端产品过剩，中高端

产品供给不足，居民对高品质商品和服务的需求难以得到满足，消费者将大把钞票花费在出境购物、"海淘"购物上，购买的商品已从珠宝首饰、名包名表、名牌服饰、化妆品等奢侈品向电饭煲、马桶盖、奶粉、奶瓶等普通日用品延伸；受传统体制机制约束等影响，生产要素难以从无效供给领域向有效供给领域、从低端领域向中高端领域配置，新产品和新服务的供给潜力没有得到释放。居民对住房、汽车等的需求逐步减弱或增长减缓；对产品品质、质量和性能的要求明显提高，多样化、个性化、高端化需求与日俱增；对旅游、养老、教育、医疗、文化、娱乐等服务需求快速增长；对企业研发、设计、标准、供应链管理、营销网络、物流配送等生产性服务提出了更高要求。事实证明，我国不是需求不足，或没有需求，而是需求变了，供给的产品却没有发生相应的转变，质量、服务跟不上。有效供给能力不足带来大量"需求外溢"，消费能力严重外流。解决这些结构性问题，必须推进供给侧改革，调整改善供给结构，适应市场需求结构的变化，打造经济发展新动力。

从国际实践来看，当前世界经济结构正在发生深刻调整。国际金融危机打破了欧美发达经济体借贷消费，东亚地区提供高储蓄、廉价劳动力和产品，俄罗斯、中东、拉美等提供能源资源的全球经济大循环，国际市场有效需求急剧萎缩，经济增长远低于潜在产出水平。尽管美国、欧盟、日本等主要经济体都采取了史无前例的量化宽松政策以刺激经济增长，但是并没有取得预期效果。需求管理的短期政策虽在抵御危机冲击上发挥了一定作用，但中长期结构性问题并没有得到根本解决，增强经济增长动力还需要推进结构性改革。当前世界各主要国家正在进行结构性调整，争取更有利的国际分工优势和地位。我国必须从供给侧结构性改革发力，找准在世界供给市场上的定位，加快产业结构转型升级，培育建立国际竞争新的比较优势。

三、推进供给侧结构性改革，为经济持续健康发展提供内生动力

供给侧结构性改革，就是要从供给、生产入手，提高供给质量出发，用改革的办法推进结构调整，矫正要素配置扭曲，减少无效和低端供给，扩大有效和中高端供给，提高供给结构对需求变化的适应性和灵活性，提高全要素生产率。供给侧结构性改革的关键是放松管制、释放活力、让市场发挥更大作用，降低制度性交易成本，提高供给体系质量和效率，提高投资有效性，重点是解放和发展社会生产力。简言之，就是去产能、去库存、去杠杆、降成本、补短板。

要通过一系列政策举措，特别是推动科技创新、发展实体经济、保障和改善人民生活的政策措施，来解决我国经济供给侧存在的问题。我们讲的供给侧结构性改革，既强调供给又关注需求，既突出发展社会生产力又注重完善生产关系，既发挥市场在资源配置中的决定性作用又更好发挥政府作用，既着眼当前又立足长远。要促进产能过剩有效化解，促进产业优化重组，降低企业成本，发展战略性新兴产业和现代服务业，增加公共产品和服务供给，使供给结构灵活适应需求变化。

一是要抓住居民消费升级产生新需求的机遇。随着居民收入水平进一步提高和中等收入阶层的扩大，居民消费需求将从模仿型、排浪式消费向个性化、多样化消费转变，逐步形成个性化、层次化、多元化的供给市场，并衍生出新的需求。中高端消费服务业如信息与互联网产业、教育与培训产业、体育与娱乐产业、健康与养老产业、文化与智慧产业、服务平台与社会化服务产业等将面临难得的发展机遇。

二是要抓住产业结构转型升级的机遇。推进供给侧结构性改革，一方面，传统产业行业之间并购重组将会加快；另一方面，新产业、新技术、新

业态、新商业模式不断涌现，互联网、云计算、大数据、信息技术、高端装备制造业、航天航空、生物工程、新能源、环保节能、现代服务业等将获得新发展，实现产业发展迈向中高端。

三是要抓住基础设施领域新的发展机遇。与发达国家相比，我国在交通水利、地下管网、民生工程等基础设施方面仍然存在不少差距，还有较大发展空间。加大对公共产品和公共服务的投入和发展，不仅可以稳定增长，而且可以改善民生、扩大内需，成为我国经济社会发展新的引擎之一，促进经济中高速增长。

要适应产业结构转型升级潮流，加大企业技术更新与改造力度，推动传统特色产业更新改造、提升技术、加强研发、建立品牌，加快向品牌化、高端化、时尚化、绿色化转型，提升企业市场竞争力。

要加强企业发展战略、自主技术、自主产品、自主品牌的创新和建设，为市场提供高品质的产品和服务，为满足居民对高品质商品和服务的需求创造更大的价值。

要通过开拓创新培育发展新动力，塑造更多发挥先发优势的引领型发展，以制度创新为核心、以管理创新为基础、以科技创新为动力、以产品创新提高竞争力、以市场创新开拓国内外市场，增强企业的核心竞争力。

推进供给侧结构性改革，是适应和引领经济发展新常态的重大创新和必然要求，是适应国际金融危机发生后综合国力竞争新形势的主动选择，是"十三五"时期经济社会发展的一个战略重点，是我国经济社会发展的主线，必须牢固树立创新发展理念，推动新技术、新产业、新业态蓬勃发展，为经济持续健康发展提供源源不断的内生动力。

（曹新　中共中央党校经济学教研部教授）

以推进供给侧结构性改革为核心实现发展新突破

杨　军

党的十八大以来，习近平总书记全面阐述了完善发展中国特色社会主义的难点、着力点和关键点，提出全面建成小康社会、全面依法治国、全面从严治党、全面深化改革的总方略，实现"创新、协调、绿色、开放、共享"的发展。未来就是要坚定地推进供给侧结构性改革，实现发展新突破。

一、中国经济未来的增长是 L 型，这是统筹各项工作的基本出发点

1. L 型走势的判断是一个逐步深化、逐步明确的认识过程。1979—2015年，我国经济增长平均速度接近两位数，达 9.67%。但从 2012 年以来，经济增速逐年下降，2016 年 1 季度同比增速 6.7%。如何判断未来我国经济的发展趋势，是做好各项工作的前提。党的十八大以来，以习近平同志为核心的党中央对未来趋势的分析判断是一贯的，也是逐步深化的。2013 年中央提出我国经济进入"三期叠加"阶段；2014 年提出要适应新常态、引领新常态；2016 年 1 月 4 日，"权威人士"在《七问供给侧结构性改革》中指出，

当前形势下，国民经济不可能通过短期刺激实现 V 型反弹，可能会经历一个 L 型增长阶段。2016 年 5 月 9 日，"权威人士"在《开局首季问大势》中再次明确指出："我国经济运行不可能是 U 型，更不可能是 V 型，而是 L 型的走势。这个 L 型是一个阶段，不是一两年能过去的"。从"三期叠加"到新常态，再到经济 L 型增长判断，这是一个不断探索客观发展规律的过程，也是从理论思考到具体实践不断深化认识的结晶，为做好各项工作提供了基本的出发点。

2. L 型走势的判断符合客观实际。2016 年开局的经济形势平稳，希望稳的方面，稳住了；希望进的方面，也有了新进展。但是，经济运行的固有矛盾没缓解，一些新的问题也有所暴露。今后几年，总需求低迷和产能过剩并存的格局难以出现根本改变。但是我国经济潜力足、韧性强、回旋余地大，即使不刺激，速度也跌不到哪里去。综合判断，我国经济运行是 L 型的走势。

笔者曾经基于改革开放以来我国 GDP 增长的统计特征，在滤波分析的基础上，采用自回归移动平均方程（ARMA 模型）对我国未来 5 年的 GDP 变化进行了估计。结果显示，中国经济增长率将于"十三五"期间明显降低，均值在 6.5% 左右，同时我国经济将在 2017 年开始企稳。这个研究结果从一个侧面也佐证了 L 型走势的基本判断。

3. L 型走势判断为各级政府各个方面的工作创造了一个实事求是的环境。思想是行动的先导。未来 L 型经济发展趋势的分析，是综合国际国内背景，结合短、中、长期趋势提出的客观判断，不仅指明了未来经济发展特征，更创造了一个实事求是的客观环境。这种态度，站在了尊重客观规律发展的历史高度上，为未来的改革理念、政策思路、工作任务明确了主基调，对各级政府未来相关工作的开展具有长远的积极意义，使其能够求真务实，清醒判断所处的经济环境，既不能悲观等待，失去发展机遇，也不能违背客观规律，制定不切实际的措施，犯急躁错误。只有正确、客观、冷静地认识到经济发展形势后，才能对症开出有效的治理措施。

二、供给侧结构性改革是持久战

未来经济的核心工作可以用一句话概况："在适度扩大总需求的同时，着力加强供给侧结构性改革"。

1.改革是解决结构性问题的关键。"权威人士"明确指出，当前面临的主要矛盾是结构性而不是周期性的，供给侧是主要矛盾，结构调整是目前我国经济发展客观规律中一个绕不过去的坎。因此，供给侧结构性改革必须作为主攻方向，这一点是明确的。同时，时间跨度上，供给侧结构性改革是一场绵绵用力、久久为功的持久战，必须发扬钉钉子精神，既要有韧劲，又要有狠劲，更要有干劲。要在正确理解中央有关精神，明确任务方向的前提下，重实际，鼓实劲，出实招，求实效，坚持工作作风求真务实，狠抓工作任务贯彻落实。

要开展供给侧结构性改革，首先要真正理解经济发展的本源，从中长期经济发展来看，总供给取决于制度资源、劳动力、自然和环境资源、技术进步、管理水平等五个方面的要素禀赋，中国1979年以来近40年的发展也证明了这一点。

第一，制度资源。制度资源优化整合可以有效减少交易成本，带来经济效益、资源配置效率和科技创新的提升。实践是检验真理的唯一标准、以经济建设为中心、南方谈话等思想解放和重大改革，都释放出新的制度红利，为国家社会发展注入新的活力，为经济增长增添强大动力。例如，实行农村家庭联产承包责任制后，地没变，人没变，但产出效益成倍增长；企业股份制改造后，设备没变，厂房没变，生产效率大幅提升。因此，只要坚持党的坚强领导，加强和完善党对经济工作的指导，深入推进改革，在更大程度和更广范围发挥市场在资源配置中的决定性作用，就能推动有效需求逐步释放。

第二，劳动力。我国过去 30 多年的快速发展，与人口红利密不可分，众多 50 后、60 后农村剩余劳动力进城务工，劳动力成为经济发展之源。正是通过大量劳动要素投入，东部沿海出口加工贸易得到快速发展，才有了我国积累的 3.8 万亿美元外汇储备。

第三，自然和环境资源。与劳动力一样，土地、矿产、能源等资源的规模投入是过去 30 多年我国经济快速发展的要素。正是这些土地红利、资源红利、环境红利的释放，才支撑了经济的高速发展，但同时也积累了一定问题，比如环境污染问题、产能过剩问题、投资边际回报减弱问题等。

第四，技术进步。科技创新和技术进步，是提高社会劳动力和综合竞争力水平的决定因素。改革开放后，通过引进、消化和吸收国外先进技术，我国技术能力和水平迅速提升。高速铁路、核电、特高压输变电等一系列重大技术取得突破，带动产品和装备走向世界。华为、联想等为代表的一批高科技企业逐渐在国际竞争中脱颖而出。但整体上，产业层次低、发展不平衡等矛盾愈加凸显，许多产业仍处在全球价值链的中低端。

第五，管理水平。改革开放后，大量的外资投资企业，不仅带来了技术、设备，更引入了大量西方现代企业的管理方法和理念，我国企业结合中国特色社会主义的基本要求，吸收、消化、创新，通过股份制改革、规范公司法人治理结构、国有资产管理体制改革、建立科学的经营者选用机制和激励约束机制等措施，技术创新能力提升，提高了企业竞争力和活力，促进了各种要素的生产、流转和配置的效率。

2. 从提高五大要素禀赋能力入手推进供给侧结构性改革。改革开放只有进行时，没有完成时。改革开放以来，每一次重大改革都为国家和经济发展注入新的活力和动力。坚持不懈地推进改革，是解决发展中不平衡、不协调、不可持续问题的重要法宝，是解决发展方式粗放、科技创新能力不强、产业结构不合理的必然选择。

第一，制度方面。科学的法治体系和制度规则是市场充分发挥决定性作用的重要保障。国家是否富强，一方面取决于资源、资本、技术等相对优势，另一方面更取决于制度资源的利用是否充分，资源结构的分布是否合理。制度资源的优化整合可以有效减少交易成本，带来经济效益、效率和创新的提升。一是通过转变政府职能，更大程度和更广范围地发挥市场在资源配置中的决定性作用；二是促进基本公共服务均等化以及加大统筹城乡发展力度，推动有效需求逐步释放；三是全面推进依法治国，逐步完善法治体系，充分调动和运用各类市场主体、各类经济群体和法制的力量，实现法治、德治、共治、自治，实现各项事务治理的制度化、规范化、程序化和民主化，达到效率与公平的相对平衡，使社会更加科学、文明、和谐、进步。

第二，劳动力方面。截至 2015 年末，我国 13.7 亿人口中，城镇常住人口 6.8 亿，有户籍的 3 亿，城市务工人员 2.8 亿（城镇人口 7.7 亿，农村人口 6.0 亿；流动人口 2.47 亿，占总人口的 18.03%）。在解决科技创新、环境治理、要素使用效率与经济发展的诸多矛盾和要求中，人力资源素质的提升具有十分重要的作用。人口红利要逐步升级成人才红利，要通过城镇化和户籍制度改革，进一步激发劳动资源的贡献，以人才红利带动管理创新、技术创新和劳动生产率的提高。

第三，资源利用方面。随着资源要素红利的逐步消失，资源对经济发展的约束力逐步增强，传统的发展模式难以为继。既要绿水青山也要金山银山，这就需要加大资源利用的效率和质量，全面节约和高效利用资源，形成有利于资源节约和高效利用的空间格局、产业结构、生产方式和消费模式，向绿水青山就是金山银山的层次升级迈进。

第四，技术创新方面。"十三五"规划明确提出"创新是引领发展的第一动力"。第二次世界大战后成功跨越"中等收入陷阱"的国家，科技创新是其打造竞争优势、提升在全球价值链条的重要手段，近代历次世界中心的转移也是以科技中心的转移为主线。习近平总书记指出："块头大不等于强，体重大不等于壮，有时是虚胖"。当前，信息技术、生物技术、新材料技术、新能源技术广泛渗透，重大颠覆性创新不时出现，对国际政治、经济、军事、安全和外交等产生深刻影响，成为重塑世界经济结构和竞争格局的关键要素。

第五，管理制度创新方面。全要素生产率包括技术进步、组织创新、专业化和生产创新等。世界各国的经济增长历程表明，在经历要素投入驱动的初步增长之后，长期的可持续增长依赖于全要素生产率的提高，这是世界经济的普遍规律。管理制度创新的根本方向是依靠市场的力量，勇敢地接受激烈的竞争与优胜劣汰，打破那些阻碍竞争和要素自由流动的障碍。目标是培育全国统一的大市场，从商品到生产要素，各类市场全面放开，以价格作为主要调节因素，由市场力量决定产业发展的方向，尽可能地减少政府对市场的不当干预和控制。最关键的是通过保护产权和知识产权，使企业家既有"恒产"，又有"恒心"，建立"亲"和"清"的新型政商关系，把企业家当作自己人，让他们充分体会到权利平等、机会平等、规则平等。

3.推进供给侧结构性改革中应该注意的问题。通过全面梳理"权威人士"在《人民日报》的三篇专访，可以发现若干关键字，"改革"35次，"市场"31次，"问题"28次，"稳"32次。这说明，"权威人士"在怎么推进供给侧结构性改革中，着重强调要坚定改革的心态，在保证经济环境整体稳定的前提下，有效发挥市场在资源配置中的决定性作用，解决各类短期和中长期问题。在2016年5月9日专访中，"权威人士"前后7次提及"落实"，而前两次专访提及"落实"的次数仅为4次，说明在目前推进供给侧结构性改革过程中，要由认识阶段向落实阶段转变，保证各项工作的扎实推进。

三、"去杠杆"是防范供给侧结构性改革系统性
风险的关键

"树不能长到天上，高杠杆必然带来高风险，控制不好就会引发系统性

金融危机，导致经济负增长，甚至让老百姓储蓄泡汤"。我国总体的杠杆率有多高、去杠杆的"度"如何把握，是推进供给侧结构性改革另一个关键点。

1. 国内债务规模居高不下。据测算，截至 2015 年，我国实体经济的全社会负债规模大体上为 145.94 万亿元，较 2014 年增长 14.55 万亿元，增长率为 11.07%。债务规模相当于当年 GDP 规模的 2.16 倍。其中，中央政府负债为 10.66 万亿元（主要是国债），地方政府负债 17.18 万亿元，国有企业负债为 79.07 万亿元，居民负债为 27.03 万亿元。中国全社会负债规模对经济增长的边际效应已经超过"由正转负"的拐点。换而言之，靠信贷或债务规模推动的 GDP 增长方式已经难以为继。如果进一步加大债务规模，将会对经济增长造成负面影响。此外，还有大量的各类民间融资、金融机构表外融资等难以准确估计。

2. 金融业出现背离实体经济的苗头，实体行业"泛金融化"的现象要高度重视。2007 年后，以金融行业为代表的虚拟经济规模开始加速上涨，远超工业增加值等实体经济的发展规模。尤其是随着我国利率市场化改革的进展，理财资金的运用基本打破了银行体系表内表外融资的区分，打破了银行与非银行金融机构的界限。理财资金的委外业务，也彻底打破了银行与证券之间的区分，银行可以做信贷，可以发债券，可以投股权。

各种经济资源的流动方向是由资本回报效率决定的。粗略计算，以各行业龙头企业为代表的上市公司中，近五年实体经济的平均资本收益率为 9.45%，制造业仅为 8.38%，而金融企业资本收益率平均为 18.68%。由于虚拟经济与实体经济资本回报的差异，混业的结果必然是金融吸纳资金，资金脱离实体经济进入虚拟经济，两者之间的失衡愈演愈烈。

从实质上看，没有相应实体经济支撑的虚拟经济，其实就是泡沫经济，会带来社会财富不公平流动。2015 年股市的暴涨暴跌、2016 年螺纹钢等大宗商品期货的巨额交易以及大量的 P2P 公司跑路，金融脱离实体经济自我发展是重要因素之一。

3.如何稳妥去杠杆。思想认识上要深刻领会去杠杆的本质内涵，彻底抛弃试图通过宽松货币加码来加快经济增长、做大分母降杠杆的幻想，理念要从表面逐步深化，不能仅为降杠杆而降杠杆，既要治标更要治本。工作方向上要准确判断困难的性质和要害程度，明确不同阶段工作的着力点，体现出工作的专业性和专注性。具体工作上要把控好度，要积极稳妥推进去杠杆，既不过头，也防不及。

4.金融要回归本原。"权威人士"对股市、汇市、楼市都给出了明确的发展方向，为从本质上的降杠杆做好铺垫：总要求上，股市、汇市、楼市都要回归到各自的功能定位，尊重各自的发展规律，不能简单作为保增长的手段。股市要立足于恢复市场融资功能、充分发挥市场机制的调节作用；汇市要立足于提高货币政策自主性、发挥国际收支自动调节机制；房子是给人住的，这个定位不能偏离，要通过人的城镇化"去库存"，而不应通过加杠杆"去库存"，逐步完善中央管宏观、地方为主体的差别化调控政策。

（杨军　中国建设银行副总经理兼市场风险部总经理、中共中央党校中青二班第 16 期学员）

供给侧结构性改革突破须先"去杠杆"

高惺惟

一、中国经济高杠杆危害中国经济安全

一般来讲，衡量杠杆率的指标分为两种：一种称之为总指标，以国内信贷占 GDP 的比重来衡量，2014 年底，我国国内信贷占 GDP 的比重为169%；另一种称之为分部门指标，即政府部门杠杆率、非金融企业杠杆率、居民部门杠杆率和金融机构杠杆率。政府部门杠杆率用政府债务占 GDP 比重来衡量，2013 年 6 月底，我国政府部门杠杆率为 36.7%[1]。非金融企业杠杆率用企业负债占总资产的比重来衡量，2014 年，我国企业部门杠杆率为 110.8%[2]，这一数值高于德国的 49%、美国的 72%、日本的 99%。居民部门杠杆率用居民贷款占 GDP 的比重来衡量，2014 年，居民部门杠杆率为 30.6%[3]。金融机构杠杆倍数用总资产除以所有者权益来衡量。2014 年底，

---

① 数据来源：审计署《全国政府性债务审计结果》(2013 年 12 月 30 日公告)。

② 数据来源：根据 wind 数据库整理。

③ 数据来源：根据 wind 数据库整理。

我国的银行、证券和保险的杠杆倍数分别为 15 倍、3 倍和 10 倍 ①。

导致我国杠杆率较高的原因主要包括以下四个方面，一是我国应对国际金融危机采取的刺激计划是导致企业高杠杆率的直接因素。二是流动性充裕，银行提高效益的愿景迫切是非金融企业杠杆率高企的外部因素。三是企业投资欲望强烈，但融资方式单一，加大了高杠杆率。四是影子银行规模迅猛发展，助推企业高杠杆率。

我国的供给侧改革为什么要去杠杆？主要原因是高的经济杠杆率存在风险隐患。第一，杠杆水平抬升是金融危机的先行指标。国际上普遍存在一个"5—30"规则——即主要经济体在金融危机爆发前杠杆率急剧上升，通常危机爆发前的五年时间内信贷占 GDP 的比重会上升约 30 个百分点。中国国内信贷占 GDP 的比重从 2008 年的 121% 迅速上升至 2012 年的 155%，上升 34 个百分点。34% 确实意味着信贷过度扩张，应当引起监管机构的警惕。第二，地方政府短期债务较多，存在流动性风险。我国的地方政府债务大多投向基础性、公益性项目，投资期限较长，资金回收慢。地方政府债务与资金使用期限错配严重，政府的再融资压力大，流动性风险需要关注。第三，与其他经济体的非金融企业杠杆率水平相比，我国非金融企业部门杠杆率确实偏高。杠杆率上升到一定程度，利率自然上升，企业财务成本不断增加，债务风险日渐积累，进一步弱化企业投资能力，对企业长期可持续盈利能力带来较大负面影响。第四，居民部门负债结构主要为住房抵押等消费性贷款，风险来自房地产市场。除了房地产行业的相关企业自身是债务融资的重要主体外，土地及房地产还是政府部门、非金融企业、居民及家庭等各类经济主体融资的重要抵押品。大量抵押品价值的稳定将直接影响到金融企业信贷资金和整个债务链条的安全性。第五，金融机构过度杠杆导致系统性风险增加。当金融机构债务规模过大、资产负债表杠杆程度过度时，用于抵御风

---

① 数据来源：中国人民银行。

险的资本基础越薄弱；银行系统中脆弱性机构越多，抵御外部冲击的能力越弱。如果出现触发事件，单个或多个机构发生危机的可能性越大，金融市场功能被冲击破坏的概率越大，系统性风险隐患大为增加。

由此可见，过度和不当运用金融杠杆会产生巨大的风险，高杠杆率使金融机构内在脆弱性更高，金融衍生工具的杠杆效应使金融体制脱离物质基础，金融机构过度杠杆导致系统性风险增加，过度杠杆加深关联度，进一步放大系统性风险，导致风险传染链条深入到全球经济的各个方面，使得危机从金融领域蔓延到整个经济领域进而造成经济危机。

二、中国经济"去杠杆"路在何方

观察美国本轮去杠杆，成功经验在于：企业部门去杠杆的同时很快去除了无效产能，允许并推动企业破产、重组；低利率政策降低了被动加杠杆企业的债务扩张速度；结构性减税政策有利于居民消费和企业投资；推动了企业创新和产业升级，服务业吸纳大量就业；资本市场和股权融资发达是去杠杆成功的重要原因。日本的教训则是严重依赖银行体系，去产能不畅，存在大量"僵尸企业"占用大量金融资源。国际经验表明，成功的去杠杆都伴随着成功的产业升级[1]。目前，中国已进入通过结构调整和产业升级来提升劳动生产率和推动经济增长的时代。要正确认识去杠杆问题，一方面要警惕高杠杆带来的风险，另一方面也不可盲目采取去杠杆措施。在调节杠杆过程中，应该把握好各类经济主体之间的联动性。

首先，高度重视保持经济增长稳定的重要性，避免经济增速下滑引发的

---

[1] 程毓：《发达国家去杠杆化对我国的启示》，《当代经济》2013 年第 4 期。

偿债危机[①]。要防止经济出现大起大落，为企业和金融机构的经营创造良好的环境，提高金融体系稳健性，促进企业盈利增长，逐步降低企业杠杆率。同时，通过经济增长促进政府财政收入和城乡居民收入增加，提高其偿债能力，夯实循序渐进去杠杆的经济基础。

其次，金融机构的去杠杆化，与其从资产方入手，不如从资本方入手，即通过直接给金融机构注入资本金的方式实现去杠杆。此举可以在规模不大的清理资产的前提下，显著降低金融机构的杠杆水平，这是缩短去杠杆化周期的重要手段。同时，2008 年的金融危机宣告了美国坚持的市场自律监管理念的失败，金融创新只能分散而不能消除风险。去杠杆的重点就是金融衍生产品的去杠杆化。由于导致过度杠杆的最根本原因是过度的金融创新和衍生品投资，去杠杆化进程就从金融产品的去杠杆化开始[②]。

最后，防止房地产市场价格泡沫破裂可能引发的连锁危机。确保房地产业平稳、健康运行，有利于各类经济主体循序渐进地去杠杆。关键在于如何确保。这里做一个对比更有说服力。我国很多地方，当房地产商卖不动房子、发生流动性困难后，政府往往要求银行将贷款展期，维持表面上的高房价，但实际上这是把风险后移。相比之下，韩国的做法值得借鉴：当房地产泡沫破裂的时候，韩国政府鼓励银行去催贷，商业银行一催贷，房地产商就不得不把房子降价出售，房价不断下调，等到房价下降到合适的价位以后，政府把商品房买过来作为保障性住房。因此，去杠杆要强化预算约束，强化银行和企业的合同意识。所谓"展期"其实就是"违约"，这样做其实就是在掩盖不良率，不利于去杠杆。

---

① 贾康：《新供给之中国式去杠杆》，《第一财经日报》2014 年 11 月 6 日。
② 钟伟：《从金融危机看金融机构的去杠杆化及其风险》，《中国金融》2009 年第 2 期。

三、"去杠杆"最好的方法是预防杠杆率过高

正如治疗糖尿病的几乎唯一方法是预防糖尿病，去杠杆的最好药方是预防杠杆率过高。而预防杠杆率过高的"牛鼻子"就在金融领域。作为现代经济的核心要素，金融在经济发展中扮演着杠杆和助推器的作用，有效利用好金融的杠杆作用，能够高效组织和配置各类资金，极大地促进经济社会的发展进程。但是，过度使用高杠杆，则是引发金融危机的重要原因。要真正解决好我国杠杆率的问题，不能简单就事论事或囫囵吞枣式笼统地谈杠杆率，大框架上还是要结合深化金融改革实现经济的去杠杆。

（一）金融的本质就是适度加杠杆

保持一定的投资总量，既有利于促进国内投资与储蓄平衡，又有利于保持一定的经济增长速度。稳定投资要充分发挥金融的作用，金融的本质就是合理运用杠杆效应，实现储蓄向投资的转化。这要求我国加快金融体制改革，搞活金融，搞活信贷，鼓励金融创新，充分发挥各种金融主体的积极性，运用多元化的融资渠道和各种高效的金融工具把储蓄供给与投资需求有效地匹配起来，把握好金融杠杆的节奏和效率，使之更好地为促进经济发展和结构优化服务。金融改革的运用节奏把握得越好，金融杠杆的效率越高，经济发展的速度就会越快，经济发展的质量就会越高。

（二）强调供给侧管理，需要拓展金融资源有效配置的领域和空间，继续优化融资结构，提高直接融资比重

当前，我国社会融资中依然以银行贷款这一间接融资渠道为主，融资结

构的不完善在一定程度上影响了供给端的管理。我国以银行为主导的间接金融体制具有以下结构性缺陷：一是对创新支持不足，对传统产业和大企业支持过度；二是对新常态的适应力不足，倾向于同业融资以控制信用风险；三是杠杆率不断推升，潜藏系统性金融风险。在融资结构有待优化的情况下，要提高供给体系的质量和效率，增强经济持续增长动力，既要优化银行贷款结构，促进经济结构调整，化解产能过剩，更要加强多层次资本市场建设，提升股权融资比重，发挥好资本市场促进经济创新发展的作用 [①]。资本市场作为优化资源配置的重要平台，对于引导社会资金转化为长期投资，促进企业资本形成具有重要作用。发展多层次资本市场就要丰富资本市场产品种类，完善资本市场产品结构，兼顾场内场外市场，发展多层次的股票市场，进一步拓宽企业直接融资比例，从而降低企业债务，完成去杠杆化。具体来看，首先要进一步加快资本市场改革步伐，改进和完善股票发行机制，增强主板、中小企业板、创业板市场的融资功能。其次要进一步加快新三板建设步伐，大力发展股权融资市场，增强市场活跃程度，充分发挥其作用。最后要加快完善全国中小企业股份转让系统，在清理整顿的基础上将区域性股权市场纳入多层次资本市场体系，从而加快多层次股权市场建设。

（三）金融杠杆的运用关键是创造稳定的货币环境

去杠杆化是超周期调整中货币政策的主基调。中央银行需要继续创新调控思路和政策工具，统筹进行区间调控、定向调控、相机调控，尤其是要加大定向调控力度。就目前的情况来看，中国的货币总量为全球最大，而近些年货币总量的扩张速度也远超欧美日。要实现总体去杠杆化，货币政策必须向紧缩倾斜，同时弱化数量管制策略。应更多利用利率工具调节融资需求和

---

① 周小川：《资本市场的多层次特性》，《金融市场研究》2013 年第 15 期。

规模，引导社会融资规模和广义货币增速在合理区间，最终降低债务杠杆。同时，人民币汇率变化同样是去杠杆化的重要一环。在当前的国内外形势下，人民币应顺势而为，即非美元货币全面贬值，人民币也随之而安，应该是一种好的选择。更为重要的是，人民币的强势必然会导致大量的国际热钱流入中国市场。而国际热钱涌入中国市场，可能打乱中国经济的战略部署。增加人民币汇率弹性，减少热钱流入，同样是货币政策去杠杆化的过程。

（四）允许地方政府直接发债

地方政府搞基础设施建设也好，推进城市化也好，都有一个资金需求，而且基础设施建设往往周期比较长，因此让地方政府发债本来是合情合理的事情，但是中央政府不允许地方政府发债，地方政府只好搞所谓的"金融创新"：通过成立地方融资平台向银行贷款，各类银行都去给地方平台贷款，结果，要么是商业银行短存长贷，要么是地方平台短借长投，总之，风险在不断地积累。与其这样，不如把正门打开，让地方政府直接发债，这样可以减少很多环节，也减少商业银行的风险。

（高惺惟　中共中央党校经济学教研部讲师）

发挥创新驱动在供给侧结构性改革中的战略引领作用

张慧君

推进供给侧结构性改革，是适应和引领新常态的重大创新，其实质就是从决定经济长期增长率的主要因素入手，通过结构性改革与创新，改善资源配置效率，提高全要素生产率，为经济持续健康发展创造不竭动力。在供给侧改革中，创新驱动具有战略引领作用，可以带动其他领域改革的深入推进，有助于加快结构调整步伐，实现经济发展方式的顺利转变。

一、创新是推动结构调整和发展动力转换的关键变量

经济增长是由需求和供给双方力量共同作用决定的。从需求侧来看，消费、投资和净出口是拉动短期经济增长的"三驾马车"。从供给侧看，决定一国长期潜在经济增长率的因素主要包括劳动力、资本、自然资源、技术和制度。在经济发展过程中，伴随劳动力、资本、自然资源等要素投入的持续增加，它们对经济增长的贡献都会出现边际收益递减趋势，这时只有通过创新，推动技术进步和制度变革，才能抵消要素边际收益递减的影

响，提高全要素生产率，推动生产可能性边界向外不断推移，确保经济持续增长。

根据经济学家约瑟夫·熊彼特的理解，创新是把一种全新的生产要素和生产条件的"新组合"引入生产体系的过程。创新的内涵极为丰富，既包括产品创新、技术创新、市场创新，也包括生产要素创新以及制度和组织创新。这些创新对于矫正资源配置扭曲、优化经济结构、培育经济发展新动力发挥着重要作用，是推动当前供给侧结构性改革的关键变量。

首先，创新是克服供需结构不匹配的有效手段。中国经济发展进入新常态以来，经济增长呈现增速换挡趋势。为了遏制经济下行压力增大趋势，政府主要采取扩大总需求的方式来提振经济增长，但效果不甚理想。其中一个重要表现就是消费需求依然乏力。导致消费需求不足的一个重要原因在于，国内商品供需结构不匹配抑制了居民的消费意愿。从最近出现的"海外购物狂潮"看，中国居民的消费潜力是惊人的。2015年，我国公民出境旅游人数达到1.2亿人次，境外消费高达1.5万亿元人民币，其中至少7000亿—8000亿元用于购物。中高收入阶层境外购物占相当大的比例，并从主要购买奢侈品牌、高档品牌转向高质量的、性价比合适的日用消费品。境外消费旺盛折射当前我国消费尤其是中高端消费供需结构矛盾，即国内普通的低端商品生产过剩，而高品质的中高端商品供应不足。解决这一问题的关键，还是要通过产品、技术、市场等领域的创新，为消费者生产出更多质量好、安全性高、舒适度强、个性化鲜明的商品，为消费者提供更多优质高效的服务（如适合国人的健康、医疗、养老服务），促进消费结构加快升级，进一步释放消费潜力，从而形成以创新带动有效供给、以有效供给刺激有效需求的传导机制，真正化解供需结构性矛盾，实现总需求的扩大。

其次，创新为产业结构优化升级奠定坚实基础。中国的三次产业结构已经出现明显改善，2015年三次产业占GDP的比重分别为9%、40.5%和

50.5%，其中第三产业比重首次突破50%，产业结构继续保持优化升级的势头。尽管如此，我国经济发展中长期存在的一产不稳、二产不强、三产不足的问题仍没有发生根本性改变。主要表现为农业现代化程度不高，农业产业化和社会化基础薄弱，农业的生产经营效益较低；制造业大而不强，传统产业产能严重过剩，企业盈利能力明显下降；服务业占比仍然偏低，尤其是现代生产性服务业、高端生活性服务业发展明显滞后。促进产业结构进一步优化升级，同样离不开创新的力量。对农业而言，通过完善农村基本经营制度、促进土地有序流转、构建农业社会化服务体系等制度创新，可以提高农业的集约化、产业化、社会化程度，通过加大农业科技创新力度，能够提升农业现代化水平。对制造业而言，把技术创新、产品创新、商业模式创新、品牌创新等多种手段运用到产业结构升级中，可以促进产业体系从价值链低端向中高端迈进。对服务业而言，将创新融入服务生产和消费的各个环节，可以进一步优化其内部结构，推动生产性服务业向专业化和价值链高端延伸、生活性服务业向精细和高品质转变。

最后，创新为跨越"中等收入陷阱"提供强大动力。2015年，中国人均GDP接近8000美元，进入中等偏上收入国家行列，处于跨越"中等收入陷阱"的关键阶段。依据国际经验，一些国家之所以落入"中等收入陷阱"，主要原因在于没有及时转变经济发展方式，导致经济增长动力不足，最终陷入经济停滞状态。当前，中国也面临发展方式和动力转变的严峻挑战。一方面，受劳动力、土地、资源环境等要素成本上涨的影响，中国在低端产业具有的低成本优势正在不断削弱；另一方面，在高端产业尚未形成新的竞争优势，从而陷入发展动力转换的空当期，导致经济增速放缓。对中国而言，能否成功跨越"中等收入陷阱"，关键在于通过持续深入的全面创新，培育新的竞争优势，从而为经济持续健康发展注入新动力。

二、深入推进和实施创新驱动发展战略

党的十八届五中全会提出，必须把创新放在国家发展全局的核心位置，不断推进理论创新、制度创新、科技创新、文化创新等各方面创新。在全面创新中，科技创新处于核心位置，对其他领域创新具有引领作用，是促进经济增长的第一驱动力。经济发展史不断证明，世界范围内的每一轮科技革命都会推动产业结构的巨大变革和生产力的飞速发展，也会孕育出新的经济增长点。正如诺贝尔经济学奖得主西蒙·库兹涅茨所言："我们可以肯定地说，以科学发展为基础的技术进步——在电力、内燃机、电子、原子能和生物领域——成为发达国家经济增长的主要源泉。"发挥科技创新的引领作用，必须深入实施创新驱动发展战略，不断深化科技体制改革，激发创新主体活力，提升创新要素的配置效率。

第一，加强基础研究和原始创新，加快提升创新能力。基础研究水平的高低决定一国整体科技创新能力的强弱。通过基础研究形成的原始创新成果，可以转化为具有自主知识产权的核心技术。我国经济发展进入新常态，许多产业大而不强，处于全球价值链的中低端，关键核心技术受制于人，一个关键原因在于基础研究积累不够。统计数据显示，中国基础研究所占比重不到5%，仅为发达国家的1/4。基础研究投入不足，导致中国缺乏原创性、颠覆性创新成果，核心技术领域也难以取得重大突破。作为"公共产品"的基础研究，能够产生"外溢效应"，其研究成果可以使众多部门和产业发生技术突变，但由于资金投入大、研发周期长，且具有不确定性，常常面临私人部门投资不足的问题。这就需要国家加大支持力度，包括建设支撑基础研究的平台（如国家重点实验室和研究基地），组建处于科学前沿的高水平研究团队，组织跨领域的大科学计划和大科学工程，力求在世界前沿科学、尖端技术领域取得重大突破。

第二，强化企业的创新主体地位，培育具有国际竞争力的创新型领军企业。企业是市场的主体，最了解市场对创新的需求，对市场供求关系和创新需求最为敏锐，最能发现和把握创新的方向，能够使科技创新与市场需求有效对接。科技创新成果只有通过企业的应用，才能实现商业化，产生经济效益。总体而言，中国企业技术创新能力较为薄弱，企业创新主体地位和主导作用发挥尚不充分。2013 年，规模以上工业企业中有研发活动的企业所占比重仅为 14.8%，研发支出与主营业务收入之比仅为 0.8%，明显低于发达国家 2%—4% 的水平。这些因素削弱了企业的自主创新能力，致使其产品的技术含量和附加值较低。此外，企业创新人才缺乏。我国企业科技人员占企业从业人员比重不到 10%，发达国家如日本高达 30%。由于受到研发条件和收入待遇方面的限制，顶尖科技人员向外企或外资在华研究机构流失的状况十分突出，跨国公司通过各种方法吸引各行业顶尖科技人才，加大了国内企业技术创新和技术追赶的难度。因此，要通过市场机制的引导，使企业真正成为创新主体，使其在创新决策、研发投入、科研组织、成果转化方面发挥主导作用。

第三，构建产业技术创新联盟，促进科技与经济深度融合。从创新强国的经验看，高校、科研院所和企业之间形成紧密合作的产业技术创新联盟，能够缩短从基础研究到产业化的周期，促进创新成果转化为现实生产力。与科技强国相比，中国尚未形成产学研合作创新的有效机制。由于科研评价机制和利益导向不同，高校、科研院所和企业的创新严重分化，科研成果转化率只有 10% 左右，明显低于发达国家 40% 的水平。因此，要不断深化科技体制改革，完善科研成果评价机制，建立以企业为主导的创新联盟，推动不同科研主体进行协同创新；强化技术和知识产权交易平台建设，构建从实验研究、中试到生产的全过程科技创新融资模式，加快科技成果产业化的速度。

第四，构建有效的激励结构，激发科研主体的创新活力。科技创新要取得重大突破，关键在于激发广大科研人员的积极性、主动性和创造性。尤其是要构建强有力的激励机制，充分吸引和汇聚科技人才，使他们能够心无旁骛地从事科研工作，为社会作出重大贡献。这就需要改革原有的科技管理体制和经费分配制度，使创新领军人才在使用和分配资源与经费方面拥有更多自主权，提高创新要素的使用效率。一是要改革现有的科技人事管理体制，从传统的人事管理转变为人力资源管理，使创新人才在人力资源使用、安排、处置等方面有更大自主权和最终决定权。二是改革现行科研项目和资金管理体制，建立符合科研规律、高效规范的管理制度。三是实行以增加知识价值为导向的分配政策，提高科研人员在成果转化收益中所占比重。四是改革科研评价体系，对基础研究成果和应用性研究成果采取分类评价，充分体现出其各自的价值。五是减少对创新过程的直接行政干预，在研发方向、技术路线的选择上，赋予创新团队更大决策权。

第五，加大人力资本投入力度，实现从"人口红利"到"人才红利"的转变。人均人力资本水平是决定全要素生产率的重要因素之一。所谓人力资本是指劳动力通过教育、培训和经验获得的知识与技能的总和，它包括在早期儿童教育、小学、中学、大学和成人在职培训中所累积的技能。人力资本的积累是推动创新、实现经济持续增长的一个重要源泉。后危机时代，发达国家把加大人力资本投入，作为推动创新的重要战略支撑。例如，奥巴马政府围绕重振制造业的目标，提出一套"从摇篮到职业"的人力资本投入计划，促进创新性人才和技术工人的培养。对中国而言，应当围绕创新驱动和产业升级目标，加大对包括基础教育、高等教育、职业技术教育在内的整个教育体系的投入力度，深入改革和不断完善教育培训模式、专业课程设置以及教育评价标准，持续提升全社会人力资本水平，将原有的"人口红利"转化为"人才红利"。

三、在创新发展中用好政府和市场两只手的力量

在创新发展中，政府和市场既要形成优势互补的格局，又要根据经济发展阶段的变化，对自身角色和职能进行动态调整。在一国经济发展初期，受资本短缺、研发投入不足以及人力资本存量较低的影响，单纯依靠市场，不能获得足够的技术供给，政府在推动创新过程中可以发挥主导作用。政府可以通过对先进技术的引进、消化和再创新，实现对发达国家的技术追赶。随着经济发展和整体科技水平的提高，一个国家将逐步接近世界技术前沿。这时，哪些技术具有市场前景、哪些创新能够引领未来发展方向将变得不明确，因而政府必须把更多的决策权交给市场主体，让市场做出判断，用竞争机制筛选出有发展前景的创新。政府在创新发展中的职能定位也要发生相应的转变。

党的十八届五中全会提出，"推动政府职能从研发管理向创新服务转变"，为更好发挥政府在促进创新中的作用提供了一条根本准则。这意味着政府要从对研发活动进行直接管理，转向营造一个促进创新的普惠性制度环境，为企业和科研机构创业创新提供优良的公共服务和政策支持。一是通过对知识产权的清晰界定和严格保护，使创新主体的个人收益与创新成果产生的社会收益之间的差距尽量缩小，为创新主体从事科研创新提供有效的激励机制。二是打破行业垄断和市场分割，构建鼓励创新的公平竞争的市场环境，为广大企业创新发展开拓更广阔的空间。三是加快政府职能转变，通过简政放权，培育支持大众创业、万众创新的良好环境，鼓励各类市场主体开办新企业、研发新产品、开拓新市场、培育新产业。四是构建促进创新的公共服务体系，尤其是加强政府对创新的宏观引导，完善国家科技咨询制度，加大对基础研究的支持力度，加快创新基础设施建设，形成多元化的社会融资渠道。同时，优化创新人才培养环境，营造支持创新、包容创新的社会文

化氛围。创新具有不确定性，因此，一定要为创新活动提供一个宽容的制度环境。特别是当某些创新因改变原有利益格局，遭到行业利益集团抵制并对政府施压时，政府应采取"等等看"的态度，避免采取过度规制，将创新扼杀在摇篮里。

（张慧君　中共中央党校经济学教研部副教授）

转变政府职能是供给侧结构性改革的重要内容

孙小兰

供给侧结构性改革是中央针对我国经济发展全局作出的重大战略决策。党的十八届三中全会报告指出："经济体制改革是全面深化改革的重点，核心问题是处理好政府和市场的关系，使市场在资源配置中起决定性作用和更好发挥政府作用"，实际上这就是供给侧结构性改革的核心。转变政府职能，降低制度性交易成本，减少行政审批事项，优化政府职能结构，还原市场配置资源的决定性作用，这是转变政府职能，推进供给侧结构性改革的重要内容。因此，做好"放""管""服"，促进"三去一降一补"，推动供给侧结构性改革，才能使经济社会持续健康发展。

一、供给侧结构性改革要正视政府职能转变的困难

在新常态下，经济增长速度从高速转为中高速，经济结构要不断优化升级，发展的动力从要素驱动、投资驱动转向创新驱动。目前要进一步推进供给侧结构性改革，必须正视政府职能转变的困难。改革开放以来我国的政府体制改革一直在推进，转变政府职能一直是改革的重要内容，但政府体制进

入了改革的"深水区",政府职能的现状仍然兼有计划和市场的两重属性,如何向积存多年的顽瘴痼疾开刀,仍然是个难题。这些障碍主要表现在:

第一,政府仍然管得太多。

受传统体制的影响,政府一向是"事无巨细,包揽一切"。虽几经调整,由"全能型"转向服务型政府的目标仍差距较大。从传统计划经济转向现代市场经济的过程中,政府职能一直在随着改革的深入而发生转变,但相对于市场经济的要求而言,这种转变还不够,甚至在主要方面是滞后的。政府在不同程度上充当了市场中一个重要的竞争主体的角色。目前经济生活中出现的无序竞争、过度竞争乃至恶性竞争现象,其背后或多或少有着政府竞争的影子。政府过多介入市场的微观层面,就很难从一个全局的层面去调控经济,很容易削弱中央政府宏观调控、地方政府市场监管、社会管理、公共服务和保护环境等服务型政府的目标职能。

第二,政府配置资源的权力太大。

法律没有对中央和地方进行严格的事权划分,虽然地方有部分立法权,但范围不清。政府的高度集权导致整个行政系统缺乏活力,还容易引发信息失真,决策失误,效率低下。政府权力过于集中,国家垄断资源太多,会影响以市场为基础的资源配置方式,阻碍改革的推进。

政府的配置资源的权力过大,还容易导致经济的不平衡。比如通过权力融资、税收、收费或者销售土地等方法,政府有了钱,之后再去投资,这还会引起经济的不平衡。计划经济条件下,资源的配置都是由政府来实现的。在市场经济体制下,政府不应再是资源配置的主体,资源配置主体是市场而不是政府,资源的配置方式是以市场为基础来完成的。市场经济条件下,有些资源仍然需要政府来参与配置的比如我国的土地资源、政府的消费、公共建设项目等。政府参与配置,也应该采取市场经济的通行做法,而不能一概采取行政手段来强行实现。比如土地不能批租,必须拍卖;公共建设项目不能审批,而要招标;政府消费方面,政府不能随便买东西,要搞政府采购等。这些都是市场经济的通行做法。

特别值得注意的是：如果政府配置资源的权力过大、继续保持干预企业的权力，就会相应产生一个寻租空间，导致腐败。有的时候让政府退出它应该退出的领域，就会触及一个利益问题，改革的难度就变得更大。因此，一方面，政府应放权，给老百姓更多的自由和机会，另一方面，要关注垄断问题。

第三，组织结构不合理。

首先是政府职能结构不合理。各级政府应承担什么职能？中央政府与地方政府之间有些职权划分不规范，某些职权具有较大的重合性。中央政府和地方政府各从什么角度管？管到什么程度？都没有明确的法律规定。

其次是政府机构仍然过多。政府机构林立，管了许多不该管、管不了和管不好的事情。政府错位、缺位和越位同时存在。在政府管理部门，经济管理所占比例较大，而社会管理和公共服务所占比例偏小，没有充分体现科学发展观的要求，也没有充分反映政府职能变化的新趋势。

另外管理分散的问题一直没有得到解决。管理分散，不仅浪费了大量的公共资源，而且也造成了部门分割和效率低下等弊端。这些都是优化政府组织结构迫切需要解决的问题。

第四，决策机制、执行机制、监督机制不完备。

政府部门职能交叉、扯皮、部门分割、资源分散与浪费、整体效能和公共服务质量低下等问题，仍然普遍存在。合理的、适度的社会分工有助于行政效能的提高。随着分工越来越细，设立的部门越来越多，出现了职能交叉重复和多头指挥，部门之间、部门与社会之间的沟通协调成本加大，部门之间分割进一步加剧，资源分散与浪费，行政整体效能低下等多方面的问题。因此，如何通过组织结构重组、业务流程再造等改革措施的推行，使分工过细的部门能够得到科学设置、职权能够得到有效配置、资源能够得到有效整合，就成为一个大问题。

政府部门的决策权、执行权、监督权之间的关系没有理顺。在政府内部还没有建立起科学的设置机构和有效配置职权，相互制约又相互协调的权力结构和运行机制还未建立，决策机制、执行机制、监督机制不完备。因此，实现决策相对集中、执行专业高效、监督有力到位，是我国十三五期间的重要任务。

二、转变政府职能是供给侧结构性改革的重要内容

供给侧结构性改革，关键还是政府职能的转变，简政放权。政府职能转变的核心仍然是处理好政府和市场的关系，使市场在资源配置中起决定性作用和更好发挥政府作用。首先需要确认转变政府职能的方向。推进供给侧结构性改革，转变政府职能，政府"放手"不是"不管"，而是要加强政府的制度供给，强化市场监管。

推进供给侧结构性改革转变政府职能的方向为：

（一）政府的管理方式由微观管理转向宏观管理，由直接管理转向间接管理

过去"全能政府"通过计划手段操纵社会生活的一切领域，实践证明根本就不可能达到预期效果。当社会主义市场经济发展到一定程度，必然要求政府退出微观经济管理领域，由社会承担起经济管理和规范职能，政府主要以宏观调控的方式干预经济。从现实改革的要求来看，社会主义市场经济要求市场发挥资源配置的决定性作用，需要弱化政府对资源的直接控制，从根本上改变计划经济条件下由政府统一计划、配置人财物的权力模式，把不该由政府管理的事项坚决移交出去，政府在微观经济管理中的一些审批权、核

准权、管理权、制约权也要逐步取消。政府职能从"全能政府"向"有限政府"转变是必然趋势，从原来事无巨细地"包揽一切"转变到对"市场失灵"的矫正。

政府履行宏观调控职能干预经济应该高度注意以下两个方面：一是政府干预应严格限制在市场出现失灵的经济活动领域，在市场机制能够发挥作用，能优化资源配置的领域，政府决不插手，而在市场机制不能有效配置资源的领域才进行政府干预。在微观经济领域，应充分发挥市场机制的调节作用，政府只履行推行规制的职能；而在宏观经济领域，政府可以进行干预。二是政府干预的目的是促使市场机制恢复功能，而不是替代市场。因此，政府退出微观经济管理领域，主要做好以下工作：

首先，战略引导。政府的职能重点转向着重做好发展战略、制定规划、政策和信息引导、市场监督和公共服务等。

其次，宏观协调。政府对市场进行监管，通过财政政策和货币政策等相互配合的宏观调控体系，保证社会总需求和总供给平衡，防止经济周期波动和收入分配差距越拉越大。使国民经济能够持续平稳发展。

最后，改革审批制度。减少行政审批，更好地为市场主体提供服务。政府在经济职能领域发挥好调控者、裁判员和守夜人的角色，为社会主义市场经济的发展创造一个良好的环境。

政府只有从无限政府转向有限政府，由微观到宏观，由行政手段到综合手段，由直接指导到宏观调节，将市场能做的交给市场，才能为建设中国特色社会主义市场经济提供好的服务。

（二）政府的管理内容由"经济建设型"转向"公共服务型"

政府管理重心应随着改革的深化，随着经济社会的变革而发生变化。政府管理的内容如何适应经济社会发展的新形势，确定并完成重心的转移，这成了政府管理创新的一个重要方面。因此，政府管理要适应经济社会发展的需要，既要求政府的管理方式变革，完成从微观到宏观，从直接到间接管理的转变，也需要政府管理的内容作出相应的改革，实现从"经济建设型"政府向"公共服务型"政府的转变。

服务型政府要强化社会管理和公共服务的职能，其中一项重要任务是通过建立各种制度，履行公共服务职能，将提供服务作为政府管理改革的重点内容。这些内容主要包括：

第一，加强公用设施建设，发展医疗卫生事业，健全社会保障体系，形成完善的公共服务体系。

第二，提高公共产品的总量与质量，使公平服务与经济增长协调发展。

第三，建立完善包括科技教育、医疗卫生、社会保障等诸多方面的公共服务制度。

总之，政府管理活动以服务为导向，使政府对市场由原来的控制者、参与者、操纵者转变为指导者、服务者、监督者，从而更好地发挥市场在资源配置中的决定性作用。服务精神是公共行政的灵魂，政府的本质在于服务而非管制。

（三）政府的部门和层级管理要求划分好中央政府和地方政府的职能与权限、处理好行政部门内部的权限冲突

政府的部门和层级管理要求合理划分不同部门和不同层级政府的职能，使政府部门各司其职、各负其责，形成政府管理的合力。从总体上讲，我国中央政府与地方各层级政府履行的基本职能是一致的，但重点有所不同。中央与地方政府要严格依法划分行政事权与财权、人事权。部门之间要解决行政机关分工过细、职能交叉、权限冲突等突出问题。

首先，合理划分中央与地方政府的权限职能。中央与地方政府职能关系

要规范化与制度化，要划分好中央政府与地方政府的职责权限，哪些事务归属中央，哪些归属地方，哪些可由中央和地方共同管理，将各级政府的权力配置、权力与权力的关系、权力的运行纳入法治化体系，并赋予各级政府更多的科学、严格、公正执法的手段，做到政府履行职能有法可依。中央政府的职能是制定经济立法、方针、政策，制定全国经济与社会发展战略目标和长远规划，通过间接经济手段对经济进行调控。各级地方政府的职能是制定地方性的法规，利用地方税加强本地区基础设施建设，改善经济发展的客观条件，发展文化教育事业，科学技术事业和社会保障体系，消除贫困，缓解收入差别等。

其次，按照公共产品、公共服务承担与受益一致、财力与事权相匹配的原则，理顺各层级政府之间的职责。中央政府加强经济社会事务的宏观管理，把更多的精力放在制定战略规划、政策法规和标准规范上，维护国家法制统一、政令统一和市场统一，凡属全国性和跨区域的事务由中央政府负责。地方政府主要是确保中央方针政策和国家法律法规的有效实施，加强对本地区经济社会事务的统筹协调，强化执行和执法监管职责，做好面向基层和群众的服务与管理，维护市场秩序和社会安定，凡属地方性的事务，则由地方自主决定。需要中央政府和地方政府共担责任的事务，由各级政府分级负责，从体制、机制上解决财权事权不对称等问题。

三、供给侧结构性改革亟待政府处理好几大关系

随着社会主义市场经济的发展而变化，政府职能的转变就是政府管理的职责、作用、功能的转换与发展，发生重点的转移。这包括管理职权、职责的改变，管理角色的转换，管理手段、方法及其模式的转变等。政府的职能主要是宏观调控、市场监管、公共服务、社会管理和保护环境，政府需按这

个总要求转变职能。

转变政府职能要处理好的以下几个关系：

（一）政府与市场的关系

现代市场经济的发展表明，政府的职能与市场能力成负相关关系。一个国家市场经济越发达和成熟，市场能力就越大，政府职能发挥作用的余地就越小，反过来，市场经济越不发达，政府职能发挥作用的余地就越大。在现代市场活动当中，总是有政府在起作用的，换句话说，不存在没有政府的市场。因此，处理好政府与市场的关系显得非常重要。

政府对市场的干预是少一点好，还是多一点好？政府该管什么不该管什么？这要研究市场本身的特点。

首先，市场有失灵。一般可以用政府干预来解决，但最主要的还要改善市场的作用条件。不能简单地认为凡有市场失灵的地方就用政府干预来取代市场机制的作用，这肯定是不对的。

其次，市场机制有其作用范围。市场机制主要是为资源配置的效率目标服务，不能把这个范围以外的问题当成是市场的缺陷。

最后，宏观调控是市场经济国家普遍采用的一个手段。但有些情况下宏观调控是政府为了达成多重目标而使用的，而一些目标超出了市场的功能范围。宏观调控不是要限制、取代市场机制，而是在市场充分发挥作用的基础上进行。

因此，政府职能发挥作用，首先要看是否是市场真的做不了的。并不是政府职能用得越多就越好。政府应与市场取长补短、协调共进，促进政府管理工作方式、方法的变革，促使政府的角色定位进行转变，也促使政府开始试行公共服务市场化，引入竞争机制，发挥市场优化配置公共资源的优势，提高政府管理的工作绩效。

（二）政府与企业的关系

在市场经济条件下，政府是为企业服务的，政府的根本目的是为企业服务，正是这一点构成了现代政企关系的基础。为什么在政府和企业的关系上，政府是为企业服务的？因为企业是整个社会的经济基础，也是组织社会生产、分配的最佳和最主要的制度安排。企业也是生产力的载体，企业的运转和成长可以增进社会财富，提高人们的生活福利，使壮有所用老有所依。因此，政府必须明确自己的目的，为企业服务，政府制定一切政策措施的出发点是保障和扶持企业的健康成长。政府对企业的关系不是管理的问题，是服务的问题。随着改革的推进，政府为企业的服务的内容包括：一是维护正常的市场秩序。如查处假冒伪劣、偷税漏税等不正当行为，以维护市场的公平性，使所有的企业在同一个起跑线上，并使市场能够保持优胜劣汰机制。二是用宏观经济政策来维持经济稳定与发展。政府调控应借助市场化手段，而不能靠行政命令。三是保护我国企业的发展。当企业属于正常的市场竞争而与其他国家及地区发生冲突时，政府应该协调和保护本国企业。

总之，政府为了实现经济社会发展的目标，有必要也必须为企业创造一个有利于发展的环境条件，例如抑制垄断、打击非法交易、创造平等竞争机会、提供社会保障制度等等。

（三）政府与社会的关系

政府与社会的关系随着政府职能的转变而发生变化。政府职能从过去的经济管理为主转向社会管理和服务为主。要改变政府对社会事务管理范围过宽，管理重点不突出，办事效率低的状况，充分发挥社会中介组织、群众自治组织和其他力量在管理公共事务方面的作用，形成政府与社会共同治理的结构。大力推行政府机构改革，进一步明确政府及部门的职能，避免职能重复交叉，改变推诿扯皮导致政府职能缺位、失位、越位等问题，做到"到位而不越位"，应该由政府负责的一定要做好，应该社会中介组织来办的，政府依法管理，应该司法机关独立行使职权的不干预，属群众组织、法人和自然人自主决定的不插手。

政府和社会要调整三个方面关系：

首先责任关系。政府和社会之间的责任关系一直也在变化，比如就业方面，原来个人就业由政府安排，现在是个人自主就业等，责任明确。再比如现在的企业也承担一些社会责任等。政府在现阶段要强化促进就业、调节收入分配的职能，完善社会保障体系，维护社会稳定。

其次是权利关系。过去政府负全责，拥有全权。但怎么尊重社会权利对于政府来说还是一个新问题。政府怎样由一个全责全能转变成一种有限责任这样一种状态，还需要政府和社会在权利方面进行重新界定。

最后是资源配置方面的关系。市场经济的资源渠道多元化，利益也多元化。如何使政府和社会的资源合理、科学地配置是个很重要的问题。处理好了就可以推动社会事业的发展，反之就会引发很多社会矛盾。探讨政府与社会如何在资源配置方面形成一种互补、合作的关系，这是我们今后的着力点。

政府与社会之间关系发展的方向将是政社分开，社会自立，在整顿、规范社会中介组织的同时，充分发挥它们的作用。一方面要求社会具有相对的独立性；另一方面，要求政府承认并尊重社会及其各种组织的相对独立性，实行有限度的政府干预和调节。最终形成政府与社会之间互相合作的良性互动机制。

四、供给侧结构性改革需要加快建设服务型政府

"十三五"规划的重要目标之一是要努力建设法治型公共服务型政府，政府是人民的政府，全心全意为人民服务是政府的唯一宗旨，政府一切工作的出发点和落脚点都是为了实现好、维护好、发展好最广大人民群众的根本利益。加快政府职能转变，转职能，提效能，促进去产能、去库存、去杠杆、降成本、补短板，目前应以"放管服"改革为突破口，持续简政放权、规范市场监管、提供良好服务。同时，推进供给侧结构性改革，加强政府的制度供给，强化市场监管，维护公平竞争的市场秩序。

（一）健全政府职责体系，提高经济调节和市场监管水平，强化社会管理和公共服务职能

健全政府职责体系，依法明确各级政府公共服务的职责权限。持续深入简政放权，降低制度性交易成本。转变政府经济职能，建设服务型政府总的指导思想是：市场在资源配置中起决定性作用，更好发挥政府作用。政府不直接干预微观经济活动，凡是市场本身能做到的，让市场完成。我国政府主要的经济职能是：

一是做好宏观调控。保持宏观经济的稳定是整个国民经济正常运行的基本前提，政府对宏观经济进行有效调控，促进经济增长、增加就业、稳定物价总水平和保持国际收支平衡。达到引导国民经济持续、稳定的发展。市场经济条件下，政府为稳定宏观经济的通常采用的宏观调控的手段是：规划指导，政策调节和必要的行政手段。

二是加强和改善市场监管。政府对经济运行的监督主要集中在微观经济领域，因此，不能直接插手企业的具体事务，要采用市场经济条件下通常的

监督手段，比如价格监督、质量监督、劳动保护、保护和促进公平竞争等。加强和改善市场监管，更好地维护市场秩序。深化以市场监管领域为重点的综合行政执法改革，全面推行"双随机、一公开"监管，进一步推动部门实行智能和精细化监管。

三是强化社会管理。在改革过程中会出现各种各样的问题和矛盾，怎样解决这些问题和矛盾，这是建设和谐社会的核心内容。因此必须建立一个沟通、诉求、协调、处理和保障机制。随着社会的发展，社会管理的内容、方式、手段等都发生了很大变化，社会管理难度越来越大，而老百姓对完善社会管理要求越来越高，这就需要深入研究社会管理规律，创新社会管理体制，整合社会管理资源，提高社会管理科学化水平，完善党委领导、政府负责、社会协同、公众参与的社会管理格局，加强社会管理法律、体制、能力建设，维护人民群众权益，促进社会公平正义，保持社会良好秩序，建设中国特色社会主义社会管理体系，确保社会既充满活力又和谐稳定。

四是更好地提供公共服务。公共服务就是为大众服务的、基本的、非营利性的服务。因此，优化创新公共服务供给，在补齐公共服务短板上发力。首先必须有非常广泛的覆盖面，不是只对某些人提供服务，是面对所有人。其次是提供基本的服务，如九年制义务教育、新农村合作医疗等。最后必须是非营利性。政府提供公共服务所得不用于利益分配，只能用于公共事业发展。公共服务是供给体系中的重要一环，也是短板。在推进供给侧结构性改革中补短板，必须强化政府提供公共服务的职能，优化创新公共产品和公共服务供给，政府主要通过立法、行政、经济等多手段来实现目标。比如建立公共服务制度，这些制度包括义务教育制度、社会保障与社会福利制度、公共医疗卫生制度、科技补贴制度、公共基础设施建设制度、公共收入与公共支出制度、公共服务参与制度、社会合作制度等，向公众提供优质的公共产品和服务，来满足全体公民最基本的公共服务需要，使老百姓真正老有所养、贫有所助、病有所医、幼有所教。

基本公共服务要实现三个目标，必须强化政府保基本、兜底线的职责：第一广覆盖，使基本公共服务覆盖城乡全体公民。第二，促均等，逐步实现基本公共服务的均等化，消除基本公共服务领域的城乡差别、地区差别和不同阶层、不同人群之间的差别。第三，上水平，基本公共服务水平是随着经济社会发展水平的提高而不断提高，不可能一劳永逸。

五是保护环境。理论上说公共服务可以包括环境保护，但在目前我国生态环境形势十分严峻的情况下，有必要单独列出。在这一问题上，政府干预不是太多了，而是太少了，不是越位，而是远没有到位。

另外，政府还要调节收入分配。收入再分配主要通过税收杠杆、财政转移支付和政府投资行为等方式来实现。

（二）加快推进政企分开、政资分开、政事分开、政府与市场中介组织分开，调整和规范政府管理的事项，深化行政审批制度改革，减少政府对微观经济活动的干预

要做到政企分开、政资分开、政事分开、政府与市场中介组织分开，首先要将那些不该政府管的事项转移出去。要解决这个问题，除了转变观念外，最主要的就是立法，完善法律制度，将政企之间、政资之间、政事之间和政府与市场中介组织之间各自的功能范围划清楚，实现政府责权的法定化。

推进行政审批制度改革，能使政府组织及人员保持较大的整合效能和保持较好的工作状态，能合理设定行政程序和规范各行政主体的行为关系，也有助于克服政府工作中的官僚主义、形式主义，推动政府自身建设，提高服务基层和群众的能力和水平。一是减少审批项目。规范审批项目的操作规程，健全运行机制。二是研究除审批外的通过其他方式来监管项目。三是加

快相关的配套制度建设。四是清理规范中介组织。逐步建立政府部门依法监管、社团和行业组织自律管理、中介组织依法执业的制度。凡能由市场调节、企业自己决定、中介机构能提供服务的事项，政府坚决退出不再审批，减少政府对微观经济活动的干预，让企业真正成为市场主体。这样政府才有精力来提供更多更好的公共服务。

（三）继续优化政府结构、行政层级、职能责任，坚定推进大部门制改革，着力解决机构重叠、职责交叉、政出多门问题

目前政府的优化结构、行政层级、职能责任，要根据精简、统一、效能的原则和决策、执行、监督相协调的要求分为三个环节来规范部门职能，建立健全决策权、执行权、监督权既相互制约又相互协调的权力结构和运行机制。要按照一件事情由一个部门管理和权责一致的原则，解决财权事权不对称等问题。

要坚定推进大部门制改革。大部门制指的是各级政府部门在机构设置上，加大横向覆盖的范围，将类似职能尽量集中在一个大的部门之中，以实现精简、统一、效能的原则和决策权、执行权、监督权既相互制约又相互协调的要求，达到政府管理转变职能、理顺关系、优化结构、提高效能之目的。目前大部门制改革仍处在爬坡阶段，在实践中仍遇到很多体制、机制以及思想认识、工作习惯等方面的阻力，面临着不少急需解决的困难和问题。但还要进行推进。大部门制改革通过对部委的合并或分拆，建立较少数量的大部门以促进职能整合，摆脱因职能过细引起的部门利益和横向协调困难，强化政府的宏观调控，突出公共服务能力，理顺政府与社会、政府与市场的关系，把政府手中的一部分权力还给市场和社会，打造法治型服务型政府。

（四）深化各级政府机关事务管理体制改革，降低行政成本

衡量政府管理是否成功，最终要看政府的工作目标是否实现、效能是否提升、行政成本是否降低、是否实现了"低投入、高产出"。作为行政管理体制改革重要内容的机关事务管理体制改革，应该按照政府机构改革的要求，进一步转变职能，优化组织结构，推进体制机制创新，这也是建设服务型政府节约型政府的要求。降低政府行政成本，必须认真解决政府运行成本盲目膨胀、管理成本过高，职务消费失控，奢侈浪费严重的问题。

为此，有必要继续实施绩效管理。运用科学的方法、标准和程序，对政府机关的业绩、成就和实际工作作出尽可能准确的评价。绩效评估是手段，绩效提升是目的，这是引导政府及其工作人员树立正确导向、尽职尽责做好各项工作的一项重要制度，也是实行行政问责制的前提和基础。有了绩效评估的结果，行政问责才有可靠的依据。

总之，通过政府职能转变，简政放权降低供给成本，增加有效供给，才能找到结构性改革的突破口。就像习近平总书记指出的那样：推进供给侧结构性改革，不能因为包袱重而等待、困难多而不作为、有风险而闪避、有阵痛而不前，要树立必胜信念，坚定不移把这项工作向前推进。以创新思维深入推进政府职能转变。

（孙小兰　中共中央党校经济学教研部教授）

供给侧结构性改革：
基本公共服务供给与实现共享发展

梁　朋

党的十八届五中全会提出了共享发展的新理念，并且指出共享是中国特色社会主义的本质要求，必须坚持发展为了人民、发展依靠人民、发展成果由人民共享。那么，如何使共享发展的理念充分体现在各级政府的决策中，如何作出更有效的制度安排，将共享发展理念切实落到实处？笔者认为，进一步有效推进我国的基本公共服务均等化，是一条可行的现实路径。

一、基本公共服务是推进供给侧结构性改革和
实现共享发展的重要载体

所谓基本公共服务，是指建立在一定社会共识基础上，由政府主导提供的，与经济社会发展水平和阶段相适应，旨在保障全体公民生存和发展基本需求的公共服务。基本公共服务范围，一般包括保障基本民生需求的教育、就业、社会保障、医疗卫生、计划生育、住房保障、文化体育等领域的公共服务，广义上还包括与人民生活环境紧密关联的交通、通信、公用设施、环

境保护等领域的公共服务，以及保障安全需要的公共安全、消费安全和国防安全等领域的公共服务。享有基本公共服务属于公民的权利，提供基本公共服务是政府的职责。基本公共服务均等化，指全体公民都能公平可及地获得大致均等的基本公共服务，其核心是机会均等，而不是简单的平均化和无差异化。推进基本公共服务均等化的过程，就是在全国范围内逐步缩小公共服务的城乡差距、减少公共服务的区域差距和服务人群阶层差距，实现人民群众生存、生产、生活和创业发展条件与环境的公平，是共享发展理念在现实中的具体体现。因此，推进基本公共服务均等化是实现共享发展理念的有效载体。

（一）基本公共服务天然具有共享性

基本公共服务作为典型的公共产品，具有以下特征：第一，效用的不可分割性。即公共产品是向整个社会共同提供的，而不能将其分割成若干部分，分别归个人或集团消费。第二，消费的非排他性。即某个人或集团对公共产品的消费，并不影响或妨碍其他人或集团同时消费该公共产品，也不会减少其他人或集团消费该公共产品的数量或质量。第三，取得方式的非竞争性。这里的非竞争性是指消费者的增加不会引起生产成本的增加，即增加一个消费者所引起的边际成本为零，因此价格也为零。

由于具有上述特征，使得基本公共服务具有最广的覆盖面和包容性，几乎每一个社会成员都会从基本公共服务的改善中受益，普遍增强获得感，而且基本公共服务是从保障人的基本生存权利和发展权利入手，低收入人群和社会弱势群体从中得到的效用满足感会更高、更为直接，同时高收入人群和强势群体也能从中分享到诸如社会矛盾缓解、社会秩序稳定、自然环境和营商环境改善、人力资本提升等诸多好处，因此提高基本公共服务和促进均等化的过程，能够得到社会各阶层普遍认同和支持，具有很高的社会共享性。

（二）提供基本公共服务是政府责无旁贷的责任

正是由于基本公共服务具有效用的不可分割性、消费的非排他性、取得方式的非竞争性这些特征，决定了基本公共服务的提供是非营利性。即提供基本公共服务不可以也不可能以追求商业利润为目标，所以不能完全通过市场机制来实现基本公共服务的有效提供和配置，因此向全体人民提供基本公共服务是政府责无旁贷的责任，构建基本公共服务体系是政府转变职能的重要方面。

当然政府对如何提供基本公共服务可以有多种形式，有些需要政府直接提供，有些则可以通过政府购买、特许经营、委托代理、服务外包等形式由企业、行业组织、民办组织或社会中介机构提供。但无论基本公共服务以什么方式提供，其支出责任在政府，主要应由财政负担是毫无疑问的。

（三）推进基本公共服务均等化是解决当前诸多矛盾的切入点

改革开放以来，我国经济经历一个高速增长时期，取得的成绩有目共睹。但是必须清醒认识到，发展方式粗放，不平衡、不协调、不可持续问题仍然突出，当前面临的许多问题、矛盾和挑战，正是与长期对基本公共服务投入不足、基本公共服务的提供不均等密切相关。例如，城乡之间的差距、地区之间的差距、居民之间的收入差距，很大一部分其实是由于基本公共服务上存在着较大的差距而导致的。而有效需求乏力和有效供给不足并存的现状，其中主要的短板也是在基本公共服务供给方面。生态环境恶化的趋势更是我国在环境保护和治理这一最典型的公共产品提供上，长期忽视所导致的恶果，如此等等。目前我国人均国内生产总值已经达到 7924 美元，初步进入中等偏上收入国家行列，为避免落入"中等收入陷阱"，我国政府应在再分配环节更加注重公平的原则，通过财政支出调整收入分配格局，切实解决好城乡差距、地区差距以及居民收入分配差距过大问题，同时又不能给社会稳定和经济发展带来太大的冲击，因此必须找到一条稳妥而又十分可行的突围路径。当前通过政府职能转变，增加基本公共服务投入，推进基本公共服务均等化，提高基本公共服务的保障水平和均等化水平，补齐经济社会发展的短板，既是解决社会不公等诸多问题和挑战的现实路径，也是转换经济增长动力、释放发展活力的最好选择，因此"十三五"规划在多处提出健全公共服务体系，稳步提高基本公共服务均等化水平等设想。

最后，共享发展作为我们党的执政理念，是中国特色社会主义的本质要求。共享发展理念坚持发展为了人民、发展依靠人民、发展成果由人民共享，使全体人民在共建共享发展中有更多获得感，而共享发展理念要得到切实的贯彻，必须作出更有效的制度安排，目前我国共享发展的实际情况和制度设计都还有不完善的地方。为此，"十三五"规划作出了增加公共服务供给、建立更加公平更可持续的社会保障制度等部署，这充分说明推进基本公共服务及其均等化是实现共享发展的重要载体。

二、目前我国基本公共服务中存在的主要问题

近几年来，我国加大了对基本公共服务领域的投入，我国基本公共服务的状况有所改善。但毋庸讳言，当前我国基本公共服务中仍存在一些十分突出的问题，主要包括：

（一）公共服务型政府尚未建立，公共服务投入的总量不足

改革开放以来，尽管中央政府和各级地方政府保持了以基础教育、基本医疗、社会保障等为代表的基本公共服务领域的投入增长趋势，但无论是从

经济社会发展的需要看，还是从国际视野看，目前我国各类基本公共服务的投入长期欠账太多，仍旧满足不了全体国民日益增长的基本公共服务需求。例如，社会保障和就业，是事关民生的一项重大基本公共服务。2015年我国财政用于社会保障和就业的支出19001亿元，增长16.9%[①]，应该说增长幅度很大，但社会保障和就业支出占全年财政支出的比重仅为10.81%，与一些国家相比，明显偏低（参见表1）。

表1　2012年一些国家中央政府社会保障支出占财政支出比重

国　家	比重（%）
澳大利亚	32.14
美国	32.13
加拿大	46.94
英国	35.65
意大利	48.54
荷兰	36.21
波兰	43.65
俄罗斯	38.67
西班牙	48.03

资料来源：国际货币基金组织政府财政统计库。

同样，我国用于社会保障的总投入也是相对偏低的。2015年财政用于社会保障和就业的支出19001亿元，占当年GDP的比重仅为2.8%，即使加上全国社会保险基金支出38463.97亿元[②]，合计约5.75万亿元，约占当年GDP的8.49%，但与大多数发达国家和发展中国家相比，我国社会保障支出占GDP的比重也是明显偏低（参见表2）。

---

①　参见财政部：《关于2015年中央和地方预算执行情况与2016年中央和地方预算草案的报告》。

②　参见财政部：《关于2015年中央和地方预算执行情况与2016年中央和地方预算草案的报告》。

表 2　2007 年部分国家公共社会保障支出占 GDP 的比重

国　家	比重（%）
澳大利亚	16.02
奥地利	26.42
加拿大	16.86
法国	28.40
德国	25.16
英国	20.54
美国	16.20
日本	18.70

资料来源：《国际统计年鉴（2013）》，国家统计局。

不仅社会保障支出方面如此，在其他一些重要的基本公共服务支出方面，如义务教育、医疗卫生等方面也存在类似的情况。总体上看，虽然我国近期不断加大了政府财政在民生和基本公共服务方面的投入，但由于历史欠账太多，我国在基本公共服务方面的投入仍显不足。

（二）基本公共服务不均等现象严重

基本公共服务均等化，指全体公民都能公平可及地获得大致均等的基本公共服务，其核心是机会均等。实现公共服务均等化，是全面建设服务型政府的要求，也是切实保障人民群众最关心、最直接、最现实的利益，维护社会公平正义，体现党的执政理念和社会主义制度优越性的具体要求。但是由于体制机制有待于进一步完善，城乡区域间制度设计不衔接，管理条块分割，资源配置不合理等等原因，我国目前还存在比较严重的基本公共服务不均等现象。主要表现为：

1. 不同地区之间基本公共服务差距悬殊

区域发展不平衡是中国的基本国情。改革开放以来，各地区经济都有很大发展，但区域差距总体上呈扩大的趋势。由于现行体制、政策和地区经济发展水平的制约，基本公共服务水平的区域差距仍然突出。反过来，地区之间基本公共服务差距悬殊，又加剧地区之间经济和社会发展的不平衡。由于目前基本公共服务均等化程度不够，基本上是由各地区按照自身财力状况来提供基本公共产品和服务，其结果有可能导致地区之间的基本公共服务水平差距越来越大。2015年，经济发达的京、津、沪三地的人均GDP都超过10万元人民币，而甘肃、云南和贵州三省的人均GDP还没有达到3万元人民币，虽然各地都加大了对基本公共服务的投入，但由于经济发展水平和财政保障能力的差距，在基本公共服务的提供方面，"强者恒强、弱者恒弱"的格局难以打破，甚至有可能进一步强化。以义务教育为例，普通小学的生均公共财政预算教育事业费，是反映政府在义务教育投入方面的一项重要指标，从该指标看，北京市2013年是21727.88元，2014年达到了23441.78元，增长7.89%，而云南省2013年是6145.38元，2014年是6200.67元，增长0.9%[①]，很明显，无论是从绝对数值还是从相对指标来比较，云南省与北京市在义务教育方面的投入差距都是拉大了。而且，类似的情况还不只是在义务教育这一方面，也不只限于北京和云南这两个地区。显然，目前基本公共服务在各地区之间仍存在较大的差距，而且这种差距还存在进一步扩大的可能。

2. 城乡之间基本公共服务差距较大

由于历史的原因，在我国特有的城乡二元结构下，导致城乡基本公共服务的供给呈现出特有的二元特征，很长一段时期城市基本公共服务主要由政府财政提供，而农村基本公共服务则几乎由农民自己承担。这种偏向城市的基本公共服务供给政策使城乡居民在享受公共服务方面存在着严重的不均等现象。虽然通过近期的农村综合改革，国家政策扶持和投入加大，农村基本公共服务水平有所提高，但因历史上城乡二元分治所造成的差距基数太大，城乡之间基本公共服务的巨大差距难以彻底改善。从统计局发布的数据显

---

① 数据来源：国家统计局。

示，目前城乡之间居民收入差距有所缩小，城镇居民人均收入与农村居民人均收入的比例从 2008 年的 3.3 倍下降到 2015 年的 2.73 倍，但是若考虑到基本公共服务上存在的城乡差别，城乡差距就会扩大很多。因此，除了收入差距之外，城乡之间基本公共服务方面的差距是城乡差距的一个主要方面。

3. 不同阶层之间基本公共服务差距较大

在一个开放的现代社会，社会分层仍然是一个客观事实。社会成员因为经济、政治、社会地位的高低不同而分化为不同的社会阶层。在正常情况下，社会阶层之间是相互开放和平等进入的，人们能够在不同的社会阶层中流动。长期以来，由于我国在基本公共服务的提供方面存在着偏差，一些特权阶层和强势群体享受、占用过多的公共服务资源，甚至存在着过度消费或浪费公共服务资源的现象，而另一方面，广大低收入者及弱势群体所得到的公共服务严重不足，远不能满足他们对公共服务的基本需求，当前不同阶层之间所能够享受的公共服务水平存在着相当大的反差。

总之，基本公共服务不均等是我国经济社会发展中必须认真解决的矛盾，也是影响共享发展的最重要因素。共享发展理念要真正得到落实，推进基本公共服务均等化是关键抓手。

（三）推进基本公共服务均等化的统筹力度不够

虽然我国已经在 2012 年出台了《国家基本公共服务体系"十二五"规划》，但目前在推进基本公共服务均等化时对资源、制度和各方面利益的协调统筹还不够，主要表现在：

1. 由于缺乏统筹，导致基本公共服务"板块式"分化。目前我国各地区经济发展水平和财力水平差距较大，而各地基本公共服务的资金投入主要依靠地方财政。如果缺乏国家层面的统筹规划，由于经济发展水平和财政保障能力的差距，在基本公共服务的提供方面，"强者恒强、弱者恒弱"的格局难以改变，地区之间基本公共服务水平甚至有可能进一步拉大差距。基本公共服务"板块式"分化的背后是与各地不同的基本公共服务标准、政策以及地方财政对基本公共服务的保障能力息息相关，也是国家层面统筹不够的结果。

2. 由于统筹不够，导致一些具体改革方案一出台就有缺陷，各种制度之间缺乏兼容的接口。由于基本公共服务均等化的推进涉及的领域很多，覆盖不同地区、不同阶层和人群，而且是与每个人的切身利益息息相关，如果缺乏国家层面的统筹规划和指导，在一些地方和部门出台具体的方案和措施时，就难免会受地方利益或部门利益的影响，出现这样或那样的问题。例如，促进就业是保障和改善民生的头等大事。各地党和政府高度重视就业工作，纷纷制定出台了一系列政策措施，千方百计扩大就业，但是遗憾的是，很多地方出台有关扶持就业、职业教育、技能培训等政策措施时，经常把能否享受到这些公共服务与户口性质挂起钩来，这显然是与基本公共服务均等化的改革方向相背离的。而由各部门出台的一些改革方案与政策，由于缺乏国家层面的统筹规划，也容易出现部门各自为政，相互之间缺乏衔接，导致相互不兼容、制度之间不能顺畅转换的情况。例如社会保障跨地区转移的问题、农村新农合与城镇居民医疗保障如何兼容的问题、公务员的公费医疗体系如何纳入医保体系的问题等等。由于缺乏国家层面的统筹规划，一些政策和措施从出台开始，就存在先天的缺陷和不足，反而增加了改革的成本和难度。

3. 由于缺乏国家层面的统筹规划，不能高效地配置有限的公共资金和资源。改善民生和推进基本公共服务均等化，绝不只是一句口号，而是需要真金白银的大量资金和资源的投入。由于缺乏国家层面的统筹规划，一方面，有限的公共资金和资源普遍存在着部门分割、分散使用的情况。另一方面，也缺乏对我国基本公共服务体系所需资金、资源的总体测算和谋划，缺乏对资金筹集渠道和方式、如何保持可持续性的整体把握。在一些地方和部门，公共服务资源缺乏整合、分散使用，存在重复投入、重复建设的现象。而有的地方缺乏前瞻性规划，投入不少资金建设的基本公共服务设施很快就成了摆设，导致公共资金和资源的浪费。从国家层面看，一方面民生投入不断加大，资金压力和需求很大；另一方面，资金分散、资金沉淀、资金浪费又导致资金的效率低下。

因此，无论是从目前实践中遇到的问题分析，还是从我国经济社会的长远发展考虑，推进基本公共服务均等化亟须加强全局面的统筹规划、进行科学指导。

三、改善基本公共服务供给，落实共享发展理念

党的十八届五中全会以及我国"十三五"规划对牢固树立共享发展理念，加快推进基本公共服务均等化作出了部署。结合我国当前推进基本公共服务均等化的实际，笔者认为今后要着力做好以下几点：

（一）要从战略的高度认识推进基本公共服务均等化的紧迫性和重要性

实现基本公共服务均等化，对缩小区域和城乡发展差距、促进社会公平公正、维护社会和谐安定有着十分重大的积极作用，是贯彻落实共享发展理念的重要抓手，是全体社会成员共享改革发展成果的重要途径，对我国着力推进供给侧结构性改革，转变经济发展方式有着极大的促进作用，也是中国特色社会主义的本质要求和我国社会主义制度优越性的具体体现。因此，要从战略的高度认识基本公共服务均等化的重要性和紧迫性，各级政府在配置资源特别是财政资源时要时刻把它作为指导原则，把基本公共服务及其均等

化作为各级政府的首要职责，坚持普惠性、保基本、均等化、可持续方向，从解决人民最关心最直接最现实的利益问题入手，增强政府职责，提高基本公共服务供给能力和共享水平。

（二）切实加强对推进基本公共服务均等化的统筹协调

推进基本公共服务均等化，是一个庞大的系统工程，而且事关全国老百姓的根本利益和福祉，在推进中必须要有一个国家层面的综合性、基础性和可操作性的整体规划作为指导。

1.应按照《国家基本公共服务体系规划》的要求，进一步阐明国家基本公共服务的制度安排，明确基本范围、标准和工作重点，引导公共资源配置，设置均等化水平评价指标体系和基本公共服务绩效评价体系，把它作为构建国家基本公共服务体系、推进基本公共服务均等化的指导性文件，作为各级政府履行基本公共服务职责的根本依据，促进城乡区域间服务项目和标准有机衔接。

2.统筹协调与基本公共服务均等化相关的各项改革和资金保障。推进基本公共服务均等化，需要总体性的设计和推进，破除各相关领域的体制性障碍的根源。基本公共服务均等化，既涉及教育、就业、社会保障、医疗卫生、住房、文化体育、基础设施、环境保护、公共安全等相关各领域，又需要通过财税体制改革、政府职能转变来作为保障，目前我国上述很多相关领域的改革已进入"深水区"，有的改革攻坚任务由于久拖不决逐渐成为老大难问题，有的改革涉及比较重大的利益调整，困难和阻力比较大，这时候更需要强调做好国家层面的统筹规划，协调好各方面的利益关系，才能取得实质性进展。因此，在今后各相关领域的改革设计推进中，必须把握住基本公共服务均等化这一个大的方向，避免出台与此相悖的政策措施，在分项改革中统筹进度、加强衔接、预留接口。同时，统筹协调好财政资金和政府资源，加大政府性基金预算、国有资本经营预算与一般公共预算的统筹力度，构建推进基本公共服务均等化的财力保障长效机制，保证推进基本公共服务均等化的可持续性。

（三）以基本公共服务均等化为取向，加快推进我国的财税体制改革

由于基本公共服务主要是由政府负责提供的，因此推进基本公共服务均等化很大程度上是政府提供公共服务的能力均等化。目前现行的财税体制还不能完全适应基本公共服务均等化的需要，必须进行改革和完善。

1. 调整财政支出结构，增加基本公共服务财政投入

在市场经济条件下，政府作为社会管理者，其行为的动机只能是以追求公共利益为己任，通过提供公共服务、满足社会公共需要，为市场的有序运转提供必要的制度保证和物质基础。因此，应按照公共财政的要求，调整财政支出结构，增加对基本公共服务投入。虽然这几年我国已逐步加大各类民生支出占财政支出的比重，但总体上看财政支出中用于基本公共服务方面的投入还是太少，财政支出中仍然存在"缺位"和"越位"现象，财政资金对竞争性行业的投资以及一般性公务行政支出仍旧偏高。因此，通过财政支出结构调整，减少对市场机制能够发挥作用领域的投入和干预，压缩行政成本，可以将更多的财政资金投入到改善民生和完善基本公共服务建设方面来。

2. 健全财力与事权相匹配的财政体制，加强基层政府提供基本公共服务能力

虽然近年中央财政不断加大对地方的转移支付，但从财力与事权的匹配上看，地方政府承担的事权责任较多而可自主支配财力不足，特别是以县级政府为代表的基层政府，在保障基本公共服务的能力方面有所下降。因此，

应通过合理界定中央与地方的事权和支出责任，在加快政府职能转变、明确政府和市场作用边界的基础上，按照法律规定、受益范围、成本效率、基层优先等原则，合理界定中央与地方的事权和支出责任，并逐步通过法律形式予以明确，力争首先在基本公共服务领域划清中央与地方的支出责任。当前基层财力较为困难而支出责任较重，应合理增加中央和省级政府基本公共服务事权和支出责任。同时，结合税制改革，按照税种属性和经济效率等基本原则，研究进一步理顺政府间收入划分，调动基层政府提供基本公共服务的积极性。

3. 完善中央对地方的财政转移支付制度

目前的转移支付制度存在一般性转移支付规模偏小，专项转移支付过多，管理分散，资金使用效率低下等弊端。以 2014 年为例，中央对地方转移支付和税收返还规模达 5.16 万亿元，扣除对地方税收返还约 5082 亿元，对地方的转移支付合计约 46509 亿元，其中专项转移支付达 18941 亿元，占转移支付总额的 40.7%，专项转移支付的规模还有下降的空间。应科学设置、合理搭配一般性转移支付和专项转移支付，发挥好各自的作用，继续增加一般性转移支付规模和比例，加大对中西部地区转移支付力度，并从监管制度、技术操作等方面着手，进一步提高转移支付资金使用效益。推进省级以下财政体制改革，规范省级以下财政收入和政府支出责任划分，将部分适合更高一级政府承担的事权和支出责任上移。强化省级政府在义务教育、医疗卫生、社会保障等基本公共服务领域的支出责任，提高民生支出保障程度。加快完善县级基本财力保障机制，把加强县级政府提供基本公共服务财力保障放在更加突出的位置。

4. 创新财政管理方法，提高财政提供基本公共服务能力

由政府负责提供基本公共服务，不等于要政府大包大揽。传统的依靠政府"唱独角戏"的管理格局、由政府包揽的资源配置方式和偏重硬件建设的服务供给模式已越来越不适应新形势的要求。因此，必须实现制度创新，扩

大公众参与，特别是增强财政决策的民主性和透明性，让公众和社会成为基本公共服务提供的主要决策力量，创新财政支出方式，引导社会资本参与公共产品提供，最大限度地调动社会资源和各方的积极性，促进共建共享，注重内涵发展。同时，应当大力推行政府购买、管理合同外包、特许经营、优惠政策等方式，逐步建立政府主导、市场引导、社会参与的基本公共服务供给机制。

总之，目前在我国稳步提高基本公共服务均等化水平，既可以实现补短板，大力推进供给侧结构型改革，同时也是落实共享发展理念一条可行的现实路径。

（梁朋　中共中央党校经济学教研部教授）

中国再生资源产业发展研究

——基于供给侧结构性改革视角

徐平华　张汉飞　于晓龙 [①]

供给侧结构性改革是我国改革思路的重大创新。供给侧结构性改革的重要方向，是优化产业结构和产品结构，提升产业和产品质量，促进资源整合，实现资源优化配置与优化再生。在新的历史条件下，必须以"创新、协调、绿色、开放、共享"五大发展理念为引领，大力发展再生资源产业，进而推进供给侧结构性改革，扩大有效供给，提升发展平衡性、包容性和可持续性，实现发展目标。

一、中国发展再生资源产业的重要意义

再生资源（recyclable resources）是指在生产和生活消费中产生的，不

---

① 本文系课题研究报告，课题组负责人为中共中央党校经济学教研部徐平华教授，成员有中共中央党校进修部张汉飞研究员和中国核工业建设集团战略规划部于晓龙博士。

再具有原来使用价值，但经过回收、分类和加工处理，能获得新的使用价值的各种废物。作为全球最大的发展中国家，我国自改革开放以来经济高速发展，但是传统的需求侧发展模式下，高能耗、高污染、高排放，以拼资源要素为主要特征，源源不断地把大量资源变成废物，物质闭路循环环节长期缺失，资源日益稀缺，生态环境不断恶化，发展的瓶颈效应凸显。我国从来没有像今天这样深刻感受到环境与资源的双重危机。发展再生资源产业，是减少资源能源消耗和浪费、缓解资源短缺危机、提高资源利用效率的有效对策和最佳途径，同时也能够缓解生态环境压力、减少污染、降低企业成本、增加就业机会，是创造经济、社会以及生态"三重"效益的产业。这一产业的发展对于贯彻绿色发展理念，推动产业结构调整，开辟供给侧结构性改革的新境界，实施可持续发展战略，建设资源节约型、环境友好型的"生态文明社会"具有重大意义。

（一）发展再生资源产业是供给侧结构性改革的重要方向

首先，再生资源产业将成为新一轮经济发展的新增长点。从世界发展趋势来看，资源利用特别是再生资源的利用已经成为衡量各国社会经济可持续发展水平的重要指标。再生资源产业虽然历史悠久，伴随着人类经济活动的始终，但现代再生资源产业仍然是一个新兴的朝阳产业。再生资源产业是经济链条和生态链条两个链条中的环节，覆盖了商品和资源在生产和生活环节流通的全过程，从开采和生产过程的尾矿、伴生矿、工业废渣等，到流通环节的包装、运输，再到终端消费环节产生的各种废弃物，既属于生产性服务业也属于生活性服务业。对废旧物的回收、再加工、利用，这一过程本身就需要投入大量的资本、技术和人力资源。发展再生资源产业，是做大做强我国服务业的重要组成部分，有利于促进我国产业结构调整升级。由于再生资源产业与其他产业天然的连接性，其发展必然会影响相关的上下游产业。再生资源产业经过模式创新和科技提升，不仅自身具有重要的战略意义和成长潜力，而且因其与社会的关联性、产品辐射的广泛性、参与阶层的多样性，能够间接带动环保、化工、建筑、钢材等其他产业的发展，将成为新一轮经济发展的新增长点。

其次，发展再生资源产业是降低企业成本的重要手段。"新常态"下，经济下行的压力加大，企业发展面临的环境更加艰难，矛盾更加突出，市场规模扩张的速度将降低甚至萎缩，企业自身的一些深层次的矛盾也会逐渐暴露，企业利润变少，市场陷阱增多，优胜劣汰加剧，市场将走向进一步的分化。而企业自身的融资、用工、用能、仓储、物流、原材料、融资、税费等显性成本又在不断增大，很多企业呈现"虚胖"之态，一方面自身重量（成本）大、负担过重；另一方面基础代谢率（利润）低，气色不佳。降低企业成本，提高利润率，瘦身健体，才能使企业有精力加强技术研发和模式创新，提高产品附加值，推动产业链向上游发展。而资源再生作为资源供给的重要渠道，是企业最好的原材料、半成品或是生产工具。据测算，再生有色金属的生产费用大约是生产有色金属费用的一半。生产 1 吨再生铝比从矿石中提炼 1 吨铝节约投资 87.5%，生产费用降低 40%—50%；每利用 1 吨再生铜，可节省能源折合标准煤 5.9 吨，节约投资 1 万多元，降低生产成本 60 多万元。但长期以来，我国再生资源市场与产品市场一直处于一个相对分割的状态。一方面，企业由于原材料成本的持续上涨导致产品价格不断攀升，摊薄利润，降低市场竞争力；另一方面，大量的再生资源被当作垃圾进行处理，没有实现变废为宝，还增加了社会、环境的负担。发展再生资源行业，通过互联网、现代金融等手段，搭建起废旧市场与成品市场之间的桥梁，以能源互联网重构能源供需生态、推动能源产业链式变革，实现整个能源网络的"可再生和清洁替代"和能源消费总量的控制，抑制不合理能源消费，节能优先、整合创新，提高能源总体效率，有利于降低企业成本，提高企业利润率，增强企业的竞争力。

再次，发展再生资源回收产业可以增加就业岗位，提高劳动人民的收入水平。总体上看，再生资源产业是劳动密集型产业，中国人力资源丰富，劳动力成本低，大力发展再生资源产业既可以发挥比较优势，又可以缓解就业压力。每增加1万吨废旧物资回收利用，可以增加就业1000人。在长三角、珠三角地区已经有上千万家拆解企业，从事废旧产品再生新产品的产业加工，已经成为进城农民工就业的一条重要渠道。

第四，发展再生资源产业有利于全面解决消费者需求，提高人民群众的生活水平。目前，我国居民收入差距不断加大，消费层次差异日益明显。再生资源回收利用有利于满足不同消费能力的各方消费需求，实现社会消费梯度化，增加社会整体福利。同时再生资源产业化有利于节约自然资源，降低企业成本，从而降低产品价格，降低消费者生活成本，减轻消费者特别是社会弱势群体的生活压力。

另外，再生资源产业的空间集聚有利于建设生态新型城镇，推动城镇化进程。

我国绝大部分再生资源企业聚集于城乡结合部，以再生资源产业为支撑有利于推动当地生态小城镇建设。再生资源产业劳动力密集，吸纳就业能力强，产业关联度大，通过小城镇建设和增加就业能够实现农村剩余劳动力转移，易与城镇化建设全过程融合。再生资源回收利用涉及城镇生产、流通、消费和最终处置的全过程，其发展也势必对城镇生活方式、消费理念转变，以及生产方式的提升和生态环境的建设起到良好的服务功能，在土地、信贷等政策上可与我国新型城镇化建设实现深度融合。一些地区的回收经营户相对聚集，从业人员通过互相带动，回收网络聚集了大量资源，已经成为带动地方经济发展的主导产业。例如，安徽界首、凤阳、浙江永康等地区再生资源行业产值占地方经济总量的一半以上，成为一方百姓赖以生存的产业。界首市的再生金属、再生塑料产业2013年在全市工业总产值和税收中分别占87%和82%。现有分散、无序发展的企业群落可依托市场机制进行空间聚集，向国家城市矿产基地和资源加工利用园区转移，自然而然形成一些新兴城镇，实现城乡一体化统筹发展。

（二）发展再生资源产业是破解资源瓶颈的重要出路

我国最大的比较优势是人口众多，最大的劣势是资源不足。人均淡水资源量仅为世界人均占有量的 25%。人均耕地只有 1.43 亩，不到世界平均水平的 40%。人均森林占有面积为 1.9 亩，仅为世界人均占有量的 20%。45 种主要矿产资源人均占有量不到世界平均水平的 50%；石油、天然气、铁矿石、铜和铝土矿等重要矿产资源人均储量，分别为世界人均水平的 11%、4.5%、42%、18% 和 7.3%；到 2020 年可以满足经济社会发展需要的矿产资源仅有 6 种。

从资源消耗角度看，我国消费增长速度惊人。改革开放 30 多年来，钢消费增长 143%，铜消费增长 189%，铝消费增长 380%，锌消费增长 311%，10 种有色金属消费增长 276%。2016—2030 年，我国的铁消费将达 2.4 亿—2.6 亿吨 / 年的高峰，未来 15 年缺口达到 30 亿吨；铝消费将达到 1300 万吨 / 年的高峰，缺口达到 1 亿吨；铜消费将达到 530 万—680 万吨 / 年的高峰，缺口达到 5000 万—6000 万吨。

从资源对外依存度看，到 2020 年，我国铁矿石对外依存度达万到 60%，铜达到 70%，铝达到 80%。但是，当中国取代欧美日成为"世界工厂"、需要消耗大量资源的今天，全球资源状况发生了根本性变化，世界上大部分矿区已濒临枯竭。世界上一些主要矿藏可供开采的年限为：铜 53 年、铅 21 年、锌 23 年、锡 41 年、镍 79 年、钴 67 年、钨 42 年、石油 55 年。也就是说，全球资源的有限性并不能无限满足我们的需求，而且还存在市场和价格风险、运输能力制约和环境安全等一系列问题。运输、选矿、冶炼大量消耗水、电、煤、油，能耗、环境代价极其沉重。如进口 1 万吨铜矿，就有

9000 吨高硫、高砷的矿渣永远留在中国；洗 1 吨铁矿，要污染 100 吨水；炼 1 吨铝矿，要耗电 4 万千瓦时。随着工业化、城镇化进程加快，我国资源消耗量将有增无减，资源瓶颈越发突出，对国家经济安全构成严重威胁。

发展再生资源产业是破解资源瓶颈的重要出路。历史地看，经过工业革命以来 300 年的开采，全球 80% 以上可工业化利用的矿产资源，已从地下转移到地上，并以"垃圾"的形态堆积在人们周围，总量高达数千亿吨，并还在以每年 100 亿吨的数量增加。如今，这些资源正成为一座座永不枯竭的"城市矿山"。城镇固体废物蕴含丰富的可回收资源，与自然矿山相比是高品位城镇富矿。例如，电子垃圾成分复杂，可回收物质种类多，包含近 50% 的金属、21% 的塑料和 18% 的玻璃陶瓷。废弃电脑主板金含量 250g/t，相比于我国金矿品位一般 3—6g/t，经选矿得到的金精矿约 70g/t，已经是非常好的"富矿"。从金属资源回收循环利用出发，把城市比喻成为一座座储有优良矿产资源的矿山加以开发，为经济社会可持续发展寻求矿物资源指出了一条新路，而且"城市矿山"要比天然形成的真正矿山更具开发价值。

据测算，每利用 1 万吨废钢铁，可出钢 8500 吨，节约成品铁矿石 2 万吨，节能 0.4 万吨标准煤，少产生 1.2 万吨矿渣；每利用 1 万吨废纸，可生产纸浆 8000 吨，节约木材 3 万立方米，节约能源 1.0 万吨标准煤，节水 100 万立方米，少排放 90 多万立方米，节电 600 万千瓦时。如果全国 1400 万吨废纸都可以回收利用，就能生产 1120 万吨好纸，少砍 2.4 亿棵大树，还可节省一半的造纸能源。再生有色金属的生产费用大约是生产有色金属费用的一半。铜的回收利用节能可达到 84%，而铝则高达 96%。到 2020 年，我国再生铝比重如果从目前的 21% 提高到 60%，可替代 3640 万吨铝土矿需求，节电 1365 亿千瓦时，节水 9100 万立方米。

面对严峻局面，再生资源将成为经济发展必需资源的重要来源。发展再生资源产业可以回收大量有用资源，减少经济社会对自然资源的消耗和依赖。与线形经济生产方式相比，还可收到节能、降低成本、减少污染物排放、取得良好经济效益等多赢结果。通过发展再生资源产业，预计再生铜、铁对原生资源替代比例可新增 25% 以上，资源对外依存度可下降约 30%，并于 2025 年替代进口资源成为我国主要供应渠道，最终能将铜和钢铁的对外依赖度降至 10% 以下。

因此，只有将废弃物品有效、及时回收，充分再生和利用废物资源，充分利用凝聚在再生资源中的人工、技术、能源等要素，大大减少开采和利用原生资源生产新产品的资源、能源消耗和废物排放总量，提高再生资源回收率和利用水平，才能形成"资源—产品—废弃产品—再生资源"的循环发展模式，实现资源循环利用，缓解资源紧张的局面。

（三）发展再生资源产业是突破生态危机的重要举措

改革开放以来，我国环境污染和生态恶化的趋势一直未得到遏制。大气、水、固体废弃物、土壤等污染日益严重，超过了环境承载能力；湿地消失、耕地减少、水土流失、荒漠化、渔业资源耗竭、生物多样性锐减、森林生态系统质量下降等生态退化问题突出。

我国固体废弃物堆存量已超过 70 亿吨，占用土地 5 亿平方米。从卫星上看，我国大中城市被成千上万个垃圾填埋场包围，对土壤、地下水、大气造成现实和潜在的严重污染。每年大约有 500 万吨废钢铁、20 万吨废有色金属、1400 万吨废纸及大量的废塑料、废玻璃、废旧电子产品等废弃物随垃圾丢弃，乱堆乱放严重。固体废弃物堆存或处理不当，可造成多种污染成分长期存在于人类环境中，在一定条件下发生物理、化学或生物的转化。有毒有害物质如其中的化学物质、病原微生物等还可通过环境介质——大气、土壤、地表水或地下水进入生态系统，对人体产生危害，同时破坏生态环境，导致不可逆的生态变化。固体废弃物含有各种有毒、有害、易燃、易爆、易腐蚀的危险废弃物，会产生恶臭、沼气集聚、泄漏、引发爆炸的潜在危险，如果得不到妥善处理则将成为危险污染源，在回收、处理处置过程中也可能产生比较严重的二次污染。

目前，我国各类主要工业废物综合利用率很低，其中83.7%的钢渣、47.9%的粉煤灰、38%的煤矸石、45%的石化废料未得到综合利用，这些废物已经成为生态环境的重要污染源。随着高科技产品的广泛应用，电脑、复印机、传真机等消费量大增，与人民生活相关的工业产品尤其是电器电子产品等普及率越来越高，如我国电视机社会保有量约为3.5亿台，洗衣机1.7亿台，电冰箱1.3亿台，电脑1亿台，造成电子废物急剧增长。这些电器、电子产品中含有许多对环境有害的物质。这些电器、电子产品中较大一部分已经进入更新换代和报废的高峰期，其他的一些工业产品如汽车等也是如此。这些高科技含量的垃圾成分更加复杂，含有铅、镉、酸、碱等各种有害物质和重金属等，如果处理不当会在环境中不断迁移、累积，造成严重的环境污染，威胁生物及人类的生命安全。

发展再生资源产业是突破生态危机的重要举措。我国能源消耗过大，温室气体大量排放，应对气候变化履行国际责任面临巨大压力，而发展再生资源产业就可以有效减轻我国的环境承载压力。大量事实表明，污染的大量产生与资源利用效率和粗放式的经济增长模式存在内在联系。物质不灭定律提示我们，资源的大量消耗伴随着低下利用效率和巨大浪费，必然造成大量废物的产生，进而污染环境。而废物只不过是另一种形式的资源。用合理的方式循环利用资源，不仅可以避免废物大量产生，减少污染，还能减少新鲜资源开采量，提高资源利用率。2013年，我国废钢铁、废塑料、废有色金属、废纸、废轮胎、报废汽车、废弃电器电子产品、报废船舶8大品种回收量超过1.6亿吨，初步测算，与使用原生资源相比，相当于节约1.7亿吨标准煤，减少废水排放113亿吨，减少二氧化碳排放4亿吨，减少二氧化硫排放375万吨。

二、中国再生资源产业发展总体情况

再生资源产业在我国起步较晚，经历了从"统收统销"到逐步放开的机制变化，经历了从"废旧物资"到"再生资源"的认识提升，经历了政策的变化与管理的加强。近几年来我国再生资源回收行业规模明显扩大，回收总量和回收率逐步攀升，对国民经济贡献度进一步提高。

（一）中国再生资源产业的形成

1952 年，国家开始大规模经济建设，为了解决某些原料的不足问题，供销社系统在城乡普遍开展废旧物资回收业务。1954 年 4 月 28 日，经邓小平同志批准，中央人民政府政务院财经委员会成立金属回收管理局（中财委回收局），并在全国各大区设立办事处，在主要城市设立物资回收站、加工厂。为适应工作发展的需要，1955 年，全国供销合作总社废品管理总局在北京、上海、天津建立了直属的废品经营处。建立在 20 世纪 50 年代初计划经济时期，由国家计委金属回收局为主线的各地金属回收公司和以中华全国供销总社为主线的各地物资回收公司，构成了金属回收的物资再生利用和供销社两大系统，是为中国再生资源回收利用体系肇始。但是，当时对废旧物资的认识还没有上升到"资源"的高度，再生资源概念尚未形成，整个再生资源的回收利用处于低级形式。

物资再生利用系统是计划经济时期发展起来的专门回收各种再生资源的行业，主要回收国有企业产生的再生资源，是计划经济时期回收再生资源的主渠道。物资系统的金属回收公司与供销社系统的物资回收公司一直有着传统的分工方式，叫作"金属回收"不上街；"物资回收"不进厂。按照职能分工进行着中国国民经济恢复时期的金属回收渠道的建立和运作，覆盖回收网络曾涉及包括自然村在内的各个区域。对废旧金属的回收，实行严格的计划管理和自上而下的统计体系。这一体系的建设，是国家物资流通管理体系的重要组成部分，尽管其社会成本相当高昂，但却为中国的基础材料生产和供应提供了最基本的物资循环网络，为国民经济各个五年计划的实施，提供了产业基础。

供销社系统计划经济时期在全国城乡已经建立了比较完善的回收网络，是计划经济时期再生资源回收的主要渠道之一。供销社物资回收体系是集回收、加工、科研、管理为一体的行业，是我国最早进行再生资源回收的部门，主要承担着全社会再生资源回收的任务。在计划经济时期，废旧物资曾经一直看作战略资源，其回收、利用、储运只能控制在国营公司手中，并且受到公安、物资等部门的严格监管。在废金属利用上，几乎每一个中等城市，均设有一个金属熔炼厂，按计划负责对回收的废金属进行重新利用。在计划经济体制下，国内一些大中型铜冶炼企业在废杂铜的再生利用方面作出了重大贡献。

（二）中国再生资源产业的发展

改革开放以后，再生资源产业发展进入新阶段。20 世纪 80 年代中期以后，涉及再生资源的经济管理政策开始见于国家文件。1987 年国家四部委联合发布了《关于进一步开发利用再生资源若干问题的通知》，并在《再生资源加工利用目录》中对再生资源作了较为科学合理的分类。至此，再生资源的概念才在真正意义上得到官方的认可，并开始为政府、企业和专家学者广泛接受。再生资源的流通管理工作逐步受到重视，国家计委、经委、物资部、供销合作总社等相继设立了相关（专门）机构。与此同时，社会上针对再生资源的专业杂志、书籍以及研究机构如雨后春笋般纷纷涌现。社会对废弃物和废旧物资认识已经上升到"再生资源"的高度。

80年代末90年代初，苏联解体后，苏联几十年计划经济体系的解体和产业结构的崩溃，使得工业战线长期积累产生的废旧金属和工业设施的拆除变卖成为一大难题，出路只有中国市场，从而形成了废旧金属持续大量进入中国的物流状态。这一种大变动持续了近十年的时间。在此期间，弥补了中国国内废金属市场的不足，在中国华北地区、西北的新疆口岸附近的喀什等地形成了以利用苏联废旧金属为主的小而分散的再生金属熔炼集群产业。但2001年开始，独联体国家相继限制或禁止出口废旧金属，西北的废旧金属熔炼从此一蹶不振；华北市场也受到极大影响，只能转向国内废料的回收，该行业的发展则长期处于迟缓徘徊状态。而在华东以及华南地区，从1987年开始，一部分台资企业开始利用大陆的劳动力资源从事进口废五金的拆解、分选，经过广东口岸向大陆不断渗透；欧美、日本等发达国家大量废旧金属进入中国东南沿海。

90年代，随着中国计划经济体制的淡出、物资流通体制的解体、政府再生资源职能管理部门调整，曾经起着主导作用的回收体系逐步解体，国有废品回收行业迅速衰落。国有废品回收企业一直是我国再生资源回收行业的正规军和主力军，其规模迅速萎缩，在整个行业所占比重近年来已下降为30%。同时，非正规废品回收行业异军突起。国有废旧物资回收系统的萎缩和退出，留下了巨大的市场空白，城市里每天大量废旧物资加速产生，以回收、加工再生资源的个体户和民营企业迅速发展，城乡走街串巷的收购商全部是个体户。这一阶段，回收市场秩序混乱，回收拆解技术落后，法制化和标准化程度低，由此导致偷盗、再生资源回收率低等问题。同时，再生资源产业层次低、经营企业规模小、技术水平不高，环保投入很少，在回收利用过程中没有很好解决污染问题。如再生塑料处理产生的污染主要是再生塑料加工处理的水污染。在废塑料粉碎清洗过程中，如果清洗水直接排放，也会产生"二次污染"问题。

在这种情况下，促使人们深入思考再生资源的科学发展。进入21世纪，国家进一步加强了再生资源管理，加大了政策法规建设和扶持力度，推进再生资源回收利用的市场化和产业化发展，再生资源产业也逐步走向完善发展阶段。2008年十一届全国人大四次会议通过《中华人民共和国循环经济促进法》，为促进循环经济发展，提高资源利用效率，为发展再生资源产业提供了法律保障。2011年，国务院办公厅印发《关于建立完整的先进的废旧商品回收体系的意见》，对建立完整的先进的回收、运输、处理、利用废旧商品回收体系提出指导性意见。再生资源产业基本摒弃了"收进来，卖出去"的传统模式，采用了清洗、除油、去污、干燥、拆解、剪切、打包、破碎、分选、除杂等加工预处理手段，加工生产各类再生原料，并逐步向产业化方向发展。

（三）中国再生资源产业发展基本现状

经过30多年的改革发展，现在我国再生资源产业已经发生深刻变化。

从产权结构看，已经形成股份制和民营为主、多种所有制并存格局。目前全国各地传统的废旧物资回收公司已经改制成为具有多种所有制的产权结构组织，包括国有、集体、股份制、民营、中外合资以及个体等，其中以股份制和民营所占比重较大，即使国营和集体所有制的回收公司，也多实行承包经营责任制。

从经营范围看，目前我国再生资源产业已经由传统的单一废品回收逐步转变为多层次、立体化经营，大致有以下几类产业活动。第一，废旧物资回收。这主要是由面向各生产企业和居民点进行废金属、废橡胶、废塑料、废纸等生产性废弃物和生活性废弃物回收的企业组成。第二，以再生资源为主要原料或加工对象的加工制造。例如以废纸为主要原料的造纸厂，以废塑料为主要原料的塑料制品厂，以废轮胎的翻修再生为主要业务的轮胎翻修厂等。第三，各类拆解活动，例如拆车、拆船等。这类活动主要通过提供将报废车船的各部位按所使用材料的不同，拆解成易于再次利用的几何尺寸与形状（例如将金属材料拆解成易于回炉冶炼的尺寸与形状），或将某些尚有利用价值的零部件拆解下来，以便再次利用。第四，有色金属或贵金属回收。这类"回收"与废旧物资的"回收"不同，是一种"提炼""提取"行为，属于生产领域，例如再生铅企业等。第五，再生资源回收机械制造。为再生资源的回收利用提供相应设备的生产、制造。

表1　2014年我国十大再生资源品种的回收重量和价值

再生资源品种	回收重量（万吨）	回收价值（亿元）
废钢铁	15230	3122.15
废有色金属	798	1324.68
废塑料	2000	1100
废纸	4419	616
废轮胎	430	68.8
废弃电器电子产品	313.5	78.4
报废船舶	109	21.8
报废汽车	322	66
废玻璃	855	25.7
废电池（铅酸除外）	9.5	19.8
合计	24470.6	6446.9

资料来源：中国物资再生协会。

从产业规模看，改革开放初期，我国主要品种再生资源年回收量仅2000万吨，利废企业1000多家，从业人员100多万人。经过30多年的发展，截至2014年底，我国废钢铁、废有色金属、废塑料、废轮胎、废纸、废弃电器电子产品、报废汽车、报废船舶、废玻璃、废电池十大种类的再生资源回收总量约为2.45亿吨，回收总值为6446.9亿元，其中主要是废钢铁、废有色金属、废塑料、废纸的回收，四项回收价值合计占再生资源回收总值的95%（见表1）。目前我国整个再生资源产业规模约为2万亿元。截至2013年底，全社会再生资源回收企业10多万家，其中年销售额1亿元以上企业超过200家，10亿元以上企业超过20家，回收网点约有20万个，从业人员超过 1800 万。

三、中国再生资源产业发展深度分析

中国再生资源产业发展可以从主要品种和区域发展两方面加以分析。

（一）主要品种分析

近几年，随着经济发展速度趋缓并进入新常态，我国再生资源产业发展由过去高速增长态势转入低速增长态势。但是各品种表现不一，废钢铁、废纸、废玻璃、报废汽车的回收利用陷入停滞状态，废有色金属的回收利用增速减缓，废塑料、废弃电器电子产品、报废船舶的回收利用则继续保持增长。

1. 废钢铁回收利用情况

21 世纪头十年，由于粗钢产量的大幅增长和铁矿石价格的飞速上涨，我国废钢铁回收利用量也出现持续快速增长，2000—2011 年，重点大型钢铁企业废钢铁回收利用量由 2920 万吨增至 9100 万吨，增长 2.12 倍。

近几年，废钢铁的回收利用陷入停滞状态。由图 1 可见，2012 年重点大型钢铁企业废钢铁回收利用量比 2011 年下降 7.7%，降至 8400 万吨，此后，废钢铁回收利用量有所回升，2014 年为 8830 万吨，但比 2011 年仍然低 3%。具体来看，钢企消耗的 8830 万吨废钢铁中，企业自产 4100 万吨，比 2011 年增长 15%，反映出钢铁企业为摆脱困境在内部挖潜方面下了很大功夫；社会采购 4700 万吨，比 2011 年下降 9.7%；进口 180 万吨，下降 65%；其他 190 万吨。废钢铁消耗量下降，主要是近几年钢材市场转向低迷、钢材价格持续走低、钢铁企业效益低下及进口铁矿石价格大幅下滑等因素所致。

（单位：万吨）

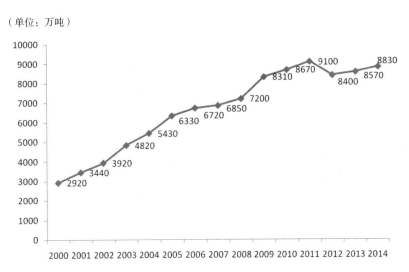

图1　2000—2014年重点大型钢铁企业废钢铁回收利用量

资料来源：中国物资再生协会。

废钢铁消耗率也在降低。2007—2014年全国大型钢铁企业炼钢废钢铁平均消耗量由140千克/万吨下降到107千克/万吨，炼钢废钢比由14%下降到10.7%。2014年，全国粗钢产量82270万吨，大型钢铁企业加上地方小钢厂和非钢铁企业对废钢铁的消耗，全年全国利用废钢铁为15230万吨，炼钢废钢比为18.5%。

2.废有色金属回收利用情况

废有色金属回收利用形势稍好于废钢铁。2005—2010年，我国废有色金属回收利用量一直保持较快增长，再生铜产量由143万吨增至240万吨，增长67.8%；再生铝产量由194万吨增至400万吨，增长1.06倍；再生铅产量由28万吨增至135万吨，增长3.82倍。

近几年宏观经济下行压力较大，下游需求减弱，废有色金属回收利用量增长有所放缓。2014年，再生铜产量295万吨，比2010年增长22.9%；再生铝产量565万吨，增长41.3%；再生铅产量160万吨，增长18.5%（见图2）。

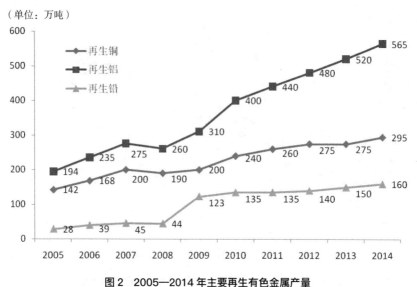

（单位：万吨）

图 2　2005—2014 年主要再生有色金属产量

资料来源：中国物资再生协会。

2014 年我国 10 种有色金属产量为 4417 万吨，再生有色金属工业主要品种（铜、铝、铅、锌）总产量约为 1153 万吨，再生有色金属产量占有色金属产量总产量的比重为 26.1%，再生有色金属在有色金属工业中占有举足轻重的位置。从废有色金属来源看，主要是国内回收量增长，2014 年主要废有色金属国内回收量约为 798 万吨，同比增长 19.8%，占再生金属原料供应量 60% 以上；而废有色金属进口量则明显下降，其中进口含铜废料 387.5 万吨，同比下降 11.4%；进口含铝废料 230.6 万吨，同比下降 7.9%。

3. 废纸回收利用情况

我国废纸回收利用量在 2011 年以前增长较快。2002—2011 年，全国纸及纸板产量由 3780 万吨增至 9930 万吨，增长 1.63 倍，消费量由 4415 万吨增至 9752 万吨，增长 1.21 倍。在纸产量和消费量增长的推动下，废纸回收利用量也持续快速增长。2002—2011 年，国内废纸回收量由 1338 万吨增至 4347 万吨，增长 2.25 倍；废纸进口量由 687 万吨增至 2728 万吨，增长 2.97

倍；废纸利用率由 53.57% 上升至 71.24%。同期废纸浆使用量占纸浆总消耗量的比重由 46.69% 上升至 62.58%，成为我国造纸工业最大原料来源。

2011 年以后，随着我国纸及纸板产量和消费量增长趋缓，废纸回收利用行业增长也放缓。2014 年，我国纸及纸板产量为 10470 万吨，仅比 2011 年增长 5.44%，消费量 10071 万吨，仅增长 3.27%。受此影响，2014 年，国内废纸回收量 4419 万吨，比 2011 年仅增长 1.65%；而废纸进口量则连年出现下跌，2014 年为 2752 万吨，比 2012 年下降 8.5 个百分点。受行业不景气影响，纸及纸板生产中废纸消耗量占比出现下降，2014 年废纸利用率 68.49%，比 2011 年降低了 2.75 个百分点（见表 2）。

表 2　2002—2014 年我国废纸的回收与利用

（单位：万吨）

年份	纸及纸板产量	纸及纸板消费量	国内废纸回收量	废纸进口量	废纸利用率（%）
2002	3780	4415	1338	687	53.57
2003	4300	4806	1462	938	55.81
2004	4950	5439	1651	1230	58018
2005	5600	5930	1809	1703	62.71
2006	6500	6600	2263	1962	60.85
2007	7350	7290	2765	2256	68.31
2008	7980	7935	3137	2421	69.65
2009	8640	8569	3762	2570	73.28
2010	9270	9173	4016	2610	71.47
2011	9930	9752	4347	2728	71.24
2012	10250	10048	4472	3007	72.97
2013	10110	9782	4377	2924	72.22
2014	10470	10071	4419	2752	68.49

资料来源：中国物资再生协会、海关总署。

4. 废塑料回收利用情况

我国废塑料回收利用因塑料使用量持续增长而基本保持较快增长态势，经济放缓对其影响不明显。由表 3 可见，2008—2011 年我国塑料使用量、塑料废弃量和废塑料回收利用量均增长很快，分别增长 49%、59% 和 36%。

2011 年以后虽然宏观经济增长放缓，我国塑料产量和废弃量仍然保持较快增长势头，2011—2014 年，我国塑料使用量由 5229.5 万吨增至 6785.3 万吨，增长 29.7%；塑料废弃量由 2871 万吨增至 4028 万吨，增长 40.2%。与此同时，废塑料回收利用量也延续以往较快增长态势，至 2014 年，废塑料回收利用量达 2825.43 万吨，比 2011 年增长 29.11%。

表 3　2008—2014 年我国废塑料的回收与利用

（单位：万吨）

年份	塑料使用量	塑料废弃量	回收再生量	进口量	再生利用总量	回收再生率（%）
2008	3500.86	1805	900	707.4	1607.4	25.7
2009	4170.68	2353	1000	732	1732	24.0
2010	4693.6	2800	1200	800.9	2000.9	25.6
2011	5229.5	2871	1350	838.4	2188.4	25.8
2012	5467.37	3413	1600	887.8	2487.8	29.3
2013	5879.27	3292	1366.2	788.2	2154.4	23.2
2014	6785.37	4028	2000	825.43	2825.43	29.5

资料来源：中国物资再生协会。

塑料属于大宗废弃物，具有很高回收利用价值。2014 年我国塑料回收再生利用量 2825.43 万吨，国内废塑料回收利用量约为 2000 万吨，废塑料进口量 825.43 万吨，国内废塑料回收再生率为 29.5%。

5. 废弃电器电子产品回收利用情况

废弃电器电子产品回收受宏观经济波动影响也比较小。随着我国人民生活水平不断提高，电器电子产品的社会保有量持续增长，连上新台阶。电视机、电冰箱、洗衣机、空调器、电脑等 5 种主要电器电子产品的社会保有量 2007 年突破 20 亿台（20.17 亿台），2010 年突破 30 亿台（31.1 亿台），2014 年突破 40 亿台（41.67 亿台）。与此同时，废弃电器电子产品回收量也持续攀升。2013 年 5 种主要电器电子产品回收量为 1.14 亿台，同比增长 38.3%；2014 年回收量为 1.36 亿台，增长 18.8%，其中废电视机 5860 万台，废电冰箱 1332 万台，废洗衣机 1420 万台，废房间空调器 1961 万台，废微型计算机 3010 万台。

国务院出台《废弃电器电子产品回收处理管理条例》和废弃电器电子产品回收处理基金政策后，极大地调动了处理企业的积极性，2013 年以来，废弃电器电子产品回收处理量急剧增加。2012 年我国废弃电器电子产品拆解处理量不到 2000 万台，2013 年就超过 4000 万台。2014 年 5 种主要废弃电器电子产品拆解处理量达到 7019 万台，其中主要是废电视机，处理量 5839 万台，占处理产品的 83.2%。其他产品处理量：废电冰箱 158 万台，废洗衣机 335 万台，废房间空调器 10 万台，废微型计算机 677 万台。

（二）区域发展分析

我国再生资源产业区域发展不平衡，各地区发展水平高低主要受地区原生资源产量和消费量、再生资源回收加工能力等因素影响。这里选择东部的上海和河北、中部的山西、西部的内蒙古为代表进行分析。

1.再生资源产业的区域分布总体情况

我国再生资源产业多分布在东部沿海地区，以及一些中部省市，浙江、江苏、山东、广东、天津和上海成为再生资源产业最为集中的省市，河北、河南、安徽、江西和湖南等省市也有较多的再生资源产业活动。图 3 是我国废金属加工拆解基地与废金属集散地的区域分布情况。

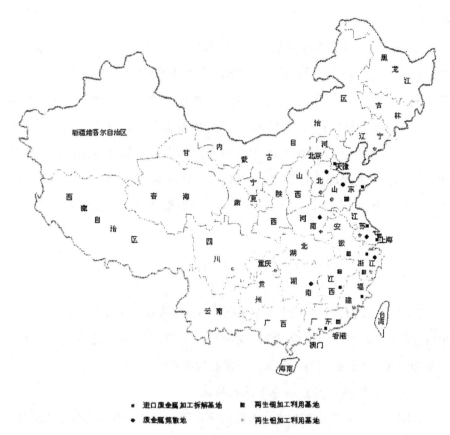

图3 废金属加工拆解基地与废金属集散地分布图

资料来源：周宏春：《变废为宝：中国资源再生产业与政策研究》。

2.上海市再生资源产业发展情况

上海市是我国再生资源产业比较发达的地区。2014年上海市再生资源回收总量为711.76万吨，同比下降0.59%。回收的再生资源主要是废钢铁，为427.83万吨，同比下降2.73%；其次是废纸，为94.65万吨，同比增长3.37%（见表4）。

表4 2013—2014年上海市再生资源回收情况

(单位：万吨)

年份	回收总量	废钢铁	废有色金属	废塑料	废纸	废玻璃	电子废弃物
2013	716	441.95	49.31	14.62	91.56	64.36	15.58
2014	711.76	429.87	42.83	16.69	94.65	59.34	13.65
增减（%）	−0.59	−2.73	−13.14	14.16	3.37	−7.80	−12.39

资料来源：上海市再生资源回收利用行业协会。

2014年上海市经政府备案的再生资源回收企业为1112家，从业人员7097人，多为外来人员。从企业规模看，以中小微企业为主，其中注册资金500万元以下913家，占82.1%；500万—1000万元82家，占7.4%；1000万元以上117家，占10.5%。从企业性质看，以民营企业为主，有757家，占68.08%；集体企业276家，占24.82%；国有企业70家，占6.29%；中外合资企业9家，占0.81%

3. 河北省再生资源产业发展情况

河北省是再生资源回收利用大省。2014年河北省再生资源回收总量为2875.5万吨，同比增长10.5%。河北省钢铁产量居全国首位，回收的再生资源中，近80%是废钢铁，为2270万吨，同比增长9.7%；其次是塑料，为309.1万吨，同比增长31.2%。见表5。

表5 2013—2014年河北省再生资源回收情况

(单位：万吨)

年份	回收总量	废钢铁	废有色金属	废塑料	废纸	废玻璃	废橡胶
2013	2602.1	2070	70.7	235.6	138.2	68.6	19
2014	2875.5	2270	71.3	309.1	139.2	68.4	17.5
增减（%）	10.5	9.7	0.8	31.2	0.7	−0.3	−7.9

资料来源：河北省可再生资源行业协会。

2014年，河北省有再生资源回收企业5161家，比上年减少188家，80%以上为民营企业；从业人员42.7万人，比上年减少3.2万人；再生资源回收网点1.52万个，经营面积约80万平方米。河北省再生资源回收利用有鲜明的地域特色，形成保定、沧州、邯郸废钢铁；保定、廊坊废塑料；唐山废橡胶；邢台废玻璃；石家庄、廊坊废旧家电；保定、邢台废有色金属等数十个大型专业市场。

4.山西省再生资源产业发展情况

2014年，山西省再生资源回收总量为816.4万吨，同比下降6.0%。再生资源回收也以废钢铁为主，为672.6万吨，同比下降12.8%；其次是废纸，为73.6万吨，同比增长78.2%（见表6）。

表6　2013—2014年山西省再生资源回收情况

（单位：万吨）

年份	回收总量	废钢铁	废有色金属	废塑料	废纸	废玻璃	废橡胶	电子废弃物
2013	868.6	771	5.7	25.4	41.3	8.3	7.0	9.9
2014	816.4	672.6	7.0	35.5	73.6	8.9	6.4	12.6
增减（%）	–6.0	–12.8	22.8	39.8	78.2	7.2	–8.9	27.3

资料来源：笔者根据2013年、2014年山西省再生资源回收统计表编制。

2014年，山西省有再生资源回收企业701家，比上年增加65家；从业人员7100人，比上年增加700人。但同时应付职工薪酬1.49亿元，却比上年减少3.4%；应交税费0.91亿元，比上年减少29.6%。

5.内蒙古自治区再生资源产业发展情况

2014年，内蒙古再生资源回收总量为284.1万吨，同比增长14.9%。其中，废钢铁124.5万吨，占再生资源回收总量的比重为43.8%；废玻璃56.8万吨，占比20%；废纸35.7万吨，占比12.6%；废橡胶29.3万吨，占比10.3%；其余为废塑料、废有色金属和废弃电器电子产品。

2014年，内蒙古有再生资源回收企业980家，比上年增加89家；从业人员10.4万人，比上年增加1万人；应付职工薪酬2.79亿元，比上年增长10%；应交税费1.03亿元，比上年增长10%。

四、中国再生资源产业发展面临的主要问题

我国是世界头号制造业大国和资源消耗大国，再生资源回收产业在规模上也居世界首位。但是总的来看，我国再生资源回收产业发展仍然处于较低水平，制约发展的瓶颈突出，在经济进入新常态后又面临许多新的问题和挑战，具体表现在以下几方面。

（一）再生资源回收利用率较低

目前全国可回收而没有回收利用的资源价值超过万亿元，资源综合利用水平却不足 40%，而发达国家很多废品回收率都在 70% 以上。

从具体品种看，发达国家废钢铁回收率已达到 90% 以上，而我国废钢铁回收利用率一直徘徊在 80% 左右。废有色金属回收利用水平也较低，仅相当于 20 世纪六七十年代的国际水平。如我国再生铜占铜产量的比重仅为 14%，而世界平均水平为 35%。我国塑料工业发展迅速，而合成树脂产量远远不能满足塑料加工业的需求，约半数原料需依赖进口，本来回收利用废旧塑料是解决这一问题最有效的方法之一，但我国每年废塑料实际回收量不足 30%，尚有大量废塑料未被加工利用。我国目前废纸回收利用率（不含进口）在 40% 左右，而发达国家为 70% 左右；我国废橡胶回收率大约为 35%—40%，而世界先进水平为 90%。美国目前的翻胎率已超过 80%，而我国翻胎率约为 12%。

发达国家十分重视垃圾处理的资源化，几乎每一种处理方式都力图坚持资源化原则。而我国的垃圾处理仍然处于较为落后的垃圾综合利用和处理处置阶段，大多为卫生填埋，资源利用效率低下，且容易造成二次污染，无论生态效率和资源化效率都比较低。表 7 是我国与国际上垃圾处理方式比较。

表7 中国与发达国家垃圾处理方式比较

类别	中国垃圾处理方式	发达国家垃圾处理方式
城市生活垃圾	回收废品、填埋、堆肥、无害化处理、制造沼气	家庭分拣回收废品、压缩成型、滤沥循环填埋、堆肥、焚烧回收能源、资源化系统回收物质和能源
工矿废物	堆存、回填、造地、回收废品、综合利用	资源化系统回收物质和能源
市政建设垃圾	堆弃、焚化、回收原材料	焚化、综合利用、资源化系统回收物质
农业废物	堆肥、回田、农村燃料、露天焚化、作肥料饲料饵料、制造沼气、综合利用	堆肥、制造沼气、综合利用、蚯蚓床
污泥	堆肥、堆弃、制造沼气、少量有机污泥混入燃料燃烧	堆肥、焚化、资源化系统回收物质和能源
有害物质和放射性物质	堆存、隔离存储、焚化、化学和物理固化、综合回收生物浸出	隔离存储、焚化、化学固化、物理生物处理、资源化

资料来源：崔铁宁：《再生资源产业政策和机制的理论与实践》。

（二）产业组织管理水平较低

一是产业组织化程度较低。我国再生资源回收利用企业绝大多数都是小型民营企业，以"夫妻店""小作坊"等形式存在，规模化企业数量少，大中型骨干企业只占1%—2%。企业资产平均规模远低于工业企业平均规模，产业空间布局比较分散。小型企业装备落后，作业条件差，废气、废水、废渣任意排放。在再生资源回收领域还有大批拾荒者，他们分散在城市各个角落，流动性强，工作条件十分恶劣。

二是经营管理方式落后。许多再生资源回收利用企业缺乏现代管理制度和现代化经营组织方式，民用废旧物资的回收很大程度上还停留在自发经营和管理无序的状态。因缺乏规范化管理，许多废旧资源拆解、加工利用和无害化处理企业经济效益不高，经营中环境污染严重。许多回收企业只进行初级的回收，"利大抢收、利小少收、无利不收"的现象普遍存在。

三是回收网络体系不健全。回收分散，层次较低，行业小、散、差的特点明显，回收站点大部分位于城乡接合部，也有部分位于居民区及道路两侧，有的甚至在繁华路段。这些站点设施简陋、私搭乱建，缺少基本的整理设施，货物堆放杂乱无章，普遍存在"脏乱差"现象，造成废物的再次扩散，严重污染市区环境，损害市民的身心健康和城市的总体形象。

四是行业管理混乱。再生资源管理和执法涉及经贸、城管、环保、公安和工商等多个部门，管理多头，没有相对明确的职能主管部门。产废部门内外盗窃猖獗，部分职工偷、拿废金属现象普遍存在。回收部门"跑、冒、滴、漏"问题严重，其中私购私销再生资源问题最为突出，明知是盗、抢或骗来的赃物，照收不拒。再生资源质量低下，以次充好、串货等现象严重。

（三）分拣加工和回收技术落后

一是投入不足，技术设备落后。大多数企业以手工拆解、简单拆解为主，设备简陋、技术落后。如我国目前废橡胶的再生利用工艺仍停留在上世纪60年代的水平，整个废钢回收企业的设备状况仍停留在上世纪80年代的水平，大件废钢解体仍使用氧割的企业占相当比重。绝大多数废旧物资回收加工企业由于缺乏资金和技术，一些随再生资源加工处理产生的环境污染物未能得到妥善处理，造成回收过程二次污染严重。

二是产品档次低，同质化现象明显。多数企业分拣加工产生的产品科技含量少，附加值低，结构单一，大企业和小作坊所提供产品的差异不大，产品同质性强。

三是从业人员素质偏低。产业内科技人员的比重远远低于国民经济其他部门，加工企业操作工人缺乏技术培训，专业知识水平和技能操作水平较低。回收业从业者，除原物资、供销系统延续下来的回收企业人员具有一定专业知识、业务技能和法律常识外，绝大多数未经过专门培训，整体素质偏低，"捡破烂""拾荒者"是再生资源行业从业者的代名词。

（四）产业相关政策法规制度不健全

20世纪90年代以来，我国再生资源产业政策法规制度建设取得很大进展，为再生资源产业发展提供了制度保障。但是目前我国再生资源产业的政策法规制度仍不健全。

一是再生资源产业法律法规不健全。发达国家的基本经验是在生产、回收、利用多个环节均有法可依，依法管理。而我国虽有一些循环经济、节能环保领域的法律法规，但法律法规体系不健全，针对回收环节的专门性法律文件仅有一部部门规章《再生资源回收管理办法》，法律效力低、规范力度小，部分条款已不适应行业发展的需要；生产、利用环节的相关法律法规中，也缺乏鼓励再生资源回收与利用的较为系统的规定。我国除对废弃电器电子产品初步建立起生产者责任制度以外，其他品种的生产者、销售者、消费者责任制度尚未建立，政府、企业、个人各方责任义务也未划分清楚，造成公众参与率低，废弃物产生、回收、利用、监管责任无法落实甚至无人负责局面。

二是再生资源产业扶持政策不完善。发达国家普遍把再生资源产业作为优先发展部门，并有一整套完善的扶持政策。而我国缺乏对回收环节的政策激励机制，大多数政策仅针对资源综合利用企业。废旧物资回收行业先前享有的税收"征三返七"优惠政策，与其他行业相比，税负虽然有所减轻，但实行先征后返办法，征收又是税务和财政两条线，加之各地财政状况不一，拖延返还、少返甚至不返的现象时有发生，从而造成企业资金占压和损失。2011年再生资源回收行业增值税优惠政策取消后，各省份的增值税地方留成返还比例不一致，甚至有地区对企业实行包税制，导致各地企业的实际税负不一，不利于企业公平竞争和行业有序发展。

三是再生资源标准化体系建设滞后。我国目前执行的再生资源标准大都集中在废金属类，如1984年制定的回炉废钢、废铁、合金废钢的分类及技术条件标准；1992年发布的铜及铜合金废料、铝及铝合金废料分类和技术条件的国家标准等。而非金属再生资源标准则一直缺乏，如废纸的加工，由于没有统一的分类和再生质量标准，再生纸的质量无法保证。同时有关各类再生资源企业生产技术标准和技术规范更是缺乏，使得再生资源产业的技术操作性低，无法适应国际化的要求。

（五）部分再生资源品种需求疲软

2010年以来我国经济增长出现持续下行态势，2014经济增长率为7.4%，创下1991年以来最低水平。2015年前三季度经济增长率为6.9%，再创历史新低。拉动经济增长的"三驾马车"全面减速。2015年1—3季度，全国固定资产投资累计增长12%，同比下滑3.3个百分点；社会消费品零售总额增长10.5%，同比下滑0.3个百分点；出口下降1.8%，而上年同期增长5.1%。

经济增长放缓导致部分再生资源品种需求疲软。如作为我国废旧物资回收主体的废钢铁需求一改过去强劲增长态势，转趋下跌。2011—2014年废

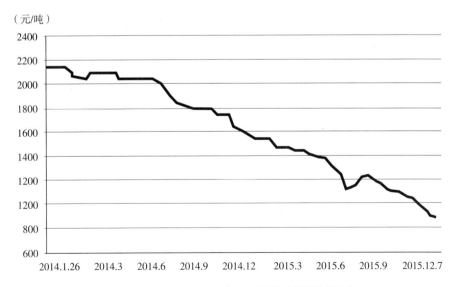

（元/吨）

图4　2014年1月—2015年12月中国废钢价格的变化

资料来源：再生资源信息网。

钢铁消费量由 9100 万吨降至 8830 万吨，下降 3%。受需求疲软和原生资源价格下跌等因素影响，部分再生资源价格出现大幅下跌。2014 年 1 月至 2015 年 12 月，废钢价格由 2180 元／吨降至 890 元／吨，下降 60%（见图 4）；废铜价格由 47000 元／吨降至 32000 元／吨，下降 32%（见图 5）；废铝价格由 11300 元／吨降至 7560 元／吨，下降 33%（见图 6）。

（元/吨）

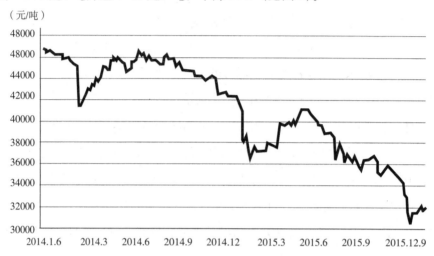

图 5　2014 年 1 月—2015 年 12 月中国废铜价格的变化

资料来源：再生资源信息网。

（元/吨）

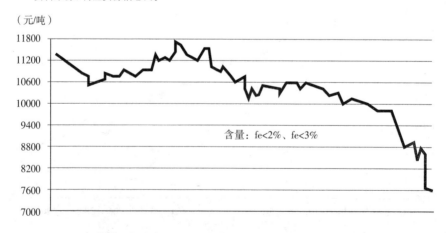

图 6　2014 年 1 月—2015 年 12 月中国废铝价格的变化

资料来源：再生资源信息网。

由于市场需求不足，产能过剩，价格疲软，加上用工、土地、治污等成本上升，不少再生资源企业生产经营出现困难。如近年来，许多废钢铁加工企业陷入亏损的深坑；废铜、废铝、废铅加工企业普遍开工不足，一些大型企业开工率不到60%，大批中小企业更是处于停产和半停产状态。

（六）产业传统发展模式难以为继

改革开放以来，我国经济尤其是第二、第三产业持续快速发展，产生出巨大的劳动力需求。而近几年劳动力供给却因计划生育政策等因素而出现绝对减少。据国家统计局数据，2012年我国劳动年龄人口在相当长时期里第一次出现了绝对下降，比上年减少345万人，2013年和2014年分别减少244万人和371万人。在这种情况下，目前我国劳动力供求正发生历史性变化，由长期的过剩状态转为短缺状态（又称"刘易斯转折点"）。根据中国人力资源市场信息监测中心对全国约100个主要城市的统计，我国劳动力市场

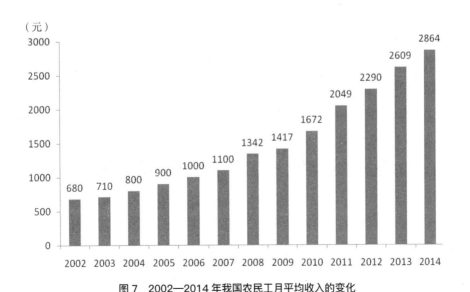

图7　2002—2014年我国农民工月平均收入的变化

资料来源：人力资源和社会保障部。

曾长期处于过剩状态，但是到 2010 年，劳动力市场求人倍率（岗位空缺与求职人数的比率）首次突破 1，达到 1.01，劳动力供求总量转向短缺。2015 年 1 季度，全国劳动力市场岗位空缺与求职人数的比率约为 1.12，创历史新高。

随着劳动力短缺日益严重，企业用工成本大幅上扬。2003 年以来，农民工月平均收入年均增长 10% 以上，其中，2011 年、2012 年、2013 年农民工工资年增长率分别为 22.5%、11.8%、13.9%。2014 年，农民工月平均收入 2864 元，比上年增长 9.8%（见图 7）。

劳动力短缺和企业用工成本上涨对我国再生资源产业发展产生深远影响。长期以来，我国再生资源产业发展严重依赖丰富和廉价的劳动力资源，技术设备落后，创新能力不足，走的是一条粗放式发展道路。随着劳动力转向短缺和工资成本持续上涨，再生资源产业传统发展模式已经难以为继，正规回收业普遍出现经营困难，一些回收企业通过投资引进机械化生产线替代人工劳动来应对挑战，另有一些回收企业则转投其他行业，再生资源从业人数由 2013 年的 1800 万人减少到 2014 年的 1500 万人。

劳动力成本上涨还对价值较低的再生资源回收利用带来冲击。这些再生资源因人工成本上涨而变得无利可图，回收利用率大大降低。如废玻璃等价值低的品种回收率仅 20% 左右，大量可用资源无人问津，造成严重浪费。

五、中国再生资源产业发展前景与趋势

我国再生资源产业将成为 21 世纪的主导产业，回收产业市场潜力巨大，发展规模可观，发展前景广阔。展望未来，再生资源产业将出现产业集中化、技术集约化、产业链国际化、回收模式多元化、"互联网＋"思维普及化的趋势。

（一）中国再生资源产业发展前景

当前我国再生资源产业虽然面临诸多困难和挑战，但是，这一产业具有极其广阔的发展前景。

1.再生资源产业是 21 世纪的主导产业

进入 21 世纪，由于全球资源日益枯竭，资源供应日趋紧张，现在，70% 的矿产资源已经从地下搬到了地上，地下的资源已经枯竭，资源以垃圾的形式堆积在城市中，以后要想获得资源，就要从我们的城市垃圾中进行挖掘。据统计，从 1 吨废旧手机中可以提炼 400 克黄金、2.3 千克银、172 克铜；从 1 吨废旧个人电脑中可以提炼 300 克黄金、1 千克银、150 克铜以及近两千克其他有色金属等。而天然的金矿，只要 1 吨金砂矿石能提炼 1—2 克黄金，就有开采价值。在通常情况下，开采 1 吨金砂仅能提炼 5 克黄金。可见，与天然矿山相比，"城市矿山"资源品位更高，发展前景更为广阔。

因此，我们必须重视循环经济模式，其中，再生资源产业是循环经济中的核心。大力发展再生资源产业对于节约资源、缓解资源短缺的矛盾、减轻环境承载压力具有重要意义。近年来世界主要发达国家纷纷投入巨额资金，制定优惠政策，提供技术支持，促进了资源再生产业快速发展。目前资源再生产业已成为全球发展最快的朝阳产业。从产业演化的历史规律来看，在工业化进程中，每一个阶段都存在着不同的主导产业。例如，20 世纪不同的时期，分别都有特色型的主导产业：20 年代的石油、50 年代的钢铁、60 年代的汽车、80—90 年代的 IT 产业。目前，全球资源再生产业规模已达 2 万亿美元，仅美国的再生产业规模目前已达 2400 亿美元，超过汽车行业，成为美国最大、就业人数最多的支柱产业。专家估计，在未来 30 年内，资源再生产业为全球提供的原料将由目前占原料总量的 30% 提高到 80%，提供就业岗位 3.5 亿个。从资源再生观点看，"垃圾是放错地方的资源"，一切物质资源均具有循环利用的价值。从世界范围来看，资源再生领域将成为新的利润增长点，成为 21 世纪的主导产业。

2. 中国再生资源回收产业市场潜力巨大

我国是一个人均资源比较匮乏的国家，主要 45 种资源的人均占有量不足世界人均量的一半，但再生资源宝藏却极为丰富，固体废弃物已经成为我们未来赖以发展的森林、矿山，蕴藏着大量的宝藏。据中国再生资源利用协会统计，我国每年可以回收利用但没有回收利用的再生资源价值高达 350 亿—400 亿美元。而且，随着我国工业化、城镇化的不断发展，我国人均资源的消费量将大幅提高，再生资源总量将实现快速增长，我国资源回收综合利用、资源再生循环利用方面存在着巨大的潜力和发展商机。

以废旧汽车为例，据研究，2012 年，我国汽车产销量已超过 1900 万辆，保有量已突破 1.2 亿辆，按 2020 年人均汽车拥有量 0.17 辆来计算，预计到 2020 年末，汽车保有量会突破 2.5 亿辆；而目前我国汽车注销率约为 2%，远低于西方发达国家 6%—8% 的水平，以我国汽车注销率逐步提升至 5% 来计算，我国汽车注销量将由 2012 年的 240 万辆增长至 2020 年的 1250 万辆，废旧汽车拆解市场空间在 2013—2020 年间增长约 5 倍。

目前，我国塑料年使用量超过 6700 万吨，已经超过美国成为全球最大的塑料消费国，而国内废旧塑料再生率仅为 29%。我国纸及纸板的生产量和消费量均居世界第一位，但废纸回收率（回收量 / 消费量）只有 44%。我国玻璃生产和消费量居世界首位，但是废旧玻璃的回收利用率仅约 20%。我国是世界第一的橡胶消耗大国，同时也是世界上废旧橡胶产生量最大的国家之一。但是我国废旧橡胶利用率却仅为 65% 左右，与美、日等发达国家相比差距较大。

3. 2016—2020 年中国再生资源产业发展展望

2015 年 1 月 26 日，商务部、国家发展改革委、国土资源部、住房和城乡建设部、供销总社联合制定了《再生资源回收体系建设中长期规划》（2015—2020 年），指出，到 2020 年，在全国建成一批网点布局合理、管理规范、回收方式多元、重点品种回收率较高的回收体系示范城市，大中城市再生资源主要品种平均回收率达到75%以上，实现85%以上回收人员纳入规范化管理、85%以上社区及乡村实现回收功能的覆盖、85%以上的再生资源进行规范化的交易和集中处理。培育100家左右再生资源回收骨干企业，再生资源回收总量达到2.2亿吨左右，比2013年增长近40%。

根据《再生资源回收体系建设中长期规划》的目标，按2014年以后的新统计口径测算①，到2020年我国再生资源回收总量将达到3.2亿吨，比2014年增长1/3，再生资源回收总价值约1万亿元，再生资源产业总规模约3万亿元。

2015年10月，党的十八届五中全会通过了《中共中央关于制定国民经济和社会发展第十三个五年规划的建议》，第一次提出"绿色发展"的理念，强调必须坚持节约资源和保护环境的基本国策，坚持可持续发展，加快建设资源节约型、环境友好型社会，形成人与自然和谐发展现代化建设新格局，推进美丽中国建设，为全球生态安全作出新贡献。《建议》还提出实施循环发展引领计划，推行企业循环式生产、产业循环式组合、园区循环式改造，减少单位产出物质消耗。加强生活垃圾分类回收和再生资源回收的衔接，推进生产系统和生活系统循环链接。预计十三五时期，资源节约和环境保护将得到国家的高度重视，再生资源产业发展也将迎来前所未有的战略机遇。

（二）中国再生资源产业发展趋势

未来我国再生资源产业的发展不仅总量上将会有显著增长，产业布局、

---

① 2013年以前公布的废钢铁回收量数据主要是大型钢铁企业的数据，自2014年起，将中小型钢铁企业回收的废钢铁、铸造和锻造行业使用的废钢铁数量纳入统计范围。2013年以前公布的废有色金属回收量中没有统计热镀锌渣、锌灰、烟道灰、瓦斯泥灰中废锌的相关数据，自2014年起，将从热镀锌渣、锌灰、烟道灰、瓦斯泥灰中回收的废锌数量纳入统计范围。

产业结构、产业组织等方面也将发生很大变化，主要有如下趋势。

1. 产业集中化

我国再生资源产业发展在内外各种因素作用下，产业越来越趋向集中化。

一是产业集中度进一步提高。随着再生资源市场竞争加剧，同时宏观经济持续下行，再生资源产品价格下跌，企业用工、用地等成本上升，国家环保政策日益严格，再生资源产业有向规模大、管理水平高、经济效益好、研发能力强、技术装备先进企业集中的趋势。资本市场运作将进一步加速产业的集中度。近年来，回收行业日益受到资本市场的青睐。东江环保、首创股份、桑德环境、格林美等多家上市公司先后并购回收企业。2014年12月7日，格林美与爱回收网签署了战略合作框架协议。格林美将为爱回收网C轮融资注入1000万美元，爱回收网将回收到的报废手机、笔记本、电池等电子产品及配件交给格林美进行处理。2014年3月20日，东江环保与淘绿网签订协议，共同运作废旧手机项目，通过淘绿公司的资源回收平台构建有效的废旧手机回收体系，同时通过借助东江环保在电子废弃物处理领域的技术、运营、销售和管理等方面的优势，全面实现废旧手机的规模化、科技化、环保化和绿色化回收拆解，实现"美丽中国"的中国梦。2014年9月5日，作为我国回收行业的龙头企业，中国再生资源开发有限公司借壳秦岭水泥上市，打造行业的航空母舰。未来有独立的回收渠道、与回收网点密切的回收企业将会更受青睐，行业重组、并购、上市现象将会增多，产业集中度也将进一步提高。

二是产业集聚度进一步提高。再生资源产业发展的另一趋势是区域内空间布局分散的企业逐步向园区集中。再生资源产业园区的发展，受历史、技术、市场等多种因素的影响，不同园区呈现出不同特征。比如，安徽界首是原料聚集型再生资源产业园区，湖北谷城是产业拉动型，青岛新天地属于政策监管型，格林美"城市矿产"循环产业园是技术推动型，上海燕龙基再生资源产业园则是专业化型园区。未来将以再生资源回收企业为依托，形成若干个不同层次、不同类型、不同规模的再生资源回收集散基地和规范化的再生资源拆解加工利用基地，实现再生资源回收、加工、利用一体化进程。

2. 技术集约化

随着我国劳动力供求进入"刘易斯转折点"，劳动力日益短缺，用工成本持续上涨，再生资源产业也必须转变发展方式，由主要依靠丰富廉价的劳动力资源转为主要依靠资本、技术、知识，提高回收设施智能化、分拣自动化水平，来实现产业的进一步发展。近年来，我国再生资源产业已显示出技术设备集约化趋势。

一是机械化、自动化和先进适用的分拣加工处理装备不断推广，促进了再生资源分拣处理企业技术升级改造。比如，利用自动化拆解线，广东华清废旧电器处理有限公司每天可完成6600台废旧电视机、200台废旧电冰箱的拆解，全年废旧电器电子产品拆解量提升为150万台，而所需拆解工人则从原来的上千人降为140人。

二是智能型回收设施、设备的研发和应用，推动了回收企业废旧物资回收技术和方式的创新。近年来，一些企业研发基于物联网的再生资源收运系统监测技术和传感识别设备，并用于废旧物资的回收，收到很好效果，并展现出良好的推广应用前景。北京盈创再生资源回收有限公司将物联网技术与再生资源回收体系相结合，自主研发的饮料瓶智能回收机，开创了中国首例将物联网技术与再生资源回收体系结合的先例。基于物联网技术的"物联网智能回收机"已尝试在北京地铁、公交、首都机场等场所进行配置，如果运行良好，一台回收机一年可回收1.5吨废饮料瓶。

3. 产业链国际化

我国再生资源产业长期处于一个比较封闭的环境中，与其他行业相比，对外开放度极低。随着我国经济发展和对外开放水平的提高，进军国际再生资源市场，提高再生资源回收产业链的开放度是必然趋势。

一是再生资源国际贸易将进一步发展。与发达国家相比仍有较大差距，再生资源国际贸易具有很大发展空间，如我国钢铁产量和消费量远超欧盟，而废钢铁进口量仅为欧盟的80%，废钢铁的出口与欧盟差距更大。近些年，由于宏观经济持续下行，我国再生资源国际贸易一改2011年以前持续高速发展，许多品种如废钢铁、废铜、废纸等进口陷入低谷。但是，从长远看，随着我国经济继续保持中高速增长，需要进口更多的再生资源，弥补国内城市矿产资源量不足。同时，随着用工成本大幅上涨，一些低价值再生资源的加工在国内无利可图，其出口将大幅增长。

二是再生资源国际投资将进一步加大。随着再生资源国际贸易的扩大，以及即将签署的中美、中欧投资协定所带来的国际投资进一步便利化，我国将有越来越多的再生资源企业走出去，再生资源对外投资将进一步加大。同时，外资对我国再生资源产业的投资也将明显增加，我国再生资源产业将逐步融入全球再生资源产业链中。

4.回收模式多元化

随着再生资源产业的发展，我国再生资源回收模式也趋向多元化。

一是以三级网络为基础的生活类再生资源回收模式，即以回收网点、分拣中心和集散市场（回收利用基地）为代表的三级回收网络，城市生活类再生资源回收体系以此模式为主。

二是厂商直挂的产业类再生资源回收模式。在此模式下，回收企业与各类产废企业和产业集聚区建立战略合作关系，有条件的企业将分拣和加工的再生资源直接配送给利用企业和国家城市矿产示范基地，通过厂（企）商直挂，减少中间环节，满足下游利用企业的需求，提高回收利用率。典型案例有：杭州富伦生态科技有限公司通过与火车站合作，回收废弃物中复合纸包装减排垃圾，实现了回收人员、火车站、利用企业多方共赢的创新回收模式；深圳泰力废旧电池回收技术有限公司与笔记本电脑、手机制造商合作，通过快递公司上门回收，执行废旧电池回收认证方案模式；上海燕龙基再生资源利用有限公司三级回收网络回收废玻璃模式；武汉格林美资源循环有限公司采用回收箱、回收超市相结合的废旧电池多渠道回收模式；上海森蓝环境资源有限公司废弃电器电子产品"5H"回收模式。

三是与回收企业对接的公共机构类再生资源回收模式。该模式的特点是回收企业与公共机构对接，通过开展义务回收、协议回收、定期回收、流动回收等多种方式，对公共机构类再生资源进行规范收集、安全储运、环保处理。

四是以逆向物流为特点的服务消费类再生资源回收模式。该模式的特点是发挥流通企业面向广大消费者分散销售且便于集中回收的优势，实行销售者责任，建设绿色商场，利用销售配送网络，试点建立逆向物流回收渠道。

5."互联网+"思维普及化

"互联网+"是一种思维创新，也是一种模式创新，更是推动再生资源行业供给侧改革的重要手段。利用"互联网+"这种新型模式，形成"互联网+再生资源"，打造新型回收交易平台，整合线上线下资源，发展新型电商模式，构建新型融资平台，形成新型商业模式。这是再生资源产业发展的必然趋势。

再生资源行业先天具有互联网化的条件，这就是规模小、价值低、分布面广、回收分散，与互联网扁平化的特点相一致。传统的回收途径所依赖的回收大军和游击队，实际上就是互联网的各个节点。那么随着产业升级和城镇化的发展，传统的回收方式、回收模式越来越难以为继。互联网大数据企业搭建城市废物平台，创新再生资源模式，有利于实现行业转型升级，促进行业向绿色化、信息化、产业化深入发展。

在各种回收和交易模式的演变过程中，涌现了一批并走在时代前端的互联网企业。如深圳淘绿信息科技有限公司将互联网思维融入传统回收行业，构建了专注于再生资源行业（废旧手机）的回收服务第一平台，集线上回收交易平台、二手商城平台、拆解物交易平台、积分系统为一体的三大平台一个系统。爱回收网是国内主要的 C2B 电子产品回收平台，专注于手机、笔记本电脑、平板电脑等数码电子领域，为用户提供一站式闲置处理服务。

六、"互联网 + 再生资源回收"模式和业态分析

近些年，互联网异军突起，对各种产业的发展都带来深远影响。2015年3月，李克强总理在《政府工作报告》中首次提出"互联网+"行动计划。"互联网+"就是将互联网与传统行业相结合，促进各行各产业的发展，代表了一种新的经济形态，即充分发挥互联网在生产要素配置中的优化和集成作用，将互联网的创新成果深度融合于经济社会各个领域之中，提升实体经济的创新力和生产力，形成更广泛的以互联网为基础设施的经济发展新形态。国家发改委在《2015年循环经济推进计划》中提出："我国将推动和引导再生资源回收模式创新，积极探索'互联网+回收'的模式及路径，积极支持智能回收、自动回收机等新型回收方式发展"。互联网与再生资源回收产业的融合，是产业发展的必然趋势，也是推动再生资源回收行业供给侧改革的重要手段。

（一）互联网对再生资源产业的影响

1.互联网的发展及其技术特征

互联网是现代信息技术发展到高级阶段的产物。信息技术是关于信息搜集、处理、存储、传输、利用等方面的技术，是微电子、通信、计算机、互联网、广播电视等发展所形成的一个技术集群。互联网是信息技术的核心，将整个技术集群连接成一个整体，是近来发展最快的技术和未来技术发展的主方向。以互联网为核心的信息技术作用并渗透到各个行业，影响到生活的

方方面面，人类开始步入信息经济时代。互联网已将全球数十亿用户连接到一起，这还不包括物联网连接的各个物理设备。预计到 2020 年，全球互联网用户将达到 40 亿，超过 220 亿个无线设备将接入信息网络，基于网络的虚拟社会正悄然形成，现实物理空间与虚拟信息空间在互动交织中走向融合和统一。全球信息产业的价值已高达数十亿美元，成为除水、电、公路、铁路等之外最关键的基础设施之一。

信息技术具有降低交易成本、深化社会分工、完善市场机制、提高人力资本等效应，信息技术作用于企业，使企业的组织模式发生变化，动摇了工业经济时代企业的组织基础，改变了传统企业通用的科层组织的治理结构，出现了一些新的组织模式，具体表现为：外包、超大型平台等网络组织的出现、扁平化的企业组织模式、超微型跨国企业组织模式、淘汰组织人的新型经济组织模式、新型合伙人组织模式等。

2. 传统再生资源产业的局限

再生资源回收属于逆向物流。[①] 与产品销售的规模化、精准化的顺向物流不同，再生资源回收行业的逆向物流一直处于比较缓慢的发展状态，尚未形成完备的体系，这与其本身的特点相关。一是逆向物流的数量和质量具有很大的不确定性，很难形成标准化规模化优势。再生资源回收行业的物品来源不是通过缜密的生产计划，而是由瞬息万变的用户动机决定，企业对废旧物品的来源很难进行预测。废旧物品本身的质量也有很大的不确定性，原因是对"废旧"本身的理解更多地取决于消费者自身的生活习惯、收入水平、兴趣偏好等不可量化的因素。二是逆向物流对时效性要求低，难以形成规模

---

① 逆向物流最早由 Stock 定义。物流分正向物流和逆向物流，两者组成了整个产品的销售和回收系统，正向物流主要是根据市场需求进行大规模的生产、销售形成的物流；逆向物流主要是"多对少"的收敛结构。逆向物流分为回收物流和废弃物物流，其中回收物流主要指产品经过退换货行为返回生产商和供应商的流程；废弃物物流指对已没有使用价值的产品回收，经分检、拆解、再制造或报废处理的流程。逆向物流使仍有使用价值的废弃物通过产商进行价值恢复或进行零部件与原材料的再制造。

性。正向物流通常是根据市场信息预测等进行大规模的生产和销售，而逆向物流是"多对少"的收敛结构，难以形成规模性。逆向物流的时效性要求较低，废旧物在消费者手中储存的成本较低，其处理动机主要来自于清理、美观等需求，而非寻求急需使用价值的刚性需求。三是逆向物流与正向物流经常并存。消费者通常是在进行新产品的购置时作出淘汰废旧产品的决定，这使得两个物流体系具有很强的相关性。

逆向物流的这些特点，使得再生资源回收行业的回收端长期处于散乱的状态，难以实现标准化、规模化，很难出现具有规模优势的大企业。传统的回收市场以走街串巷个体游商的集散交易为主，具有家族式、低组织性、定价乱、地盘意识强、受尊重度低、高流动性、安全隐患大等特点。以北京市为例，从事回收行业的 20 万人中，河南固始县人占到了 70%。这种表面松散的组织其实内部紧密相连、沾亲带故，其运转方式有点儿类似于旧社会的行会，甚至会出现为争抢地盘"大打出手"等恶性竞争现象。

3."互联网＋再生资源回收"的作用

互联网能够将相互依存或希望相互联系的客观存在的个体联系起来，打破时空限制，为个体之间的互通和交流提供便利，实现个体之间的交互式传播。传统再生资源回收行业，通过互联网"数字化、智能化"进行升级改造，不仅可有效减少行业中间环节，使信息更加透明，还有助于降低企业经营成本，提高资金使用效率，促使逆向物流向标准化、规模化发展。

一是消除消费者与回收商之间的信息壁垒。由于回收行业低频次、时效性低等特点，逆向物流中的消费者与回收商之间具有很高的信息壁垒，消费者难以找到回收商，回收商也很难找到消费者，二者在市场中处于随机匹配的状态。这是导致再生资源回收率低的一个重要原因。互联网与回收行业的结合，通过网站、手机 APP、公众号等平台，利用物联网、智能机等设备，可以打破消费者与回收商之间的信息壁垒。消费者有废旧物品回收需求时通过互联网发起需求信息，回收商根据消费者的需求信息进行定向服务。这种基于信息透明的精准化匹配模式，可以改变过去回收商与消费者之间双向寻找的随机匹配模式，降低二者之间的交易成本，提高整个行业的回收率。

二是减少逆向物流链条环节。减低交易成本是互联网化的关键，扁平化是互联网的一个特征。减少交易层级，降低交易成本，使得再生资源回收行业的互联网化得到发展。传统回收模式中，废旧物品从个人回收到最终进行后端处理企业，中间至少经过小回收商、批发回收商、回收公司、分拣商、加工处理企业等层级，每个层级至少要分走20%的利润。弃物从消费者到再生资源企业的手中，价格一般会翻三至四倍。"互联网＋资源回收"行业，可以直接搭建起消费者与回收公司甚至加工处理企业之间的桥梁，减少逆向物流的链条环节，将节省的利润在消费者和回收公司之间进行分配。

三是实现标准化、安全化、透明化、规范化经营。传统回收的从业人员缺乏基本的培训，职业素养较低，经营不规范，回收价格不透明，且存在一定的安全隐患，消费者体验极差。互联网与回收行业的结合，通过对回收人员的身份验证、上岗培训、工服统一等方式，提高了整个行业从业人员的素质，解决上门的安全问题；通过对信息壁垒的消除，使得回收价格更加透明，改变过去乱定价的状态；通过消费者对回收人员的评价等方式，使得消费者与回收商之间的交互沟通更加便捷，提高二者之间的信任度；通过定向跟踪，消除废旧物品回收后随意处理产生的二次污染问题。这些都极大提高了消费者体验，使得整个行业向规范化的方向发展。

四是实现正向物流与逆向物流的高度融合。正向物流与逆向物流具有天然的关联性，但传统回收行业的运作模式使得两个物流体系一直处于相互割裂状态。"互联网＋回收"，由于信息的及时性、操作的便利性，可使得两个物流链条很好地结合起来，消费者在进行正向物流消费的同时完成逆向物流的回收，两个链条的结合将产生巨大的经济效益。

五是数据分析产生附加值。通过信息化的处理手段，可以记录废旧物品回收的品类、数量、地点分布等信息。通过这些数据，可以对消费总量、家庭用户消费习惯、产品生命周期、产品实际消耗量、废旧物品的走向等进行分析，为生产商、政府等提供决策咨询。

（二）"互联网＋回收"现有模式分析

"互联网＋回收"在我国目前还处于起步阶段，"互联网＋回收"模式主要有两类：电子商务模式和基于物联网和智能机的自动回收模式

1. 电商模式

目前"互联网＋回收"的主要商业模式，主要脱胎于传统的电子商务，将电子商务的 O2O、B2B、B2G、B2C 等模式移植到回收行业中，再结合回收行业的特点，进行商业模式创新。

B2C 模式：主要面向社区、学校等场所的个人用户，平台定点设置智能废弃物回收箱，定时派遣物流人员收集回收点处的小型废弃物，或是按需上门回收大型废弃物，并将其运送至处理商处分解再生。

B2B 模式：主要面向企业，由平台提供中介服务，既可以向无法处理废品的企业提供服务，收取一定的费用，也可以在企业之间建立起互惠交易平台。平台能够有效整合废品再造的产业链，减少当中的资源浪费。

B2G 模式：主要面向政府，平台除了将自己的物联网终端设立在政府机关之外，一方面获得政府在政策、项目和资金方面的支持，另一方面通过政府向社会进行公益宣传，传达相关的环保知识，提升市民的环保意识。

O2O 模式：主要面向个人用户，是 B2C 模式发展到一定阶段的产物。消费者通过公众号、手机 APP、网站等方式在平台下单，平台通过快递或上门等模式进行回收。

2. 智能模式

智能模式主要包括二维码和智能回收。

二维码：通过垃圾分类指导系统，将垃圾分类打包并贴上专属二维码，

定点投放到公司的回收箱或使用APP、微信预约上门回收服务，回收完成后获取积分奖励。居民可通过移动终端实时查询分类回收记录和积分奖励情况，通过线上积分商城兑换各类生活用品、购物卡等，并享受免费送货上门服务。

智能回收：基于物联网基础开发出"智能固废回收整体运营解决方案"回收机，回收机可收集产品的生产时间、品牌、型号、去向等数据。将回收机安放在人流密集的区域，如公交地铁站、公园、社区等。消费者将废旧物品直接投放到回收机中，费用可用来充值、捐款等。目前这种机器主要用于标准化的饮料瓶等标准化废旧物的回收。

（三）"互联网＋回收"现行业态分析

互联网＋回收行业目前主要有两大类业务：一是二手物品的回收、翻新和销售，如以"爱回收"为代表的二手电子产品回收，其本质上不属于狭义的再生资源范畴，但属于循环经济的再利用；二是废旧物品的回收，如以"回收哥"为代表的家庭废品回收，属于狭义上的再生资源范畴（见表8）。

表8 "互联网＋回收"行业主要业务

序号	企业名称	所在地	主要业务
1	爱回收：上海锐易网络信息技术有限公司	上海	以二手和报废数码产品（二手手机）为主。自营模式，平台自己回收和销售。用户通过网站或APP下单，平台通过快递或上门回收模式进行回收，二手产品经过二次翻新进行二次销售或流入下游，报废产品销售给下游渠道
	乐回收：深圳市迈乐收网络科技有限公司	深圳	
2	淘绿：深圳淘绿信息科技有限公司	深圳	以二手和报废数码产品（二手手机）为主。打造第三方交易平台，对市场标准、买卖方信息撮合，为上下游服务，不做回收生意

（续表）

序号	企业名称	所在地	主要业务
3	回收哥：格林美旗下回收哥（武汉）互联网有限公司	武汉天津	回收家庭废品。自营模式，通过 APP 等预约，公司自有人员上门回收
	帮到家：北京盈创再生资源回收有限公司	北京	
	闲豆回收：北京魔力象限科技有限公司	北京	
	9 贝壳：杭州大满网络信息技术有限公司	杭州	
4	邦邦站：上海睦邦环保科技有限公司	上海	家庭废品。建立"线下连锁实体站点 + 线上移动互联网"的环保服务模式，专门为住宅小区和商业社区的用户，提供专业的再生资源回收和优惠优质的商品和便民兑换服务，打造"环保社区生态服务产业圈"
5	绿色地球：成都市绿色地球环保科技有限公司	成都	家庭废品。在社区投放回收箱，引导居民进行垃圾分类，将再生资源投入回收箱，通过二维码识别用户给予积分，积分可以兑换生活用品
	绿色循环：长沙绿色循环再生资源有限公司	长沙	
6	循环宝：东方钢铁电子商务有限公司	上海	生产活动废品。构建网络平台，致力于为工业企业闲废物资处置业务提供网络解决方案，物资品种包括：整体产线、闲废设备、废旧资材、工业废弃物、钢材废弃物等

从互联网与回收行业结合的方式看，主要有两类，一是传统的再生资源企业（如桑德环境、格林美）和供销合作社，通过自己构筑平台或通过收购、合作等方式，将互联网引入回收行业；二是一些互联网公司（如京东、赶集）或初创企业（爱回收等），开始涉足回收行业。下面以典型企业加以说明。

1. 互联网企业触回收（爱回收网）

爱回收网成立于 2011 年，是国内首家 C2B 电子产品竞价回收平台，专注于手机、笔记本等数码电子领域，把二手电子产品交易市场搬到网上，为用户提供一站式闲置处理服务。2012 年初曾获晨兴资本 200 万美元的 A 轮投资，2014 年 7 月获 IFC 与晨兴资本的 1000 万美元 B 轮联合投资，2015 年 8 月获得 6000 万美元 C 轮融资。与京东合作，通过二手手机的回收，将正向物流与逆向物流进行融合，平均每 1 元的回收收入可以撬动 4 元的销售收入；销售渠道上采用分流策略，将高端品牌产品给制造商，一般但有实用价值的产品分给二手销售商，最差的产品则给环保处理商，还打造了"二手良品"销售平台，通过平台把检测、翻新后的智能机销往三四线城市和农村等地；爱回收网还与上游的处理商格林美高新技术股份公司达成合作，格林美将承担其回收的废旧电子产品的环保拆解、循环利用业务；打造了自己的竞价系统：一是透明、公开的竞价定价机制。消费者在爱回收网上按照型号输入一款待回收的手机，填写信息后，爱回收会根据其信息进行性能、折旧、外观等全方位的测评并给出一个评分，几分钟后，页面上就会显示出各个回收商的报价，爱回收从中选取最高报价生成订单价格；二是辅助的报价机制。当面对那些回收商不愿回收的冷门机型或回收商非在线状态的时间段，这时爱回收就会启动辅助报价机制。不同于竞价机制，自行报价需要有一个精准的衡量价格的指标，因此爱回收根据产品生命周期、市场占有率、转化率、消费者购买习惯、消费者回收习惯等因素来分析销售情况，并作出调价的决策。

2.传统企业触网（回收哥、盈创回收、循环宝）

回收哥：依托于著名再生资源企业格林美，首批进入的城市为天津与武汉。在湖北，公司与湖北省供销合作总社合作，共同出资设立"回收哥"网络回收有限公司，采用O2O方式开展"互联网＋分类回收"业务。通过O2O平台，将各级废品站作为格林美回收废品的中转站。收到废品后，立即被公司的小货车拖到存储基地，然后专运到工厂，中间至少省去两次中转环节，大大节省了人力、物力、时间和场地成本，提高了收购效率。据测算，按传统模式，从居民家中收一台废电视成本价30元，到格林美成本到了60元，而按O2O模式收购，工厂抵达价为40元，节省了20元成本。这20元将由回收人员、废品站、公司共同分享，多方受益。其目前存在的主要问题是资金。格林美2014年年报显示，其净利润2.1亿元，而补贴则达到了5.8亿元，净利润不到补贴金额的二分之一。格林美在一份公告中表示，随着公司拆解处理量的不断增长，公司需垫付的流动资金也越来越多，流动资金缺口已成为制约公司该项业务持续发展的重要因素。

盈创回收：盈创回收成立于 2008 年，其母公司为盈创再生资源有限公司，是中国唯一一家且亚洲单线产生最大的可以生产食品级再生聚酯切片的企业。盈创回收的产品与服务主要应用于城市配套设施建设领域、环保回收领域，智能回收机远销海外市场，成为中国最大的固废垃圾回收自助机具的生产商与出口商。盈创回收是中国领先的"智能固废回收自助机具及回收系统整体解决方案"运营商和提供商，专注于整体回收体系，以及智能化的一级和二级回收网络的建设。凭借成熟的回收网络，盈创回收已在北京的主要地铁站、公交站、机场、商业区、学校等区域布置了 1500 台智能回收机，约 1000 台衣物回收机也即将上线，手机、节能灯回收机目前也在研发当中。其回收行业目前本身难以实现盈利，主要依靠广告、数据分析等进行盈利。

循环宝：循环宝是东方钢铁在线电子商务有限公司旗下专门的循环物资处置平台。东方钢铁在线是国内唯一的以钢铁贸易为特征的钢材交易平台，创建于2000年12月，是宝钢集团的全资子公司，已经成为便捷的网上交易、安全的支付结算、完备的实物交收、灵活的贸易融资、配套的物流中介服务及专业的钢铁咨询为一体的全流程钢材现货电子商务平台。依托于东方钢铁现有的电子商务平台，不同于其他"互联网＋回收"企业，循环宝主要关注生产活动中产生的废旧物资（如生产余料、废旧设备、固体废弃物等）的回收利用。这些废旧物资分布较为集中，量大，密度小，环保要求高，以企业回收为主。循环宝能够提供网上竞价交易、网上挂牌交易、在线融资理财、寄售销售模式等在线模式，并搭建起所有卖方共享的客户资源池和在线客户服务体系，在提供交易、物流、资金服务的同时，构筑起聚集渠道优势、利益共享的生态圈。

七、"互联网＋再生资源回收"的制约因素与前景评析

我国的"互联网＋再生资源回收"行业目前有一些制约因素，但其发展前景仍被看好，势不可当。

（一）"互联网＋再生资源回收"的主要制约因素

目前，我国的"互联网＋回收"行业尚处于起步阶段，其发展的主要制约因素为：

一是技术体系不完善，制约回收行业的深层次迈进。以物联网为例，据欧洲智能系统集成联盟（EPoSS）预测，全球物联网在2015—2020年才能进入半智能化阶段，要真正实现不同系统的融合尚需时日。相比之下，RFID、传感器技术、近程通信技术等相对成熟。目前我国大部分面向资源回收行业的应用仍处于感知层面，缺乏深度分析能力以及预警、处理能力。

二是公众参与程度低，人民日常生活的回收需求满足不够。目前，公众参与再生资源回收的自觉性还不够，缺乏基本的环境保护意识。如社区垃圾分类从2000年执行到2015年，效果并不尽如人意。低层次收入群体缺乏环保意识，在利益的驱使下往往以价格为导向，不考虑回收利用可能造成二次污染等问题，大量废旧物资通过非正规渠道流入了没有任何环保设施作坊式工厂；中高层次收入群体由于对价格缺乏敏感性，往往以简单方便为主，将废旧物品随意丢弃，造成资源浪费和二次污染。"互联网＋回收"的模式对于很多家庭来说还属于新鲜事物，其接受还需要一定的时间。

三是库存管理难度高，逆向物流发展瓶颈问题仍待解决。库存是制约再生资源逆向物流的关键，提升库存管理能力势在必行。再生资源逆向物

流与传统物流相比存在三个难点：库存来源多，回收产品的随机性和不确定性导致企业对库存的控制力减弱；回收产品再制造增加了库存管理的难度。库存不仅包括新产品，也包括利用回收产品再制造的产品，促使企业很难把控库存的补充情况；成本收益率低。由于逆向物流相对分散，导致实施逆向物流在短期内投入较大、成本较高，且很难获益。如果不能真正提升回收企业的库存管理水平，再生资源逆向物流很难迎来实质性的快速发展。

四是应用层次低，废弃物回收面临效率难题。"互联网＋"在废弃物回收利用的层次仅限于交易环节，向回收过程和再利用环节渗透依然面临瓶颈。目前，我国的拆解和回收再利用主要还是通过人工拆解或者物理和化学方法回收，物联网和大数据的应用仅仅作用于废弃物的交易环节。未来，通过物联网技术将实现回收零件或产品的可追溯，提升电器电子产品拆解的分离效率，甚至应用于废弃物回收的全过程，依然有很长的路要走。

五是互联网产品推广成本高，企业营收平衡困难。虽然"互联网＋回收"有着传统模式无法比拟的优势，废品回收行业属于低频低客单价行为，客户长期使用的黏合度、物业小区的许可进入、回收员的技术标准培训、互联网从业人员的高工资等限制，使得该模式前期推广成本很高。大部分的"互联网＋回收"公司单纯依靠回收行业还难以维持发展，主要依靠变相广告收入、政府补贴、资本市场融资等方式发展。

六是标准规范尚不完善，互融互通难以实现。互联网的精神是互联互通，用同一种语言对话，实现同一交易和流程的共享。但目前看，在废弃物的分类标准、含量判定等接口对接上，尚未统一。各个网站网络以及不同系统之间，还没有形成一个基础统一的可以衔接的技术标准，互联网性、共享性没有实现。

（二）"互联网＋再生资源回收"的前景评析

1."互联网＋再生资源回收"前景广阔

从产业发展、国家政策等宏观层面看，"互联网＋回收"行业未来几年处于大有可为的关键发展期。

一是互联网行业和电子商务发展迅猛。我国互联网行业整体发展异常迅猛，已经迈入了互联网大国，基本步入互联网经济时代。从 1986 年我国实施的第一个国际联网项目——中国学术网（CANET），1987 年中国第一封电子邮件 "Across the Great Wall we can reach every corner in the world" 发往德国卡尔斯鲁厄大学，到 1995 年底中国自行设计、建设的中国教育和科研计算机网（CERNET）建设完成，1996 年初中国计算机互联网（CHINANET）全国骨干网开通，开始为全国的公用计算机提供网络服务，到 1998 年底，我国上网计算机 74.7 万台，上网用户数 210 万，到 2002 年底，我国商务计算机 2083 万台，上网用户数达到 5910 万，再到 2014 年 6 月我国网民规模达到 6.32 亿，互联网普及率达到 46.9%，排名世界第二。其中，手机网民规模达 5.27 亿，较 2013 年底增加 2699 万，网民中使用手机上网的人群占比进一步提升，由 2013 年的 81.0% 提升至 83.4%，手机网民规模首次超越传统 PC 网民规模。在互联网发展带动下，我国电子商务迅速崛起。2015 年全年电商交易额将接近 20.8 万亿元，同比增长约 27%。其中，网络零售交易额接近 4 万亿元，同比增长约 39%。线上线下加速融合发展。一方面，传统线下企业积极应用电商加快转型升级。据统计，连锁百强企业中已有 75 家开展了网络零售业务。另一方面，线上企业也积极向线下发展。O2O 成为当前电商发展的一个亮点，带动了餐饮、家政、养老、装修、出行等多个领域的网络消费。2015 年上半年，我国 O2O 市场规模达 3049 亿元，同比增长近 80%。

二是再生资源产业发展潜力巨大。统计数据显示，全国 600 多座大中城市中，有 2/3 已经陷入垃圾包围之中，有 1/4 的城市已没有合适场所堆放垃圾。而居民产生的生活垃圾中超过 30% 是可回收利用的。废品回收是市场空间庞大的行业，年交易规模达 6000 亿—7000 亿元之间。上世纪末，发达国家再生资源产业规模已达 2500 亿美元，本世纪初已增加到 6000 亿美元。我国目前年回收再生资源近 2.4 亿吨，其中废钢铁 1.5 亿吨、废纸 4400 多万吨、废有色金属 800 万吨、废塑料 2000 万吨。我们粗略测算，2020 年可再生资源回收量将达到 3.2 亿吨。废品回收行业被称为"社会静脉产业"。以废旧手机的回收为例，根据 2015 年 360 公司发布的《旧手机回收价值调研报告》，用户平均更换手机的周期已经缩短至 18 个月。工信部中国信息通信研究院发布的数据显示，2014 年全年国内手机出货量为 4.52 亿部，而新入网用户仅为 5698 万。悬殊的数据表明，我国每年将会产生大量的闲置手机。统计数据表明，目前中国的手机用户已经达到 15.3 亿，每年产生的废弃手机大约有 2 亿部，而我国废旧手机的回收率仅为 1%，约 0.153 亿，市场空缺率为 99%。电子产品中的精密元件和贵金属具有很高的再利用价值，回收潜能巨大。互联网与再生资源产业的融合将会极大发掘我国再生资源潜力，促进再生资源产业发展。

三是"互联网＋再生资源回收"宏观政策环境向好。国家发展和改革委员会公布的《2015 年循环经济推进计划》（以下简称《计划》），提到在构建再生资源回收体系过程中，要推动和引导回收模式创新，探索"互联网＋回收"的模式及路径，积极支持智能回收、自动回收机等新型回收方式发展。《计划》提出，要鼓励利用互联网、大数据、物联网、信息管理公共平台等现代信息手段，开展信息采集、数据分析、流向监测，优化网点布局，实现线上回收线下物流的融合，搭建科学高效的逆向物流体系，推动企业自动化、精细化分拣技术装备升级。2015 年 7 月，国务院发布的《国务院关于积极推进"互联网＋"行动的指导意见》中，将"互联网＋绿色生态"列为重要方面，提出要利用物联网、大数据开展信息采集、数据分析、流向监测，优化逆向物流网点布局。支持利用电子标签、二维码等物联网技术跟踪电子废物流向，鼓励互联网企业参与搭建城市废弃物回收平台，创新再生资源回收模式。要建立废弃物在线交易系统。鼓励互联网企业积极参与各类产业园区废弃物信息平台建设，推动现有骨干再生资源交易市场向线上线下结合转型升级，逐步形成行业性、区域性、全国性的产业废弃物和再生资源在线交易系统，完善线上信用评价和供应链融资体系，开展在线竞价，发布价格交易指数，提高稳定供给能力，增强主要再生资源品种的定价权。2015年10月，党的十八届五中全会通过了《中共中央关于制定国民经济和社会发展第十三个五年规划的建议》，进一步完善了发展理念，第一次将"绿色发展"纳入进来，并强调要拓展网络经济空间，实施"互联网＋"行动计划，发展物联网技术和应用，发展分享经济，促进互联网和经济社会融合发展，推进产业组织、商业模式、供应链、物流链创新，支持基于互联网的各类创新。由此可见，十三五期间，国家将会具体性地出台一系列政策，"互联网＋回收"行业将迎来重大的发展机遇期。

2. 再生资源产业与互联网融合将加剧市场竞争

虽然从宏观层面看，"互联网＋回收"在十三五期间将迎来行业发展的春天，但从企业发展的角度看，特别是对于初创型企业，市场竞争将进一步加剧，机遇与挑战并存。

从市场结构来看，虽然目前市场上尚没有形成超大型甚至垄断性的代表企业，但随着越来越多企业的进入，"互联网＋回收"行业由于同传统的互联网行业一样，具有"技术含量低、商业模式复制成本低"等特点，将进入依靠资本竞争争夺市场的时期。

一是传统再生资源回收利用行业的大企业产业链下移，加速与互联网的融合。国内一些大型的再生资源利用上市公司，如桑德环境、格林美、盈创等。桑德环境通过"易再生"布局线上资源回收业务，融合"互联网＋"，采用"互联网＋分类回收"的新模式，形成立体布局，并于2015年9月在北京召开了桑德环卫云平台发布会，将利用物联网、移动互联网、云计算等相关技术，通过各级感知设备、智能终端，对环卫工作中所涉及的各类环卫设施、车辆、人员进行全程实时监管，形成信息互通的物联网络，通过"互联网＋环卫"的模式颠覆传统的环卫系统。这些大的企业，依托其拥有的行业经验、上下游产业链条、政府资源、巨额资本等优势，将加速传统再生资源回收利用行业与互联网的融合。

二是大型互联网和IT公司布局回收行业，企业间合作加快。目前，如赶集网、联想等传统电子商务的大型互联网公司利用其在互联网行业的经验以及正向物流中的优势，开始探索"互联网＋回收"的布局。爱回收网已经与京东、格林美等达成合作。特别是随着电子设备更新速度的加快，这些企业通过资源的再回收利用，将正逆向物流融合，进一步促进企业的发展与扩张。

三是国外巨型公司开始布局进入中国市场。如美国最大的在线数码回收公司Gazelle将会进入中国市场，将与目前国内最大的在线数码回收公司回购网合作，布局中国市场。

四是初创企业模式类似，同质化竞争严重。初创型的互联网＋回收公司，由于其业务模式类似，同质化竞争比较严重，导致推广成本高，盈利困难。

五是微观层面缺乏明确的政策支持。虽然宏观层面国家出台了很多政策，但具体到各个地区，目前尚没有引起地方政府的重视，列入政府的工作计划，政府推动热情不高，企业难以拿到专项资金的扶持。

八、国际再生资源产业发展及借鉴

发达国家再生资源产业发展具有悠久历史，并已达到较高水平，其产业结构和特征预示着我国再生资源产业未来一个时期的发展方向，其扶持再生资源产业发展的政策措施可资我国借鉴。

（一）全球再生资源回产业发展总体情况

20 世纪 80 年代以来特别是 1992 年联合国环境与发展大会提出可持续发展道路之后，再生资源回收产业受到越来越多的国家重视，尤其是发达国家，通过经济、行政、法律等手段，不断促进本国再生资源回收产业的发展。根据国际回收局（BIR）统计，2012 年，全球再生资源产业规模已达 20000 亿美元，共回收各类再生资源约 6 亿吨，回收价值约 5000 亿美元，并且以每年 15%—20% 的速度增长。中国、美国、欧盟、日本、俄罗斯、加拿大等是再生资源回收利用的主要国家和地区。

从废钢铁回收情况看，2013 年，全球粗钢产量 16.07 亿吨，废钢铁消耗量 5.8 亿吨，炼钢废钢比 36.1%。2013 年废钢铁消费量最多的是中国，达 0.857 亿吨。其次是美国，为 0.63 亿吨。第三是日本，为 0.367 亿吨。中国废钢铁消费量虽高居各国之首，但是考虑到中国巨大的粗钢产量，炼钢废钢比仅为 11%，远低于美国、日本等国。由此也可以看到中国再生资源回收产业发展的巨大潜力。

表 9　2013 年全球粗钢产量和废钢消耗量

（单位：亿吨）

	全球	中国	欧盟	美国	日本
粗钢产量	16.07	7.790	1.658	0.869	1.106
废钢消耗量	5.8	0.857	0.899	0.630	0.367
炼钢废钢比	36.1%	11%	54.2%	72.5%	33.2

资料来源：国际钢铁协会、国际回收局。

从废有色金属回收情况看，2013 年，全球再生铜产量 332.75 万吨，再生铝产量 1122.21 万吨，再生铅产量 557.76 万吨。分国别看，2013 年，中国再生铜产量 215.3 万吨，居全球第一位，占全球总产量的 64.61%；第二是日本，为 31.4 万吨；第三是德国，为 28.1 万吨。2013 年中国再生铝产量 447.8 万吨，也居全球第一位，占全球总产量的 39.9%；第二是美国，为

348.2 万吨；第三是日本，为 80.9 万吨。2013 年全球再生铅产量居第一位的仍然是中国，为 148.9 万吨，占全球总产量的 26.7%；第二是美国，为 110 万吨；第三是印度，为 34.3 万吨。

从废塑料回收情况看，2013 年，全球塑料产量为 3 亿吨，其中亚洲占 45.6%（中国占全球 1/4），北美占 1/5，欧洲占 22.9%。2012 年塑料消费后再生率，欧洲为 22.9%，美国为 9%。

此外，全球废弃电子电器、废纸、废汽车、废旧轮胎、废船舶等再生资源回收产业都已形成很大规模。

（二）美国再生资源产业发展

美国是再生资源回收产业发展起步较早的国家。为促进再生资源回收利用，美国采取了一系列政策措施。

一是建立促进再生资源回收利用的法规体系。1965 年美国制定了第一部再生资源回收利用法律《固体废弃物处置法》，1976 年更名为《资源保护及回收法》。该法确立了对资源的恢复、回收、再利用、减量的"4R"原则，构建了包括资源再生、民众参与等在内的综合性框架。1986 年颁布《非常基金修正案及授权法》，对废弃物处理技术、国家环保资金投入和环保局权力等作了详尽规定。1990 年颁布《污染预防法》，提出用事先预防政策取代事后污染控制政策。

二是实行促进再生资源回收利用的税收优惠和财政补贴政策。如联邦政府每年都拨款给州政府，对各州废弃物处理项目给予大额财政补贴；同时，对固体废弃物回收利用实行免税政策。

三是建立和完善再生资源回收利用的组织管理机构。形成联邦与地方政府、各类行业协会与社会组织、回收加工企业三级组织体系。

四是大力发展再生资源回收利用技术。建立多层次的技术研发机构，大力培养再生专业科技人才，通过现代化的加工设备、先进的再生技术和创新的制作工艺推动再生资源回收产业发展。

目前，美国是除中国外，再生资源回收量最庞大、品种最齐全的国家。2013 年美国回收利用废钢铁 6300 万吨，占世界的 11%；回收 5000 万吨的废纸，其中出口 1000 万吨，占世界的 40%；同时还回收 348 万吨的废铝、4.7 万吨的废铜、110 万吨的废铝、250 万吨的废玻璃、5600 万吨的废轮胎以及 45 万吨的废塑料等。固体废弃物回收率为 40%—50%，生活废弃物的回收率为 35%—40%，每年再生资源回收总值约为 1000 亿美元。

表 10　2012—2013 年美国废纸回收情况

（单位：万吨）

年份	表观消费量	回收量	回收率
2012	7849.8	5109.2	65.1%
2013	7895.4	5012.8	63.5%

资料来源：美国林业及纸业协会。

值得一提的是美国的废旧塑料行业。美国在 20 世纪末废旧塑料的回收率达到 35%。据美国化学理事会数据，2013 年美国回收利用了 29.06 亿磅（约合 131.8 万吨）塑料瓶，回收率为 30.9%。美国回收利用废旧塑料品种的比例为：包装制品占 50%，建筑材料占 18%，消费品占 11%，汽车配件占 5%，电子电气制品占 3%。其中塑料品种所占比例分别为聚烯烃类 61%，聚氯乙烯 13%。聚苯乙烯 10%，聚酯类 11%，其他 5%。通过大量的技术研发，美国在燃烧废旧塑料回收利用热能以及热分解提取化工原料等方面取得了很多成果，通过燃烧废旧塑料回收能源的比率由 20 世纪 80 年代的 3% 增至 18%；废旧制品的掩埋率从 96% 下降到 37%。

美国的废电子电器回收率也很高。2010 年美国电子废物回收率为 27%，其中计算机为 40%，计算机显示器为 33%，硬拷贝设备为 33%，电视机为 17%，手机为 11%。冰箱、洗衣机、空调等白色家电的回收利用率更高，

2005—2012 年一直达 90%。

再生资源产业已经是美国经济的重要构成部分。目前美国生产的钢有近3/4 是利用废料生产的，所生产的金属和合金约 60% 由二次原料制成。再生资源产业的企业规模也相对较大，如 2012 年上半年，美国 16 家再生铅企业年产量高达 100 万吨以上。目前美国再生资源产业规模已达 2400 亿美元，超过汽车行业成为美国最大的支柱产业。

（三）欧盟再生资源产业发展

欧盟长期以来一直致力于环境保护和再生资源回收利用。

首先，积极倡导和普及环保理念。欧盟十分重视环保理念的树立和普及。如德国率先提出"垃圾经济"的理念，把垃圾作为一种资源来看待，并提出"减量化、再利用、再循环、无害化"原则，将"资源——产品——废物"的传统资源使用方式转变为"资源——产品——再生资源"的新型资源循环方式。欧盟各国还注重公众对环境保护的参与，从立法上明确公众在发展循环经济、垃圾回收处理等方面的责任和义务，运用各种手段向公众宣传保护环境的意义，使环保理念深入人心。

其次，大力推进再生资源回收利用的立法。欧盟再生资源回收利用的立法走在世界前列，已形成一套完备的法律体系，仅欧盟层面的环保法律法规就有 400 余部，此外欧盟各国还有自己的环保法律法规，如德国联邦和各州的环保法律法规达 8000 余部。许多法律法规对资源回收和再利用作了强制性规定，如 1994 年欧盟关于包装物和废弃物的法令，明确要求在实施的五年内应至少再生占总重量 50%—65% 的包装废弃物。德国规定玻璃、马口铁、铝、纸板和塑料回收率要达到 80%。法国规定包装废弃物的 90% 要循环利用。欧盟还注重通过立法推动环境保护的区域合作和国际协调，1992年《联合国气候变化框架公约》和 1997 年《京都议定书》的签订，欧盟都是主要推动力量。

再次，建立完善的再生资源回收网络体系。如 1991 年《包装法》颁布后，德国建立了世界上第一个包装废弃物回收利用系统：绿点——德国包装废弃物回收利用体系，通过公用的分类垃圾箱对居民的包装废弃物进行分类回收。德国还建立了由市政系统、制造商、社会、专业危险废弃物回收处理公司等组成的废旧电子电器回收体系。

最后，鼓励企业开发低资源消耗、可重复使用资源的技术，尽可能地避免垃圾的产生，或在垃圾产生不可避免情况下，尽可能使资源得到最大限度的再利用。

由于对废弃物回收利用的高度重视，欧盟国家再生资源回收产业发展一直处于世界领先水平。2013 年欧盟废金属的回收率约为 46%。其中，粗钢产量 16580 万吨，占全球的 10.3%，废钢消耗量 8990 万吨，占全球的 15.5%，炼钢废钢比为 54.2%；精铜产量 360 万吨，占全球的 16.9%，废铜消耗量 99 万吨，占全球的 29.8%，炼铜废铜比为 27.5%；原铝产量 783 万吨，占全球的 16.9%，废铝消耗量 254 万吨，占全球的 22.7%，炼铝废铝比为 32.4%；精铅产量 184 万吨，占全球的 17.6%，废铅消耗量 131 万吨，占全球的 23.5%，炼铅废铅比为 71.2%（见表 11）。目前，欧盟很多国家的钢铁和有色金属生产原料已经主要依赖于再生资源，再生金属产业已成为一个独立的支柱产业。

表 11　2013 年欧盟废金属回收利用情况

（单位：万吨）

金属种类	金属产量	废金属消耗量	废金属使用量占比
钢	16580	8990	54.2%
铜	360	99	27.5%
铝	783	254	32.4%
铅	184	131	71.2%

资料来源：国际钢铁协会等。

欧盟废塑料的回收利用也取得很大进展。根据欧洲塑料回收协会报告，2012 年欧洲塑料包装回收利用率为 34.7%，与美国不相上下。除马耳他外，欧洲其他国家塑料循环再生率均超过欧盟 22.5% 的最低标准，有 19 个国家塑料包装回收利用率在 30% 以上。2012 年欧盟 29 国废塑料回收总量达 540 万吨，有塑料回收企业 1500 家，从业人员 1.6 万人。

欧盟废纸的回收利用率一直保持较高水平。2013 年欧洲纸业联合会（CEPI）成员国废纸回收量为 5700 万吨，废纸回收率达 71.7%（见图 8）。欧洲是全球废纸回收工作开展最好的地区，全欧洲 90% 的报纸是用废纸作为原料生产出来的，90% 的瓦楞纸箱是用再生纤维制造的，新生产的纸和纸板之中纤维的 54% 来自回收的旧纸。

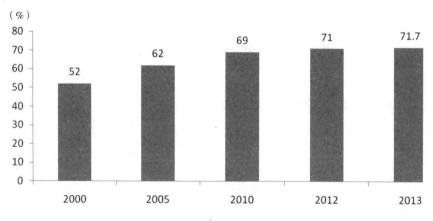

图 8　2000—2013 年欧洲废纸回收率

资料来源：欧洲纸业联合会（CEPI）。

欧洲废弃电器电子产品回收利用率也比较高，2013 年，制冷器具回收利用率为 92.5%，含阴极射线管电器为 77.9%，小家电为 90.2%，照明电器为 76.9%。欧洲是仅次于中国、美国的全球第三大废轮胎产生地，2011 年废旧轮胎产生量为 350 万吨，回收利用率超过 95%，德、意、法、荷、奥、葡、芬、挪等国回收率更是达到 100%。

（四）日本再生资源产业发展

日本由于自然资源十分匮乏，对再生资源回收利用十分重视。

一是提出"循环型社会"的发展目标。日本在 20 世纪 80 年代就提出从生产和消费源头防止污染产生和减少废弃物排放。进入 21 世纪后，日本提出建设资源循环型社会的目标，推进资源利用的"3R"模式："reduce"即减少自然资源消耗，"reuse"即对同一物品重复使用，"recycle"即对废弃物回收利用。

二是建立再生资源回收利用法律体系。2000 年日本颁布《推进循环型社会形成基本法》，规定了中央与地方政府、企业、国民在处理废弃物中的职责。在此基础上推出了两部综合性法律：《促进资源有效利用法》和《固体废弃物管理和公共卫生》，并相继出台了《绿色消费法》《废旧电器回收利用法》《容器包装回收利用法》《建筑材料循环利用法》和《汽车循环法》等具体法律法规，形成完善的再生资源回收利用法律体系。

三是建立废旧物资回收网络体系。日本废旧物资回收网络发达。根据日本有关法律，所有废弃物在进行严格分类后，按指定时间送到指定地点，由专业人员进行分别收集和保管，然后在集中运送到相关回收中心或废弃物处理场所，进行资源再生利用或无害化处理。

四是积极发展资源再生利用技术。如日本废旧电池回收处理技术在国际上处于相对领先地位，SK 理研工业株式会社开发出分选、预处理、焙烧、破碎、湿法分级处理生产金属化合物产品的技术。

日本是再生资源回收产业发展较快的国家之一。2013 年日本粗钢产量11060 万吨，废钢消耗量 3670 万吨，炼钢废钢比为 33.2%。精铜产量 156.3万吨，废铜消耗量 99.6 万吨，炼铜废铜比为 63.7%。日本不生产原铝，再生铝产量 81 万吨，仅次于美国和中国，居全球第三位，再生铝产量占铝消费量的 46%，其余均靠进口。精铅产量 25.2 万吨，废铅消耗量 16 万吨，也居全球第三位，炼铅废铅比为 63.5%。

日本是全球塑料生产和回收大国。20 世纪 80 年代，其年废旧塑料回收率占生产量的 46%，90 年代达到 87%。2013 年日本处置废塑料 940 万吨，其中有效利用 767 万吨，有效利用率为 81.6%。具体处置方式见表 12。

表 12　2013 年日本废塑料回收利用情况

（单位：万吨）

处置方式	有效利用					未利用	
	再生利用	炼油气化	固态燃料	燃烧发电	热能燃烧	燃烧销毁	地下掩埋
利用量	203	30	118	319	97	98	74
利用率	22%	3%	13%	34%	10%	10%	8%

资料来源：日本塑料工业联盟。

日本废纸、废轮胎、废弃电器电子产品回收利用率都比较高。2012 年，日本废纸回收量 2175 万吨，回收率达 79.9%。废轮胎回收率达 100%，其中，热能燃烧占 57%，生产橡胶粉占 15%，其他用途占 13%，出口占 15%，已实现废旧轮胎零填埋。2013 年日本房间空调器再生利用率为 91%，CRT 电视机为 79%，液晶等离子电视机为 89%，电冰箱为 80%，洗衣机和干衣机为 88%。

结束语

发展再生资源产业是我国供给侧结构性改革的重要方向。我国目前面临着严重的环境与资源双重危机，发展再生资源产业是减少资源能源消耗和浪费、缓解资源短缺危机、提高资源利用效率的有效对策和最佳途径，我国再生资源产业具有极其广阔的发展前景，并将成为新的支柱产业和新的经济增长点。发展再生资源产业还可以降低企业成本，增加就业岗位。因此，大力发展再生资源产业，对于开辟供给侧结构性改革的新境界，实施可持续发展战略，建设资源节约型、环境友好型的"生态文明社会"，都具有重大意义。

我国再生资源产业目前已具有相当规模并出现新的发展趋势。目前我国废钢铁、废有色金属、废塑料、废轮胎、废纸、废弃电器电子产品、报废汽车、报废船舶、废玻璃、废电池十大种类的再生资源回收总量约为 2.45 亿吨，回收总值为 6446.9 亿元。整个再生资源产业规模约为 2 万亿元，居全球首位（美国为 2400 亿美元）。未来我国再生资源产业仍将保持较快发展，产业布局、产业结构、产业组织等也出现新趋势，集中表现为"五化"，即：产业集中化、技术集约化、产业链国际化、回收模式多元化和"互联网 +"思维普及化。

我国再生资源产业发展面临不少问题和挑战。集中表现为：中国再生资源回收利用总体水平较低，产业组织水平、管理水平和技术水平相对落后，与发达国家相比仍有不小差距；再生资源产业相关政策法规制度不健全等。当前又面临一些新挑战，主要是宏观经济持续放缓导致部分再生资源品种需求疲软，一些再生资源企业生产经营出现困难；劳动力短缺和用工成本上涨，使再生资源产业依赖丰富而廉价劳动力资源的传统发展方式难以为继。

互联网对我国再生资源产业将产生深远影响。再生资源产业回收端由于逆向物流本身的特点，长期处于散乱的状态，产业发展受到严重限制。"互联网 + 再生资源回收"不仅可有效减少回收行业中间环节，使信息更加透明，还有助于降低企业经营成本，提高资金使用效率，促使逆向物流向标准化、规模化发展。中国互联网行业和电子商务发展异常迅猛，而再生资源产业发展潜力巨大，加之"互联网 + 再生资源回收"宏观政策环境向好，预计"十三五"期间"互联网 + 回收"行业将迎来重大的发展机遇期，但同时市场竞争将进一步加剧，机遇与挑战并存。

（徐平华　中共中央党校经济学教研部教授；
张汉飞　中共中央党校经济学进修部研究员；
于晓龙　中国核工业建设集团战略规划部博士）

我国煤炭行业供给侧结构性改革的现状、问题与对策

王立锋　董艳玲

我国煤炭资源储量丰富，仅次于美国、俄罗斯，居世界第三位。煤炭是我国最主要的能源，在 2015 年我国能源消费结构中，煤炭消费占 64.0%。[①]同时，我国也是世界上最大的煤炭消费国，2015 年我国煤炭消费量占世界煤炭消费量的 50.01%，而排名第二、第三名的印度、美国煤炭消费量占比仅分别为 10.6% 和 10.32%。[②]

我国经济进入新常态以来，经济增速下滑，产业结构也发生了变化。2014 年我国煤炭消费量首次出现负增长(2000 年以来)，煤炭行业形势严峻，产能过剩、价格大幅下降、利润率过低、库存过多、负债率过高等问题非常突出。为推进煤炭产业结构升级，改善煤炭行业发展状况，中央和地方政府针对煤炭行业供给侧结构性改革提出了一系列的具体方案。伴随着煤炭行业供给侧结构性改革的推进，煤炭行业整体发展状况持续向好，但在改革的进程中，也出现一些新的问题。总结过去一段时间以来供给侧结构性改革的成效，并针对出现的新问题提出相应的对策，有利于下一步更好地推进供给侧

[①]　国家统计局网站:《能源革命谱新篇　节能降耗见成效——十八大以来我国能源发展状》，2016 年 3 月 4 日。

[②]　数据来源:wind 数据库。

结构性改革。

一、煤炭行业供给侧结构性改革的成效

为化解煤炭行业产能过剩、推动煤炭企业实现脱困发展，2016 年 2 月，国务院印发了《关于煤炭行业化解过剩产能实现脱困发展的意见》，《意见》明确指出，从 2016 年开始，用 3—5 年的时间，煤炭行业再退出产能 5 亿吨左右、减量重组 5 亿吨左右；从 2016 年开始，按全年作业时间不超过 276 个工作日重新确定煤矿产能，原则上法定节假日和周日不安排生产。根据煤炭去产能任务安排，2016 年煤炭行业去产能目标要达到 2.5 亿吨以上。各级地方政府围绕中央相关规定和去产能目标，根据各地区自身情况，制定了一系列政策措施，积极推进煤炭行业供给侧结构性改革。在中央和地方政府的大力推动下，煤炭行业供给侧结构性改革成效明显，具体体现在以下几个方面。

（一）去产能任务推进迅速

国家发改委官员表示，截至 2016 年 9 月底，我国煤炭行业退出产能已经完成全年目标任务量的 80% 以上。煤炭去产能任务有望提前完成。但从 2016 年上半年的数据来看，煤炭去产能进度并不乐观。截至 2016 年 6 月底，煤炭去产能仅完成全年总目标的 29%。进入 2016 年下半年以来，随着煤炭去产能措施被更加严格地执行，去产能进度呈现快速推进状态。2016 年 7 月底去产能任务进度达到全年的 47%，8 月底推进至 60%，9 月份是推进速度最快的一个月，一个月时间就完成全年去产能任务的 20% 以上。[①]

---

① 蒋梦惟、林子：《前 9 月煤炭去产能任务完成 80%》，《北京商报》2016 年 10 月 13 日。

（二）去库存效果明显

根据 wind 数据库提供的数据，2016 年 1—9 月份，全国煤炭库存总量同比下降 21%。[1] 从月度数据来看，除 2016 年 1 月份外，2 月份以来全国月度库存量都同比下降。但从各地区来看，并非每个地区月度库存量都出现同比下降。西北地区月度库存量均出现同比上升态势，中南地区今年前四个月月度库存量也是同比上升，其他地区除个别月份外，月度库存量同比下降（如图 1 所示）。

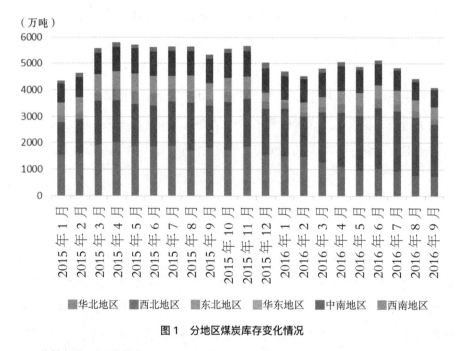

图 1 分地区煤炭库存变化情况

资料来源：wind 数据库。

从煤炭中转地秦皇岛港和广州港两地库存变化来看（如图 2、图 3 所示），2016 年 1—10 月份煤炭库存与前几年相比，整体处于低位状态。秦皇岛港、

---

[1] 计算方法：根据 wind 数据库提供的各地区库存数据，加总与去年相比求得。

（万吨）

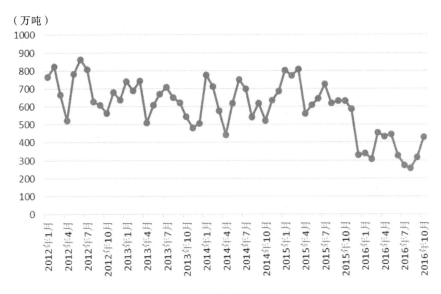

图 2　秦皇岛港煤炭库存

资料来源：wind 数据库。

（万吨）

图 3　广州港煤炭库存

资料来源：wind 数据库。

广州港煤炭库存分别在 2016 年 8 月和 1 月处于近几年的最低水平，但进入
2016 年下半年以来，两地库存量呈现缓慢增加态势。煤炭库存之所以出现

"上半年下降，下半年上升"变化，是因为上半年煤炭去产能力度较为缓慢，煤炭供求关系平稳；进入下半年，在去产能力度大幅提高和市场用煤量增加双重因素刺激下，煤炭价格持续上涨，特别是入冬以来，用煤企业补库存意愿明显，这些因素导致下半年煤炭库存出现上涨态势。

（三）煤炭企业盈利状况持续好转

随着我国煤炭行业供给侧结构性改革的大力推进，煤炭行业去产能效果明显，供给量大幅度下滑，市场供求状况发生了巨大改变，煤炭供给从严重过剩态势趋向好转。中国煤炭景气指数从 2016 年 8 月开始已经转负为正（如图 4 所示）。2016 年 8 月、9 月煤炭景气指数处于 10.0 左右，说明这段时间煤炭市场供求基本处于平衡状态。[①] 煤炭市场供求的好转，也使得煤炭价格逐步回升。从大同矿区动力煤坑口价格走势来看（如图 5 所示），价格在 2011 年 11 月达到阶段历史最高位 641.25 元 / 吨；2012 年 4 月以后，价格呈现大幅下跌态势，到 2015 年 11 月达到阶段历史最低位 200 元 / 吨。2016 年以来，动力煤坑口价格呈现不断攀升态势，截至 2016 年 10 月底，价格已攀升至 451.25 元 / 吨。

煤炭价格的大幅度提升，改善了煤炭行业利润状况。从图 6 数据来看，虽然 2016 年 1—9 月份煤炭行业收入累计同比依然处于下降态势，但从行业利润总额来看，从 2016 年 8 月份以来，煤炭行业利润总额呈现同比增长态势，并且增长迅猛，煤炭行业盈利状况呈现好转趋势。

---

① 中国煤炭市场景气指数是由中国煤炭工业协会和中国煤炭运销协会自 2011 年 6 月开始，着手研究、编制。这一指数能够及时、准确反映煤炭市场环境变化，并于 2012 年 7 月起在国家煤炭工业网和中国煤炭市场网定期向全社会发布。全国煤炭市场景气指数是行业景气指数的重要组成部分，旨在反映煤炭市场环境变化。它是状态指数，反映实际运行状态偏离基准状态的程度，是相对于基准状态的相对值。设定基准状态值为 0，指数值在 ±10 区间内则视为正常，±（10—20）区间内视为基本正常，±（20—30）区间内视为失常，超出 ±30 视为超常状况。

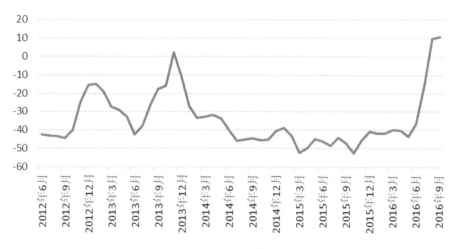

图4　中国煤炭市场景气指数

资料来源：wind 数据库。

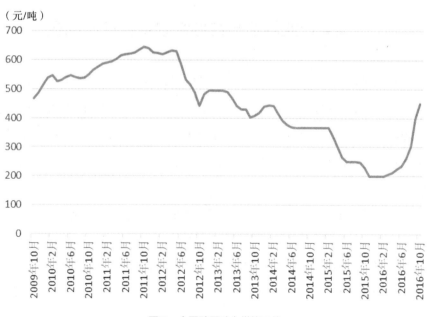

图5　大同矿区动力煤坑口价

资料来源：wind 数据库。

图6 煤炭行业收入及利润总额累计同比变化

资料来源：wind 数据库。

二、煤炭行业供给侧结构性改革存在的问题

虽然煤炭行业供给侧结构性改革已经取得了显著成效，但在改革的推进过程中，也遇到一些新问题。这些问题在一定程度上影响了供给侧结构性改革的顺利推进。只有认清这些问题，并分析其成因，才有可能及时完善相关措施，更好地推进煤炭行业供给侧结构性改革。

（一）部分地区对煤炭行业供给侧结构性改革认识不足

推动煤炭行业供给侧结构性改革的根本目的就是淘汰落后过剩产能，推动煤炭行业产业结构升级，实现煤炭市场供求均衡，使煤炭企业回归正常的盈利水平。但一些地方政府和企业对煤炭行业供给侧结构性改革认识不够，尤其是在 2016 年上半年，存在政策执行不实，监管不严，甚至弄虚作假情况，这也是上半年煤炭行业供给侧结构性改革推行速度较慢的原因之一。

另一方面，随着煤炭价格因去产能效果而不断提升，面对煤炭行业利润状况好转，一些地方政府和企业为了眼前利益，放松去产能要求，甚至存在一些煤炭行业落后产能"死而复生"，严重影响煤炭行业供给侧结构性改革大局。煤炭行业去产能是要淘汰掉高污染、高能耗、高成本的落后产能，而不是部分煤炭企业的暂时关停、产量的暂时下降。

（二）多重因素造成个别地区煤炭供给紧张

截至 2016 年 6 月底，煤炭去产能任务仅完成了全年目标的 29%，与目标相差甚远。进入下半年以来，为推进煤炭行业供给侧结构性改革的步伐，中央和地方政府加大了煤炭去产能的力度，一方面严格执行中央制定的去产能计划，另一方面关停一批违法违规煤炭生产企业，同时加强监管力度，确保去产能政策落实到位。根据国家发改委统计数据，2016 年 1—8 月我国煤炭产量同比下降 10%。煤炭去产能任务的快速推进，从宏观层面来看，改善了煤炭供求关系，但在个别地方出现了煤炭供给紧张问题，在一定程度上对地方经济发展产生了不利影响。

除了去产能这一主要因素外，煤炭供给紧张还与气候因素和火电增加有很大关系。2016 年下半年以来，全国大部分地区高温少雨，水力发电受到影响，同时高温气候天气导致用电增加，使得火力发电 7 月、8 月、9 月前 20 天同比分别增长 4.8%、7.3% 和 12.9%。[1] 去产能力度加强与市场需求阶段性增加的叠加效应造成了个别地区煤炭供给不足。

煤炭市场供求关系的大幅好转，推动了煤炭价格持续上涨。由于国内煤

---

[1]　杨明：《国家发改委：去产能加快不会导致煤炭供应不足》，《中国工业报》2016 年 10 月 18 日。

炭供求存在一定缺口，以及国内煤炭价格持续走高，导致国内煤炭进口量大幅增加。从 2016 年 2 月开始，煤炭进口量就呈现大幅增加态势，到 8 月，煤及褐煤进口总量已经达到 2659 万吨（如图 7 所示）。

图 7　煤及褐煤当月进口总量

资料来源：wind 数据库。

（三）煤炭企业资产负债率依然处于高位

随着去产能进程的加快推进，煤炭行业企业利润持续增长。但从煤炭资产负债率数据来看（如图 8 所示），煤炭行业资产负债率状况与上年相比，不仅没有因企业利润改善而降低，反而有所提高。到 2016 年 3 月份，煤炭行业资产负债率达到峰值 70.19%，随后虽有所下降，但依然处于 70% 左右的高位。

从工业企业数据来看，到 2016 年 9 月底工业企业资产负债率为 56.3%，同比下降 0.6 个百分点，煤炭行业资产负债率却呈现上升态势，其原因可能是由于处置不良资产和去产能资产核销，导致一些煤炭行业资产减少幅度大于负债减少幅度。有关部门应该及时关注煤炭行业资产负债率变化情况，积极应对和防范煤炭企业债务风险。

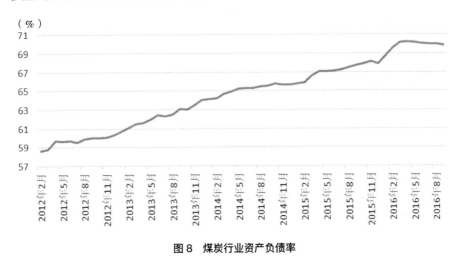

图8 煤炭行业资产负债率

资料来源：wind 数据库。

三、完善煤炭行业供给侧结构性改革的思路

供给侧结构性改革是中央根据当前经济发展形势提出来的，旨在调整经济结构，使要素实现最优配置，提升经济增长的质量和数量。煤炭行业供给侧结构性改革自推进以来，成效明显，但也遇到一些新问题，针对这些问题，建议从以下几方面完善煤炭行业供给侧结构性改革的思路。

（一）坚持推进煤炭行业供给侧结构性改革不动摇

从煤炭去产能速度来看，2016 年上半年较为缓慢，下半年在中央和地方政府的高度重视下，推进改革力度增加，去产能效果非常明显，但也带来诸如供给不足、煤价涨幅过快等问题。同时，出现了一些地方政府为了完成指标，去产能的心态过急、速度过快等问题。这些问题在一定程度上影响了煤炭行业供给侧结构性改革的质量，制约了煤炭产业的转型升级，但绝不能因为这些问题的出现，而停止供给侧结构性改革的步伐，供给侧结构性改革不能停止，更不能后退。

继续坚定不移地推进煤炭行业供给侧结构性改革，各级地方政府部门首先要从思想上认同这一改革，并且必须对这一改革的具体方案认识理解到位，不能因为改革过程中遇到的困难或短期利益受损而质疑改革。认同改革、领会改革的内涵，这只是改革的第一步。改革更需要地方政府扎实推进，把纸面上的政策转化为实际的改革行动。在具体推进改革的过程中，不仅要严格落实中央部门制定的改革方案，推进的方式还要与当地具体情况相适应，不能盲目推进，要科学、有效、讲方法。

（二）处理好去产能与产能释放的关系

去产能是煤炭行业供给侧结构性改革的首要任务，随着 2016 年 7 月、8 月、9 月去产能速度加快，局部地区出现煤炭供给短缺状况，甚至出现发电用煤告急局面，针对这种情况，国家发改委于 2016 年 8 月 12 日发布《关于稳定煤炭供应、抑制煤价过快上涨工作预案（讨论稿）》，9 月份又多次召开煤炭保障会议，暂定 2010 年 10 月 1 日—2016 年 12 月 31 日符合先进煤矿产能将有序释放部分安全产能。

一方面要完成中央制定全年 2.5 亿吨去产能目标，另一方面要满足煤炭市场需求，使煤炭价格处于合理波动范围之内，这就需要处理好去产能和产能释放之间的关系。去产能，是淘汰落后产能；释放产能，则是释放先进产能。淘汰落后产能，实现产业结构升级，是供给侧改革应有之义，不能因为煤炭供给局部短缺状况而停止去产能政策的执行，中央和地方政府规定的去产能具体要求还需要严格认真执行。释放的产能是先进的产能，并不是任何产能都允许释放，绝不允许已经淘汰掉的落后产能"死灰复燃"。

（三）处理好政府和市场关系

从 2002 年到 2012 年这十年时间，是煤炭行业快速发展的黄金十年，之后逐渐进入煤炭行业发展低谷。这种低谷对煤炭行业来说无疑是一件坏事，但从长远发展来看，这对煤炭行业产业结构升级、能源结构改善、煤炭国有企业改革来说是一个重要的发展契机。

煤炭行业供给侧结构性改革是政府主导下的重大改革，政府在其中发挥着重要的作用。但我们也不能忽视市场的作用，社会主义市场经济条件下的任何改革都必须遵循市场经济基本规律。政府和市场两种手段，都并非万能，都会出现失灵。煤炭行业供给侧结构性改革就是基于市场失灵条件下的一次改革，政府在其中起到了关键作用，但政府这只手必须在遵循市场规律的条件下进行干预。政府的调控需要在总结以往经验教训的基础上，进一步科学化、精准化。建议多采用引导性的温和调控政策，少采用命令式的"疾风暴雨"政策，以防止煤炭价格大起大落，给国民经济带来不必要的福利损失。

自煤炭行业供给侧结构性改革推进以来，煤炭行业资产负债率开始出现缓慢下降趋势，但总体来看依然处于高位。从短期来看，这一状况不会得到明显好转，因为供给侧结构性改革不是一朝一夕之事，而是一个较为长期的转变过程。煤炭行业资产负债率只要趋于下降的趋势没有改变，就可以在一定范围内控制经营风险。从长期来看，降低煤炭行业资产负债率，使其处于健康水平，需要在遵循市场经济规律的前提下继续发挥政府的引导作用，推动煤炭行业调整结构、转型升级，降低企业经营成本，提高企业利润率。

煤炭行业供给侧结构性改革需要经历一个阵痛期，这是改革必然要经历的一个过程。过去以煤炭为主要燃料的能源结构，面对可能出现的煤炭暂时性供给短缺必然极不适应，但这也是倒逼能源结构发生转变的动力。这需要政府积极引导，更需要市场这只"看不见的手"进行调节。只有正确处理好政府和市场关系，煤炭行业供给侧结构性改革的步伐才能更加稳健、有效。

（王立锋　中共中央党校研究生院博士研究生；
董艳玲　中共中央党校经济学教研部教授）

供给侧结构性改革与中国民航发展

王志清

2015 年中央经济工作会议明确指出，"推进供给侧结构性改革，是适应和引领经济发展新常态的重大创新，是适应国际金融危机发生后综合国力竞争新形势的主动选择，是适应我国经济发展新常态的必然要求"，这是继"十三五"规划提出"释放新需求，创造新供给"之后，中央对供给侧改革的进一步强调。习近平总书记在中央全面深化改革领导小组第二十四次会议上再次强调，供给侧结构性改革本质是一场改革，要用改革的办法推进结构调整，为提高供给质量激发内生动力、营造外部环境。

作为国家的战略性产业，综合交通运输体系中发展最快、增长潜力最大的交通方式，同时也是现代服务业的重要组成部分，民航业在国家供给侧结构性改革中应扮演什么角色，如何抓住政策调整机遇，扩大行业有效供给，使民航在"十三五"及未来一段时期真正实现由"大"到"强"的跨越，是国民经济发展中值得研究的重要课题。

一、民航业的产业特征符合当前经济转型升级
的时代趋势

当前全球经济低迷，我国经济下行压力也较大，各行业普遍出现产能过剩问题，生产者价格指数深陷通缩区间，但中国航空运输业却呈现逆势增长态势，民航运输总周转量增速始终保持在两位数以上，特别是国际市场显著发力，增势迅猛，2015 年同比增长了 21.6%，今年一季度增速达到了 19.9%；同时，在运输机队年均增长 10.7% 的情况下，反映行业产能利用率的两个指标——客座率和载运率，都比同期国际平均水平高 10 个百分点以上，可以说，我国民航业不是产能过剩，而是存在"产能紧缺"。这种现象折射出一个基本的经济学原理：一个产业的发展变化体现的是该国经济发展水平、产业结构的根本性变化。在当前经济转型的攻坚时期，这个现象表明，民航业自身产业特征与当前我国经济新常态下经济发展的背景相契合。推进供给侧结构性改革的要义在于加快经济转型升级，民航业的产业特点恰恰符合当前经济转型升级的时代趋势，具体体现在两方面：一方面，民航业属于快速增长的生活性服务业。随着中高收入群体的扩大，人民生活水平普遍提高，需求结构发生深刻变化，以个性化、品质化为特征的新型消费潜力持续释放，由物质型消费为主向服务型消费为主转型成为消费结构变革的大趋势。按国际公认的标准，人均 GDP 达到 4000 美元后，居民消费结构从生存型向发展型和多元化转变，更多的人群选择航空作为出行方式。我国航空旅客运输量增速始终保持在 10% 以上，2015 年已达到 4.4 亿人次，其中，自费旅客达到 70.5%。自 2013 年下半年以来，国际旅客运输量一直以高于国内旅客运输 3 倍左右的速度增长，2016 年前 5 个月仍然达到了 26.1%，民航大众化消费时代已经来临。特别是，随着全球服务贸易快速增长，深入实施"一带一路"战略、自由贸易区战略成为我国全方位开放的大趋势，民

航业天然的国际化特征使其成为发展服务贸易不可或缺的一环。在"一带一路"互联互通中，民航业以"安全性高、灵活性大、环境影响小"的优势可实现率先突破；在自贸区发展中可以"机场"为核心，为服务贸易带来巨大市场空间；面临人类旅游史上从未出现过的2亿出境游巨量市场，民航也将作为最主要的交通工具，推动旅游服务贸易迅猛发展。另一方面，民航还属于重要的生产性服务业。当前，我国进入工业化中后期与全球新一轮产业革命形成历史性交汇，凸显了制造业升级、发展战略性新兴产业和现代服务业的重要性，服务业主导成为产业结构变革的大趋势，尤其是生产性服务业发展对于支撑制造业创新、升级又起着决定性作用。国家已明确提出"加快发展生产性服务业，是向结构调整要动力、促进经济稳定增长的重大措施"。根据国际发展经验，近10年来，生产性服务业是世界经济中增长幅度最快的行业，也是西方发达国家经济结构中增长最快的部门。在OECD国家中，金融、物流以及经营服务等生产性服务业的增加值占国内生产总值的比重均超过了1/3。作为物流业的核心组成部分，民航业属于典型的生产性服务业，我国早在十一五规划中就将生产性服务业分为交通运输业、现代物流业、金融服务业、信息服务业和商务服务业。现阶段，民航业作为生产性服务业的特征更加明显，通过快速、高效的航空运输加速货物流动，为货物生产或其他服务的投入发挥重要的中间功能，提高生产过程不同阶段的产出价值和运行效率。例如：近年来，中国快递业持续快速发展，业务收入与业务量均以50%的速度增长，国内快递已经进入"200亿件时代"，在降低流通成本、服务生产生活等方面作用突出，快递物流企业已充分认识到民航是满足客户对产品的需求时限的最关键一环，都开始大力发展航空业务，加速布局航空运输基地。再如，民航对当前制造业升级作用关键，航空制造业是一国现代化、工业化、科学技术和综合国力的重要标志，研制大型飞机已列为我国的国家战略工程，关键靠政府推动和市场拉动，其中的"拉动"很大程度上取决于我国航空运输业的发展水平。

二、民航业提质增效应是国家供给侧结构性改革的重要内容

可以看出，在国家供给侧结构性改革框架中，民航业作为生产性服务业的特性完全符合经济转型升级的大方向，对优化要素配置，提高全要素生产率，提升供给体系质量和效率作用十分显著。当下航空运输业快速发展折射出我国"新经济"发展的曙光，成为新常态下反映经济冷暖的一种"晴雨表"。建议国家对接供给侧结构性改革，从完善财税政策、提高有效供给、健全价格机制和加强基础工作等方面，研究出台加快促进民航业发展的产业政策，为行业发展创造良好环境，使之真正成为助力新经济发展的重要载体。当前，制约民航业发展的最大瓶颈就是空域资源严重短缺。从通用航空产业发展来看，低空空域改革进展缓慢，低空空域开放度不高，极大地抑制了我国通用航空产业的发展。从运输航空发展来看，15年来，民航飞行量年均增速为11.6%，2015年达到778万架次（不含训练），但民航固定航路航线年均增长仅为1.7%。目前，我国平均飞行密度是美国的1.47倍，国际上繁忙航路通常每天飞行400架次，而我国日飞行400架次以上的航段有13条，航路拥堵严重，成为国际民航界抱怨的焦点问题；由于空域容量受限，民航主要繁忙机场不得不实施航班总量控制，仅首都机场每周约有1500个航班无法获得时刻，2015年我国飞行起降架次增速仅为5.41%，为10年来最低；航班正常率低已经成为广为社会诟病的焦点问题，近年来，民航局系统谋划、精细管控、严格治理，不断加强精细化管理，大力推进挖潜增效，努力使10年来航班正常率连续下滑的趋势在2015年基本止跌，但从发展的角度，解决这个瓶颈问题的根本还在于加大"空域资源供给"。预计到2020年，运输总周转量、旅客运输量和飞机数量都将翻番，现有空域资源难以承载如此巨量的增长。经过长时间的反复调研、讨论、研究，目前各方在空域管理顶

层设计方面已经取得高度共识，相关工作也在积极推进。建议在国家供给侧结构性改革中，将加快推动空域管理体制改革作为一项重要的改革内容，主要任务包括：尽快实现国家统一管理空域资源，合理规划分配空域资源，加快低空空域开放进程，简化空域管理审批程序，建立空域高效使用机制，进一步健全空域管理法规体系。

三、积极推动行业供给侧结构性改革是民航"十三五"期间的重要任务

从自身发展看，民航业供给侧结构性改革也势在必行。当前民航发展面临的主要问题和主要矛盾，核心在于"人民群众快速增长的多样化、差异化、个性化航空需求与民航业供给资源相对短缺、服务相对单一"之间的矛盾，究其根本也是在行业供给端存在较大的改进空间。因此，积极推动我国民航业供给侧结构性改革将是民航"十三五"期间的重要任务，是民航能否更好地发挥战略性牵引作用和提高国际竞争力的重要保障。通过加大基础设施建设、调整行业结构、优化资源配置，提升发展质量和效益，进一步解放和发展生产力，增强行业发展活力，在"加快扩大行业总需求"的同时，进一步提高"民航供给体系的质量和效率"，这个发展思路已经贯彻到《中国民用航空发展第十三个五年规划》编制中。"十三五"期间，民航的供给侧结构性改革将主要体现在以下几个方面。

一是加快民航基础设施布局与建设。从发达国家民航业发展的经验看，完备的基础设施是民航业安全、健康、快速发展的重要支撑，机场布局和建设是优化航空资源配置的重要手段。"十三五"期间，要统筹协调民用运输机场和通用机场布局建设，构建覆盖广泛、布局合理、功能完善、集约环保的国家机场网络体系，至 2020 年，新增运输机场 68 个，总数达 275 个。要

着力提升大型枢纽机场容量和运行效率，积极培育国际航空枢纽，加快中小型枢纽建设，提高机场体系的综合保障能力；作为运输机场的重要补充，要按照实际需求，合理布局通用机场和加快通用航空基础设施建设，促进通用航空产业的发展；进一步完善机场综合运输体系，注重机场与其他交通方式的高效衔接，构建以机场为核心节点的综合交通枢纽。民航发展，空管先行。空中交通管理是保障民航安全高效运行的中枢，要加快空管基础设施建设、强化空管科技支撑、提升空管运行效能、加快构建通航空管服务体系、积极扩展有效空域，确保保障能力达到年起降1300万架次，努力实现从空管资源被动适应向主动支撑行业快速发展的战略转变。

二是全面提升航空运输服务能力。民航业要适应经济社会发展的新要求，满足人民群众多层次、个性化航空运输服务的新需求，就是要全面提升航空运输服务能力。要坚持创新、协调、绿色、开放、共享的发展理念，统筹推进国内国际、客运货运、干线支线协调发展，拓展服务空间，提升服务质量，加强产品创新，培育新供给，积极构建以运输航空和通用航空为两翼、覆盖广泛、通达通畅的航空服务网络。具体而言，推进实施"大众化"和"国际化"战略，构建以国际枢纽和区域枢纽机场为骨干，中小机场为补充的航线网络。培育以网络型航空公司为主、与低成本航空公司共同发展的多层次、广覆盖、差异化的航空运输服务体系。实施"基本航空服务计划"，使全体人民共享高效、便捷的现代航空运输服务。积极推进航空物流发展，完善航空货运发展的政策体系，改善航空货运发展环境，以生产性服务业市场趋势为导向，促进航空货运企业转型发展。要积极倡导"真情服务"，以提高航班正常性为抓手、提升服务质量为重点，进一步提高行业运行质量和服务品质，航班正常率要达到75%以上。此外，还要加强航空服务产品创新。鼓励航空主体通过组织创新和业态创新，延伸服务价值链条，拓展民航与关联产业的互动，构建现代航空服务生态圈，满足日益丰富多元的航空市场需求。

三是切实转变民航行业增长方式。转变行业增长方式，实现发展由从"要素驱动"向"效率驱动"转型，是民航行业供给侧结构性改革的本质要求。具体而言，就是要改善投入产出比，提高行业的全要素生产率和投资回报率，达到长期增长的可持续性。具体而言，要进一步优化投资管理，改善投资结构，提高直接融资比重，鼓励社会资本参与，切实提高行业投资效率；要加强行业专业和领军人才培养，完善现代民航教育培训体系和基础条件，切实提高行业从业人员综合素质；通过加强科技创新平台建设、加强重大科技项目研发和推动科技成果转化应用，全面提升行业科技创新能力。此外，民航还要通过创新体制机制、充分运用市场化措施、强化主体责任和扩大开放交流等手段，着力推进绿色民航建设，力争行业吨公里能耗和二氧化碳排放量比"十二五"时期下降5%以上。

四是全面深化民航体制机制改革。深化改革是行业提质增效的内在动力，也是解决行业供给短板的重要手段。"十三五"期间以安全发展为第一要务，以制度创新为重要手段，努力构建行业公平、公正、公开的竞争环境。"十三五"民航改革主要在三个方面：首先要进一步完善民航法规体系，提高执法能力，创新行政管理体制和民航行业治理体系，加强事中事后监管，努力建设服务型、法治型政府。其次要加快推进行业市场化改革，按照"国内放开、国际开放"的思路，有序放松市场准入，完善航班时刻调控机制，进一步完善行业配置资源方式。最后，深化空管体制改革仍将是重要改革内容，要积极改革民航空管管理体制、建立激励机制，大力推动空域资源管理改革，积极探索空管军民融合、军民航空管协同运行的有效途径。当前，民航局已研究制定出《关于进一步深化民航改革工作的意见》，提出了10项提升任务40项具体改革任务，这是推进我国民航供给侧结构性改革的具体行动方案，目前正在积极部署落实。

（王志清　中国民航局副局长、中共中央党校省部级干部进修班第59期学员）

论供给侧结构性改革的金融支持

董艳玲　王立锋

供给侧结构性改革（简称供给侧改革）是我国经济领域由注重需求管理转变为注重供给管理的重大变革。"供给侧结构性改革，重点是解放和发展社会生产力，用改革的办法推进结构调整，减少无效和低端供给，扩大有效和中高端供给，增强供给结构对需求变化的适应性和灵活性，提高全要素生产率。"在供给侧改革过程中，"既强调供给又关注需求，既突出发展社会生产力又注重完善生产关系，既发挥市场在资源配置中的决定性作用又更好发挥政府作用，既着眼当前又立足长远。"当前，供给侧改革的重要任务是"三去一降一补"，即去产能、去库存、去杠杆、降成本、补短板。从金融服务实体经济的角度看，金融各领域、各部门的"服务重心"都应尽快向服务"三去一降一补"倾斜，积极调动各方面因素支持供给侧改革。本文从间接融资（包括银行业和保险业）、直接融资（资本市场）、汇率和资本账户管理、政策性金融、衍生品市场这几个重要的金融领域探讨如何更好地支持供给侧改革。

一、银行业对供给侧结构性改革的支持

我国是银行主导的金融体系，因而银行业对供给侧改革的支持至关重要。当前银行业支持供给侧改革需要围绕中央提出的"五大发展理念"和"五大重点任务"着重做好以下几方面工作：一是利用差别信贷政策加快"去产能"和"去库存"进程。针对目前产能过剩的煤炭、有色、钢铁、电力、建材"第一梯队"的去产能行业，尤其是对这些行业中的一些"僵尸企业"，商业银行应该制定合理的压缩、退出贷款计划，倒逼其过剩产能出清，但要注意给这些行业、企业合理的"过渡期"，以使"去产能"成本最小化；同时，对于国家鼓励发展的重点行业、绿色环保行业，商业银行应加大贷款支持力度，使金融资源流配置到更为高效的行业，促进产业优化升级。2016年1月27日，国务院总理李克强主持召开国务院常务会议，确定金融支持工业增效升级的措施。会议提出，"引导金融机构加大对高新技术企业、重大技术装备、工业强基工程等的信贷支持，促进培育发展新动能"。二是大力培育和发展中小银行，为中小微企业、农村金融提供更多的金融支持。研究表明，按照效率原则，大型商业银行倾向于为大型企业提供金融服务，中小银行倾向于为中小微企业提供金融服务。长期以来，我国银行业结构不尽合理，中小银行占比过低，这是我国中小微企业、农村金融长期存在融资难、融资贵问题的一个重要原因。只有补上"金融短板"，才能尽快补上"经济短板"。三是规范商业银行中间业务，"继续整顿金融服务乱收费，取消不合理收费项目，降低不合理收费标准"，帮助企业"降成本"。四是大力发展普惠金融，为金融服务缺失或不足"补短板"。2015年12月31日国务院印发的《推进普惠金融发展规划（2016—2020年）》提出："到2020年，建立与全面建成小康社会相适应的普惠金融服务和保障体系……特别是要让小微企业、农民、城镇低收入人群、贫困人群和残疾人、老年人等及时获取价格合理、便捷安全的金融服务，使我国普惠金融发展水平居于国际中上游水平。"为此，需要发挥各类银行机构的作用，为"补短板"提供更有力的金融支持。五是妥善处理不良贷款，防范金融风险。银行业属于顺经济周期的行业，随着我国经济增速的下滑，银行业不良贷款呈现不断增长趋势。据银监会数据显示，2015年前三季度我国上市银行不良贷款余额和不良贷款率仍延续"双升"局面，不良贷款余额较2015年初新增2396.44亿元，不良贷款率为1.59%。供给侧改革需要稳定的金融环境，必须警惕和防范银行业不良贷款引发系统性金融风险。

二、保险业对供给侧结构性改革的支持

保险业近年来发展比较迅速，服务能力增强，在金融领域具有愈来愈重要的地位。保险业对供给侧改革的支持，主要体现在以下几个方面：一是在提高风险管理能力的同时进一步提高保险产品的供给质量，化解供需矛盾。例如，人身保险产品供给质量和渗透率水平尚待提高，财产保险的补偿和保障作用亟待加强。此外，需要全面实施商业车险改革，进一步推进保险市场准入退出机制改革，充分发挥保险的经济助推器和社会稳定器作用，努力实现由保险大国向保险强国转变。二是通过创新保险资金运用方式支持重大项目和重点产业，助力供给侧改革。2016年保险业"要切实加大保险资金对国家重大战略和实体经济的支持力度，引导保险资金通过债权投资计划、股权投资计划等方式，支持国家重大战略实施和重大民生工程建设。不断创新保险资产管理产品和资金运用方式，通过保险私募基金、股债结合、优先股、资产支持计划等，加大对科技型小微企业、战略新兴产业的支持力度"。三是在普惠金融中发挥保险公司保障优势，为供给侧改革"补短板"。具体任务是："保持县域内农业保险经营主体的相对稳定……促进农业技术推广、生产管理、森林保护、动物保护、防灾防损、家庭经济安全等与农业保险、农村小额人身保险相结合。……组织开展农业保险和农村小额人身保险业务。完善农业保险协办机制。"

三、资本市场对供给侧结构性改革的支持

发展和完善资本市场对供给侧改革的成败具有举足轻重的作用。我国实体经济的资金融通主要依赖以银行信贷为主的间接融资，较少依赖股票、债券等直接融资。2014 年间接融资占比 83%，直接融资占比 17%。通过发展和完善资本市场，提高直接融资比重，至少可以在以下几方面支持供给侧改革：一是有利于分散我国金融业过分依赖银行业的风险，为供给侧改革提供更为稳定的金融环境。二是增加企业融资渠道，提高企业股权比重，降低资产负债率，有利于企业"去杠杆""降成本"，同时减少债务违约风险。三是通过发展多层次资本市场，有利于增强企业创新能力，促进创新驱动型经济的形成，从而有利于促进产业转型升级。四是通过鼓励资本市场上的并购重组，可以加快"去产能""去库存"的进程。

四、汇率和资本账户管理对供给侧结构性改革的支持

供给侧改革需要一个相对的稳定的汇率环境。如果汇率波动过大，就会使企业增加汇率风险，还容易引发汇率超调，造成经济混乱。因此，汇率政策必须保持汇率相对稳定。关于资本账户开放问题，目前国内有不少争论。从长远看，资本账户开放是人民币国际化的必然要求。这是因为，根据蒙代尔—克鲁格曼提出的"三难困境"，任何一个国家要同时达到货币政策独立、

汇率稳定和资本自由流动这三个目标是不可能的，只能选择其中两个，放弃另一个。我国现在选择的是货币政策的独立性、汇率的稳定，放弃了资本的自由流动（但不是完全绝对的选择和放弃）。未来人民币要成为和美元、欧元相抗衡的高度国际化的货币，势必要求资本自由流动。中国是一个大国，必须保持货币政策的独立性，因此只能放弃汇率的稳定。也就是说，未来汇率将会是完全市场化的，其波动幅度会更大。但考虑到当前国内外的经济形势，以及供给侧改革任重道远，资本账户的开放应该谨慎对待。历史经验表明，如果在条件不成熟的情况下过快地开放资本账户，就有可能发生危机，从而再现"再见，金融管制！你好，金融危机！"的历史教训。因此，从供给侧改革的实际出发，需要谨慎地对待资本账户开放问题，否则有可能会对供给侧改革带来不小的负面冲击。

五、政策性金融对供给侧结构性改革的支持

供给侧改革需要弥补金融市场失灵，以加快"三去一降一补"进程。政策性金融应致力于弥补商业金融不足，服务国家重大战略。具体需要在以下几方面改革完善：一是进一步支持中小微企业发展。前面提及的中小微企业长期存在的融资难、融资贵的问题，除了继续通过市场化手段（如增加各类中小型金融机构供给）缓解外，还需要通过政策性金融改革破解这一难题。我国应借鉴国际经验，尽快建立专门服务中小微企业的政策性银行，健全政府出资设立的政策性信用担保体系。通过政策性金融支持，中小微企业获得了长足的发展，才有望吸引更多的商业资金，达到"巢美凤必至，花香蝶自来"的效果。二是同商业银行密切合作大力发展普惠金融。"鼓励开发性政策性银行以批发资金转贷形式与其他银行业金融机构合作，降低小微企业贷款成本。强化农业发展银行政策性功能定位，加大对农业开发和水利、贫困

地区公路等农业农村基础设施建设的贷款力度。"三是对"一带一路"建设和企业"走出去"战略给予政策性金融支持，但要注意评估总体风险和收益。四是针对当前经济新常态和供给侧改革现状，还可以考虑对就业增长潜力大的重点行业给予政策性金融支持，以缓解就业压力。

六、衍生品市场对供给侧结构性改革的支持

供给侧改革还需要衍生品市场的支持。这是因为，衍生品市场可以为供给侧改革的企业提供规避市场风险的平台，可以引导产业优化升级，并为政府的宏观调控提供支持。

国际互换和衍生品协会（ISDA）曾对全球 500 强企业使用衍生品管理价格风险的情况进行了调查。结果表明：全球 94% 的跨国公司都在利用衍生工具管理和对冲风险。外汇衍生品是最广泛使用的工具（88%），其次是利率衍生品（83%）和大宗商品衍生工具（49%）。随着我国利率市场化和汇率市场化的日益深化，利率和汇率的波动在所难免。为了规避金融价格的波动给实体经济带来的风险，需要积极发展期货、期权等衍生品市场。这既有利于保障实体经济的稳定运行，又有利于企业在全球的金融市场上争夺定价权。

在促进产业优化升级方面，期货市场可以通过交割标准的设定促进企业提高产品质量，间接提高产业整体的质量水平。例如，上海交易所上市螺纹钢和线材期货，选择的是国家产业政策推广的品种。其中，螺纹钢选择 HRB400（三级钢）作为标准品，对质量相对较低的 HRB335（二级钢）在标准合同中明确规定实物交割时要做贴水替代交割。线材选择直径 8mm 作为标准品，而过渡性规格 6.5mm 为替代交割品。这样的规定，直接引导企业以生产国家标准的产品为主，主动调整产业结构，因为这样可以方便进行

实物交割，市场价格相对较高，同时市场认可度也比较高。为了达到交割标准，相关企业会加大技术改造和工艺创新力度，不断提高产品质量，推动产业优化升级进程。

　　发展衍生品市场还可以增强政府的宏观调控能力。例如，期货市场已经成为国家发改委、工信部、商务部等政府部门监测大宗商品变化的风向标。其中，以铜、铝、锌为代表的大宗工业原材料期货交易价格已经成为我国宏观经济部门监测物价水平变化的重要参考指标。有色金属期货价格与生产资料价格指数 PPI 密切相关，通过监测期货市场价格信号，有关部门能够据此及时观测和判断我国工业原材料市场价格的变化，并将其作为宏观调控部门实施调控政策的依据之一。

（董艳玲　中共中央党校经济学教研部教授；
王立锋　中共中央党校研究生院博士研究生）

供给侧结构性改革值得注意的几个问题

董艳玲

供给侧结构性改革是我国经济领域的一次深刻变革。自习近平总书记在2015 年 11 月的中央财经领导小组第十一次会议上首次提出"供给侧结构性改革"以来，供给侧结构性改革的理论与实践日益深化，成效显著。但是，在一年多的供给侧结构性改革实践中，我们发现无论在理论层面，还是在实践层面，尚存在着一些需要进一步澄清的观念和认识。这里着重探讨六个值得注意的问题。

一、供给侧结构性改革必须在尊重市场规律的基础上发挥政府作用

党的十八届三中全会提出"使市场在资源配置中起决定性作用和更好发挥政府作用"。在推进供给侧结构性改革的过程中，这句话仍然适用。然而，在一些领导干部的观念中，认为政府在供给侧结构性改革中应该处于主导地位，依靠市场自发调节很难完成"三去一降一补"任务。某市的供给侧结构性改革总体方案中明确地写道："到 2016 年底，为全市企业减负约 280 亿元，

其中降低制度性交易成本约 35 亿元、税负成本约 107 亿元、运营成本约 80 亿元、财务成本约 58 亿元，企业综合成本较 2015 年切实下降。"这个降成本的目标是否合理，关键看这些数据是否尊重市场规律。政府的主动作为的确为供给侧结构性改革注入了"强心剂"，在弥补市场失灵方面发挥了积极作用。但是，政府作用的发挥必须以尊重市场规律为基础，凡是不尊重市场规律的"主动作为"必将被市场"打脸"。政府不能不作为，但也不能过度作为。目前，个别领域和地区已经出现了因政府过度作为而扭曲资源配置的现象，造成不必要的社会福利损失，对供给侧结构性改革带来不利影响，令人扼腕。在供给侧结构性改革的实践中，各级政府应该尽量多运用市场手段引导各类市场主体行为产生合意的市场结果，少运用行政命令的方式限制市场调节尤其是限制价格，"当政府阻止价格根据供求状况自发调整时，它就限制了看不见的手对组成经济的千百万家庭和企业的决策进行协调的能力。"① 当政府通过管制"把这只看不见的手绑起来了"的时候，必然会出现价格扭曲、资源错配，不利于产业转型升级，不利于推进供给侧结构性改革。这样的主动作为倒不如不作为。在推进供给侧结构性改革的实践中，只有"使市场在资源配置中起决定性作用"，才能"更好发挥政府作用"，绝不能本末倒置。

二、"三去一降一补"仅是供给侧结构性改革的 部分任务

供给侧结构性改革就是要通过改革的方式推动结构调整，提高资源配置效率，从而为社会提供有效供给，重塑中国经济增长动力。习近平总书记强调："供给侧结构性改革，重点是解放和发展社会生产力，用改革的办法推

---

① ［美］曼昆：《经济学原理》（第 7 版微观经济学分册），北京大学出版社 2015 年版。

进结构调整，减少无效和低端供给，扩大有效和中高端供给，增强供给结构对需求变化的适应性和灵活性，提高全要素生产率。"当前，不少地方政府的供给侧结构性改革将主要精力放在"三去一降一补"上，做出了详细的"精准方案"。但是，"三去一降一补"不是供给侧结构性改革的全部，仅是当前解决焦点矛盾的重要任务。如果深陷在"三去一降一补"的"局部"和"当前"任务上，而忽视了供给侧结构性改革的"整体"和"长远"任务，那么必然会妨碍供给侧结构性改革的大局，甚至会出现本末倒置的危险。供给侧结构性改革不能仅关注"去""补""降"的量，而是应该重点关注在实现"三去一降一补"过程中如果激发企业潜能、释放市场活力。在推进供给侧结构性改革的实践中，应该牢记"既强调供给又关注需求，既突出发展社会生产力又注重完善生产关系，既发挥市场在资源配置中的决定性作用又更好发挥政府作用，既着眼当前又立足长远"。从西方主要国家供给侧改革的经验看，①减税、削减政府开支、放松管制、市场化改革是供给侧改革中采取的主要措施。例如，美国政府放松了航空、铁路、汽车运输、电信、有线电视、经纪业、天然气等许多行业的干预和管制，通过引入竞争使产品和服务质量明显提高，价格明显降低，即增进了社会福利，又增强了经济活力；德国科尔政府提出"多市场、少干预"的方针，成功地将德国经济从危机中拯救出来。英国撒切尔政府取消了石油、邮电通信等领域享有的垄断地位，鼓励企业家精神、个人创造性和自由市场经济，使英国经济重新焕发了活力。因此，供给侧结构性改革的关键在于政府敢于打破垄断，放松行业管制，引入竞争，充分发挥市场机制的作用，鼓励企业家精神，推动产业升级。唯有如此，才能真正提质增效，为后续改革腾出资源和空间。

---

① 参见本书《西方主要国家供给侧改革的经验及其启示》一文。

三、谨慎实行"增债补税"，积极实施"减支补税"

供给侧结构性改革需要大幅度减税，减税后的税收缺口如何弥补，主要有两个方向："增债补税"和"减支补税"。即通过增发债务弥补税收的减少；通过削减政府开支弥补税收的减少。

由于我国总体杠杆水平可控，企业杠杆率太高，因此，可以考虑继续大幅度减税，降低企业成本，增加企业利润，从而达到去杠杆的效果；对于因减税而产生的财政赤字，通过适度扩大政府债务的方式予以弥补。通过国际比较可以发现，我国目前尚有进一步发债的空间。我国的总杠杆率为235.7%，高于韩国、德国以及金砖四国的其他三国，低于美国、日本、法国等国家，如表1所示。

表1　各国杠杆率比较

（单位：%）

国家	政府杠杆率	居民杠杆率	非金融企业杠杆率	总杠杆率
日本	234	75	101	400
美国	101	79	45	354
西班牙	132	73	108	313
法国	104	56	121	281
意大利	139	43	77	259
英国	92	86	74	252
中国	57.8	36.4	140.7	235.7
韩国	44	81	105	231
加拿大	70	92	60	221
澳大利亚	31	113	69	213
德国	80	54	54	188
巴西	65	25	38	128
印度	66	9	45	120
俄罗斯	9	16	40	65

但是，应该看到，我国继续发债的空间已经非常有限。2008年国际金融危机后，我国宏观杠杆率从2008年的138%上升到2015年的249%，政

府债务余额在 6 年间增长了 4 倍。据财政部公布的数据，2016 年前 10 个月，政府债务利息支出合计 4107 亿元，同比激增 41.2%，创下历史新高，而同期财政收入增速不到 6%。值得注意的是，地方政府负债增长迅猛，有的地方政府负债率已触红线。据我们对部分地方政府债务的调查研究，一些地方政府为追求"政绩"仍然在搞 GDP 竞赛，追求大项目投资，对各种项目重开工、重进度，轻跟踪管理、轻投资收益评估。对于投资所需要的资金利用各种方式吸引，却不考虑或者少考虑还本付息能力，甚至存在"自然有人还"的短期行为倾向。这种状况无疑提高了政府杠杆率，增加了地方政府债务的潜在风险。因此，在债务规模激增的情况下，今后的供给侧结构性改革应该谨慎实行"增债补税"，多向"减支补税"方向想办法。英国撒切尔政府在供给侧改革过程中大幅削减政府支出，降低了政府债务水平。到 1993 年，英国政府的债务占 GDP 的百分比为 25%，创出历史新低。德国科尔政府上台后整顿财政开支，要求各级政府每年的财政支出年增长率不超过 3%，以降低政府赤字占 GDP 的比例。在 1983—1989 年间，联邦德国政府赤字减少，政府债务增速逐步下降。就我国目前的情况看，财政支出不合理、浪费巨大、缺少支出"成本—收益"评估的现象大量存在，亟须通过财政支出改革减少不必要的开支，提高财政支出效率，实现"减支补税"。

四、高度重视供给侧结构性改革与国企改革的关系

在推进供给侧结构性改革的过程中，会发现"三去一降一补"任务的完成同国企改革密切相关。例如，许多过剩产能都出现在国企中；需要去杠杆的企业也多在国企。特别是 2008 年国际金融危机之后，民营企业杠杆率出现不断下降的趋势，而国有及国有控股企业的杠杆率则出现了快速攀升趋势（如图 1 所示）。以广东省为例，供给侧结构性改革的压力主要集中在国企。

民营企业在 2008 年国际金融危机的冲击下，已经被迫提前进行了"供给侧结构性改革"，如今大多数民企已经完成了资源、产业的全球布局，出现了利润率"稳步回升"的态势。这种实际状况提示我们，应该高度重视供给侧结构性改革与国企改革的关系，在推进供给侧结构性改革的同时，深入推进国企改革。没有国企改革的成功，就很难实现供给侧结构性改革的成功。

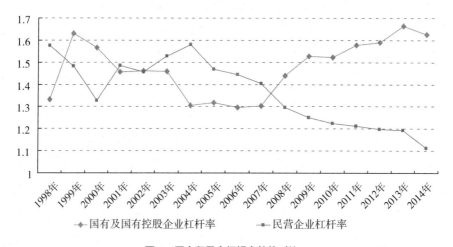

图 1　国企和民企杠杆率趋势对比

资料来源：wind 数据库。

五、简政放权不一定总能降低制度成本，需要"政策桥梁"

在供给侧结构性改革过程中，简政放权是"降成本"的关键环节。深化简政放权、放管结合、优化服务改革是推动经济社会持续健康发展的战略举措。"企业欢迎减税降费，更希望政府简政放权。放权不充分、监管跟不上，会增加企业运行成本。"2016 年 5 月，李克强总理在国务院召开的"放管服"改革电视电话会议上表示，"今年中央层面核准企业投资项目削减比例要超

90%。国务院部门取消下放行政审批事项三分之一以上，提前超额完成承诺的目标任务。工商登记前置审批精简 85%。资质资格认定事项压减 44%。多数省份行政审批事项减少 50%—70%。同时创新和完善事中事后监管，针对群众期盼优化公共服务。""这些既为企业'松了绑'、为群众'解了绊'、为市场'腾了位'，也为廉政'强了身'，极大激发了市场活力。"①然而，在简政放权的实际操作过程中，不少地方出现了"接不住"权力的问题，即一些权力制度在"破旧"和"立新"的过渡期间，市场主体反而陷入混乱。企业找地方政府办事，有些政府官员要么因为不知道该如何办而"不作为"，要么因为怕办错了承担责任而"怕作为"，某些时间内甚至出现了办事无人管的"真空"状态。这种情况下，简政放权不仅没有减少制度成本，反而增加了企业办事的制度成本。因此，中央政府简政放权时，特别是将一些权力下放到地方政府时，需要给相关部门和地区适时辅导，给出指导意见，给出"政策桥梁"，让简政放权尽快通过"桥梁"顺利达到降低制度成本的目标。

六、供给侧结构性改革是场"持久战"，切勿急躁冒进

供给侧结构性改革是我国经济领域由注重需求管理转变为注重供给管理的重大变革。供给和需求是市场运行的基本力量，供给管理和需求管理是对市场经济运行进行宏观管理的两种基本方法，目的是保持社会总供给和社会总需求在总量和结构上达到平衡，从而促进经济持续、稳定、健康地发展。

供给侧结构性改革属于供给管理。一般来说，需求管理是短期均衡管理，通过货币政策和财政政策可以在短期内较为快速地调节社会总需求，使得总供求达到基本平衡。而供给管理是长期均衡管理，调整所需要的时间往

① 李克强：《简政放权今年再完成三个"削减"》，《新京报》2016 年 5 月 10 日。

往要长一些。① 这是因为，从长期看，决定一国生产率的因素主要有四个：物质资本、人力资本、自然资源和技术知识。② 制度经济学派认为制度也是决定生产率的重要因素，因此，通常可以简单地说，影响经济长期增长的因素是资本、劳动、土地、技术和制度。这五个方面的供给侧因素往往都需要较长一段时间的调整才能达到新的状态，因此，供给管理属于长期均衡管理。基于以上认识，供给侧结构性改革实际上是一场"持久战"，不能急躁，更不能冒进，否则"欲速则不达"。美国用了十年的时间推动供给侧改革，才迎来20世纪90年代"新经济"的崛起；德国在1965年增速换挡后，用了15年时间进行供给侧改革，到1985年后经济形势才出现好转；英国的供给侧改革也用了六七年的时间才使经济焕发活力。因此，在推进供给侧结构性改革的过程中，一切搞"短平快"的急躁冒进思想都是要不得的。只有实事求是，久久为功，扎实推进，改革才能获得成功。

（董艳玲　中共中央党校经济学教研部教授）

---

① 参见董艳玲：《供给侧结构性改革与供给管理创新》，《中共贵州省委党校学报》2016年第2期。

② ［美］曼昆：《经济学原理》（第七版），北京大学出版社2015年版，第145—150页。

后　记

　　供给侧结构性改革是我国经济领域的一次深刻变革，是党中央和国务院适应和引领经济发展新常态作出的重要抉择。供给侧结构性改革就是要通过改革的方式推动结构调整，提高资源配置效率，从而为社会提供有效供给，重塑中国经济增长动力。自习近平总书记在 2015 年 11 月的中央财经领导小组第十一次会议上首次提出"供给侧结构性改革"以来，供给侧结构性改革的理论与实践日益深化，成效显著。

　　中央党校创新工程"新常态下供给侧结构性改革问题研究"项目组将一年来的研究成果集结成册，诞生了这本《供给侧结构性改革：理论与实践》论文集，试图使读者在如何理解供给侧结构性改革、怎样贯彻和落实供给侧结构性改革、供给侧结构性改革对中国经济的中长期影响等问题上形成更加全面的了解和认识。论文集既有对供给侧结构性改革的理论探讨，如供给侧结构性改革的基本问题、供给侧结构性改革的经济学思考、供给侧结构性改革与西方供给学派的异同，也有对供给侧结构性改革实践的思考，如供给侧结构性改革的政策选择、行业分析、值得注意的问题，等等。论文集虽然并非面面俱到，未能涉及供给侧结构性改革的全部领域，但却对供给侧结构性改革的关键问题和典型行业做出了独到的分析，为进一步推进供给侧结构性改革提供了有价值的参考资料。

　　项目组本着集思广益的原则广泛吸取有益的研究成果，论文集既收录了项目组全体成员的研究成果（8 篇），也收录了中央党校经济学部其他教员的研究成果（9 篇），还收录了中央党校省部班和中青班学员的研究成果（2 篇）。论文集收录的 19 篇文章中，有 8 篇已经在其他刊物上公开发表，有 11 篇未曾发表，属于首次收录。

　　论文集的出版是"新常态下供给侧结构性改革问题研究"项目组集体工作的结晶。项目组主要成员胡希宁教授、徐平华教授对论文集的整体策划、论文收录范围的确定贡献了许多真知灼见；项目组主要成员郭威副教授对稿件的收集、整理和修改付出了辛勤的劳动；项目组首席专家董艳玲教授对全部书稿进行了复查、修改和完善。项目组全体成员衷心感谢中央党校经济学部诸位同事的鼎力支持！衷心感谢人民出版社刘敬文编辑在本书出版过程中体现出精益求精、严谨务实的工作风范！

　　由于时间仓促，水平有限，书中难免存在一些不足甚至是错误，敬请读者批评指正。

中央党校创新工程
"新常态下供给侧结构性改革问题研究"项目组
2016 年 11 月

责任编辑：刘敬文

封面设计：胡欣欣

图书在版编目（CIP）数据

供给侧结构性改革：理论与实践／郭威 等 著 .—北京：人民出版社，2016.12

ISBN 978－7－01－017208－8

I. ①供… II. ①郭… III. ①中国经济－经济改革－研究 IV. ① F12

中国版本图书馆 CIP 数据核字（2016）第 321709 号

供给侧结构性改革：理论与实践

GONGJICE JIEGOUXING GAIGE LILUN YU SHIJIAN

郭　威　胡希宁　徐平华　董艳玲等　著

人民出版社 出版发行

（100706　北京市东城区隆福寺街 99 号）

北京中科印刷有限公司印刷　新华书店经销

2016 年 12 月第 1 版　2016 年 12 月北京第 1 次印刷

开本：710 毫米 × 1000 毫米 1/16　印张：16.75

字数：230 千字　印数：0,001－4,000 册

ISBN 978－7－01－017208－8　定价：39.00 元

邮购地址 100706　北京市东城区隆福寺街 99 号

人民东方图书销售中心　电话：（010）65250042　65289539